서법치료

이론 실증과 방안

陳政見 著

번역 강수균, 공명화

대구대학교출판부

Calligraphy Therapy

Theory, Research, and Programs

국립중앙도서관 출판시도서목록(CIP)

서법치료 = Calligraphy therapy : 이론 실증과 방안 / 陳政見 著 ;
강수균, 공명화 번역. -- 경산 : 대구대학교출판부, 2008
p. ; cm

512.5156-KDC4
615.85156-DDC21 CIP2008000688

[자 서]

본인은 사범대 시절부터 서예 동아리 활동에 참가했다. 서예에 대한 끝없는 열정 때문이었다. 25세부터 장화와 원림 청년활동의 중심에서 10년동안 서예 교학지도를 담당했었다. 34세부터 서예 탐구에 흥미를 가졌다. 그 후에 어떠한 기회로 홍콩대학 고상인 교수와 서법 심리치료 방면의 연구에 참여하게 되었다. 나에게는 큰 낙이었다. 학창시절 때나 교사시절 때에나 서법세계에 푹 빠져 있었다. 서법도 생활에 없어서는 안 되는 일부분이다. 서법 학습, 서법 교학 및 서법 치료연구 3단계의 통달을 통해 중화 문화를 인식할 수 있을 뿐만 아니라 고상한 정서를 가지고 완벽한 인격을 갖추며 수신양성의 효과를 얻을 수 있었다.

1995년 홍콩에서 개최된 「제 1회 중국 서법과 심리학 세미나」에 참가한 후 서법의 심리 치료적 측면의 의미와 가치를 더 많이 이해하게 되었다. 그 후에도 국내 외에서 관련된 논문을 발표하고 주제 연설 및 세미나를 열었다. 게다가 최근 몇 해 서법 치료 과제에 대한 인식과 실증으로 본인이 지도한 연구생들이 쓴 서법 치료 방안과 기존의 연구 결과들을 정리해서 수첩을 만들고 편집해서 책을 만들었다. 이것은 이론과 실무를 동시에 갖추고 특수교육 학생의 인지와 문제행동에 따른 처리방안에 부합되는 책이다. 이것은 서법치료를 하려는 사람들에게 참고 자료가 될 것이다.

이 책은 10과로 나누어진다. 제 1과는 서론이고 서법의 정의 기원 및 발전을 연구해서 서법의 응용을 한층 더 토론한다. 제 2과는 서법의 생리학기초이다. 서법 생리실험의 실질적 연구결과를 탐구한 것이다. 제 3과는 서법의 심리학 기초이다. 중국 역대 서론과 서법의 실질연구를 토대로 서법의 개체심리 영향을 이해할 수 있다. 제 4과는 서법과 정서

연력 간의 관계를 연구한다. 사람들로 하여금 서법의 정서와 인격에 대한 영향을 이해하도록 한다. 제 5과는 전통 서법 치료방안에 대한 연구이다. 중국 여러 지역의 서법치료방식을 탐구한다. 주로 모·임·사를 서법 심리치료의 설계양식으로 삼는다. 제 6과는 서법 자아치료방안이다. 그 중에 음양 이진서법 치료방안·서법자아 치료방안·서법컴퓨터 게임 방안이 포함된다. 제 7과는 서법 교학 처리 방안이다. 그 중에 서법 교학방안·서법 창의 교학방안과 서법 영문교학방안이 포함된다. 제 8과는 서법 녹색화 방안이다. 그리고 단체식과 개별식 녹색화 방안이 포함된다. 제 9과는 서법 공예치료방안이다. 그 중에 서법 조각방안과 서법 퍼즐방안의 설계와 용도를 소개한다. 제 10과는 서법 치료 전망이다. 서법 치료 미래 연구의 전망을 기대한다.

이 책을 출판하는데 서법 심리 치료면에서 도움주신 고상인 교수와 하동지 교수에게 깊은 감사를 드린다. 채명부, 임병무, 심경향 등 참여해 주신 선생님들께 감사드린다. 이 분들이 서법 치료 방안에 관련된 자료를 많이 제공해주셔서 이 책이 더욱 빛이 난다. 또한 사대서원 출판사의 백문정 선생님이 출판하는데 도움을 주셔서 감사드린다.

마지막으로 이 책을 국내의 서법 치료에 관심을 가지는 모든 이에게 바친다.

서법치료가 뿌리를 내리고 성장하고 탄탄해지고 심리치료의 한 분야가 될 수 있도록 기원하는 바이다. 짧은 시간에 편찬하여 많이 부족하니 많은 양해와 질책을 바란다.

2003. 2. 10

천쩡찌앤이 삐한쉬엔에서 씀

[목 차]

제3장 서법 심리학의 이론 기초

제4장 서법정서 심리의 이론 기초

제5장 서법치료 방안 기본 설계 형식

제6장 서법 자아 치료 방안

제7장 서법 교학 위주로 한 치료 방안

제8장 서법 녹색화 방안

제9장 서법 공예 치료 방안

제10장 서법 치료 전망

[그림, 표 목차]

_그림 목차

_표 목차

제 1 장

서 론

제 1절 서법 기본 인식

1. 중국 서법 발전사의 탐구

중국 문자는 일찍이 기원했고 한자는 3,000여 년 전 은상시대에 생성됐다. 최초의 문자는 도토문자이고 그 후 상대 갑골문, 주대의 금문 및 석고 문(대전으로 통칭한다.) 진조의 소전, 한조의 예서 및 장초 삼국시대의 행서, 위진 남북조의 해서, 금초, 당대의 진서 및 왕초 등이다. 서체의 흐름은 복잡하면서도 서사 형체를 풍부화 시켰다. 서법 가들에게 더 풍부한 전달형식과 발휘 공간을 갖추도록 했다. 서사를 예술로 삼는 찬란한 역사를 창조했다. 시대가 다르면 서법 특색 또한 다르다. 예를 들면 한위는 가지런함을 추구하고, 진조는 운치를 중시하고, 당조는 법칙을 강조하고, 송조는 홍미를 고집한다. 원명시대는 자태를 숭상하고, 청·민국시대는 복고를 중시하고, 현재는 예술 연구와 심리치료용으로 변했다(고상인, 민82:민89).

아래는 서체와 서풍변화 발전 자취를 설명한다.

(1) 상주 전국시대 : 서법 자체·서체는 갑골문·금문 및 석고 문(고문자로 칭한다)을 포함한다. 서체는 상형과 지시한 그림과 부

호가 많이 차지한다. 서풍은 유창하고도 웅장하고 장식의미를 갖춘다. 상주 전국 시기의 서법은 갑골문, 금문, 석고 문을 포함한다. 은대부터 이 시기에 발굴한 것은 갑골문과 금문이 있다. 그것들 모두 서법 역사의 중요한 자료들이다. 갑골문은 동물 뼈에 조각해서 기록하는 문자다. 기록하는 목적 이외에도 미적인 가치도 가지고 있다. 금문은 종정 등 청동기의 명문을 조각한 것이다. 병기위에 조각하는 명문도 포함한다. 상주 전국시대 금문은 사람들에게 제일 주목받는 문자다. 특히 청동기에 적혀 있는 명문은 통치자가 더 좋아하는 것이다. 명문은 공예품위에 조각한 것이기 때문에 글씨가 반드시 아름다운 것이어야 한다. 청동기의 미를 증가시켜야 하고 미를 감소시키는 것은 안 된다.

석고문은 석고에 조각한 기록 운문이다. 동주 초년의 전국 초년 진나라의 조각석이다. 그의 품격은 진시대의 태산각석과 상당히 비슷하다. 유창, 웅장한 기개를 갖춘다. 석고문은 대전의 주요대표로 인정받는다. 이 시기에는 도형문자가 부호 문자로 들어가는 시기라고 말할 수 있다.

상주에서 전국시대에 금문은 거의 전문이다. 석고 문은 더욱 전형적인 전문이다. 이것이 바로 후세가 칭하는 대전이다. 종합적으로 말하자면 상주에서 전국시대의 서법 예술 발전 중 가장 중요한 것은 청동기 명문을 통해 중국 문자가 갖춘 미를 사람들에게 관심 받도록 한 것이다. 그래서 서법이 예술의 한 분야라고 인정받기 시작했다. 그러나 그것은 청동기의 공예미술에 부속된다. 진대부터 서법이 비로소 공예미술의 장식으로부터 벗어나서 일종의 독립된 예술로 발전했다.

(2) 진조 : 진조는 짧지만 진시황이 6국을 통일했기 때문에 그의 공덕을 찬양하기 위해 서법을 명산에 조각했다. 문자의 통일

은 표준글자체의 시조이고, 소전으로 통한다. 그의 특색은 필획이 철검처럼 예리하다. 진조 후기에는 필획을 간화 시켜서 고예서가 생겼다. 실용 의미를 갖춘다. 진시황이 6국을 통일한 후 사회, 정치, 경제, 문화 발전에 따라 문자의 응용은 더욱 광범위하고 빈번해졌다. 서사의 기교도 진보되었다. 사람들은 서법의 미관에 대해서도 점점 중시하고 그 외에도 진시황이 진조의 공덕을 찬송하기 위해 서법 예술을 명상 각서에 응용했다. 그래서 서법 예술발전을 완성했다. 진시황 시대 재상 李斯가 문자를 통일한 후 서법 예술에 큰 의미를 두었다. 그는 '치엔문'을 기초로 삼아 그것을 진문으로 간화 시키고 문자를 통일했다. 이것이 바로 진전이다. 주 시대의 대전과 비교해서 소전으로 칭한다. 진전의 특색은 필획이 철검처럼 예리한 것이다. 李斯가 소전을 창조한 후 대량의 종복을 임용해서 전서를 간단화 시키고 사물을 기록하는 문자인 예서가 생겼다. 우리나라 문자 발전사에서는 전서에서 예서까지 사회가 간화 문자에 대한 급박한 요구를 나타낸다. 진대예서는 일종의 초체의 간화자이다. 그 당시에는 하층에 속하는 서체다. 하지만 예서가 전서보다 많이 간단하기 때문에 한나라 때에는 점점 보편화 되었다. 고층 인사들이 많이 상용하는 전서는 오히려 갈수록 적게 사용되고 예서에 주체를 두고 초서를 부가해서 한대 서법예술의 발전이 시작되었다.

(3) 한대 : 한대는 여전히 진대를 답습했다. 각석 기공의 풍기와 비석을 세우는 풍도가 유행했다. 예를 들면 편액의 발전도 하나의 특색이다. 이외에도 필기구와 종이의 발명은 중국 서법의 기초를 다졌다. 종이와 필기구를 편리하게 사용하기 위해 예서가 유행했다. 이 때에는 예서가 「8분」으로 변했고 그 후에는 장초로 변했다. 말년에는 초서로 변했다. 서법의 선 예술을 발휘

한 시점이다. 최근에 중국대륙에서는 목관과 백서를 발견했다. 이것은 현재 서법 진품이 제일 오래 보존된 자료다. 한대 서법 예술은 진대를 따르면서도 분명한 변화가 있다. 문자가 사회생활 중에 응용이 더욱 빈번하기 때문에 통치자들은 제창하기 시작했다. 한대는 진대의 각석 기공의 풍기를 대성하고 서법 예술은 비문에 응용 외에도 건축의 편액에도 응용되었다. 서법 예술의 발전이 사회에서 중시되기 때문에 사람들은 서법미에 대해 감상과 사랑도 커졌다. 특히 예서가 보편적으로 응용되었기 때문에 한 대의 필기구, 종이의 발명은 서법의 중요한 시기다.

진대에 고예서 보다 좀 늦게 예서가 명령을 전달하는 「8분」서체로 생겨났다. 후한 시대 「8분」서체의 발전이 완성되었다. 다른 면에서는 「8분」서체에서 삐침을 없앤 후한 예서가 현재에서 말하는 「금예」가 되었다. 전한 말년부터 예서를 생략한 장초가 생겼다. 이것은 「8분」의 서체다. 후한 말년이 되어서 이런 장초는 초서로 변했다. 초서는 빨리 쓰려는 옛날 기법에서부터 자연스럽게 생겨난 서체다. 초서의 출현은 서법 예술의 객관사물 동태미를 고도로 표현했다. 전서 예서와 비교하면 초서의 운필과 구조는 다양하면서도 자연스럽다. 서법 예술이 정도 면에서 문자의 고정 격식제한을 탈피했다. 현실 사물의 다양한 형체를 쉽게 표현할 수 있었다. 해서와 「8분」시대에서는 필세에서 변화가 생겼다. 후한 말기 이미 이 서체가 생겼다.(현재에는 금여라고 부른다.) 삼국시대부터 완성기로 접어들었고 초당시기에 완성되었다. 이후에 간편하게 쓰기 위해 행서가 자연스럽게 생성되었다. 이 외에도 「8분」의 경쾌함, 예서의 대범한 특성을 이어서 후한 시대에는 「비백체」가 생성되었다. 후한 시대에는 장지, 채창 등의 명가가 있다. 오늘날 보존된 한비는 대부분 「8분」예서체다. 매우 아름답고 힘세다. 후한의 을령비, 예기비, 사진비, 장천비 등 많은 걸작들이 있다. 서역 지역에서는 목간, 백서 등도 서법의 또 다른 일면이다.

(4) 위진 남북조 : 현재 비첩의 최고봉 시기다. 특히 왕희지의 먹적은 후대 서법 가들의 본보기고 서법예술의 전형적인 시대다. 우리의 가까운 이웃 일본은 더욱 그의 작품-상란첩을 국보로 여긴다. 그의 최대 특색은 정치 공덕의 찬성을 벗어나서 서법미학을 추구한다. 서법예술을 추구한 시점이다.

진대에서 한대까지 이 긴 서법 역사과정에서 중국예술의 발전은 탄탄한 기초를 다졌다. 이 기초에서 지속적으로 발전해서 위진남북조시대, 특히 동진시기의 서법 예술은 역대에는 없었던 번영이었다. 삼국 육조시대에 들어서서 위나라 종사, 동진의 왕희지, 왕헌지 부자의 출현은 중국 서법의 최고봉이 형성되었다. 특히 왕희지는 당태종이 그를 서성으로 칭송했다. 그의 <난정서>는 더욱 대대로 칭송된 명작이었다.

위진 남북조 시기의 중국서법예술은 충분히 독립적으로 발전한 시기였다. 묘비에서 서사하는 것 외에 첩에서도 서사한다. 서법의 미의 감상과 창조도 충분히 발전되었다. 비문은 정치 선전 내용을 벗어나서 서법의 감상 요구를 만족한다. 청대 완원이 <남북서 패론>중에서 말하기를 후한 말에서 위시기에는 서풍 상으로는 구별이 없고, 남북조 시기에는 서법이 남북구분이 생겼다고 한다. 또 오·동·진·송·양·진 등은 남패의 아름다움이 있고, 법첩에서 나타난 위·주·기·수의 북패의 순수함은 대다수의 석비에 보존되었다. 이 비석들은 한비가 따라 올 수 없는 냉엄한 품격이라고 한다. 결과적으로 북비·남첩은 상대적인 어휘가 되었다.

(5) 당조시기 : 당조는 중국 역사상 서법이 가장 번창한 시기

다. 특히 해서는 이 시기에 와서 기본 서체가 되었다. 서법 명가들이 많이 배출되었다. 해서가 가장 휘황찬란한 시기다. 서형은 다양하고 운치는 단아하다. 웅장하고 강한 특색을 감상할 수 있다. 평화롭고 내성적인 아름다움에서 벗어난다. 당말에는 형식에 얽매이지만 다양한 형체의 서법을 창조했다. 남북조 이후에 수당시대는 또 다른 서법이 번창했다. 이 시기에 비의 복구와 이어졌다. 당나라의 태평성세는 비석에 공덕을 기록하는 풍기가 또 다시 유행했다. 서법 가들도 서재에서 나와서 조당, 명산, 묘지에 조각하는 것으로 바빴다. 당대는 봉건사회의 극성시대다. 이 시기의 봉건 지도자들은 광대한 제국을 건립하기 위해 적극적으로 문화 무력을 발전시킨 업적이 있다. 이것은 웅장하고 힘있는 것을 미로 삼는 예술에서 나타났다. 위진의 단순하게 평화롭고 내면적인 면과도 다르고 남북조의 부드럽고 아름다운 것과도 다르다.

당태종은 필묵을 열애했고 특히 왕희지를 격모하기 때문에 서법이 크게 흥했다. 해서의 휘황찬란한 시기로 말할 수 있다. 구양순, 우세남, 저수량, 안진경 당조 4대가다. 모두 고품격이고 서형도 풍부하고 아름다운 운치가 있다. 당말에는 지나치게 형식을 중시하기 때문에 형식에 얽매이는 단점이 있었다. 결론적으로 중국서법은 당대에 와서 서법이 모두 형성된 것이다. 고전서풍이 완성된 시기로 말할 수 있고 중국 서법의 전성기로 말할 수 있다.

(6) 송조시기 : 당조는 법도를 중시하고 작품의 가지런하고 엄숙한 느낌을 강조하는 반면에 문인치국송기가 되어서 큰 변화가 생겼다. 원래 법도의 필기구와 구조의 교육성을 버리고 개인감정을 발휘하게 된다. 고정된 격식을 버리고 필의의 서풍을 중시

한다. 소식, 황정견 등은 자유로운 서체를 사용해서 엄숙함을 버리고 자유로운 의미를 취한다. 중국 서법 인문주의의 시작이다. 당말 5대 10국 분쟁 혼란 국면을 겪어서 송 왕조가 건립됐다. 서법 예술은 또 다른 면모를 나타냈다. 당대 서법은 발전과정에서 법도와 가지런함과 엄숙함을 중시하기 때문에 운필과 구조는 통일성을 요구한다. 개인감정의 개입, 운필 구조의 자유 변화는 차후다. 특히 해서에서 분명하게 나타났다. 「당인 취법」이라고 칭한다. 송 대 서법 예술의 발전은 이런 고정된 형식을 탈피하고 서법가 개인감정을 중시한다. 「송인 취의」라고 칭한다. 이것은 송 대 서법 예술의 특색을 정확하게 표현한 것이다. 당 말에 형성된 서풍은 송조에서 형의 미를 중시하고 필의의 서풍도 중시하는 것으로 변했다. 당시의 형식을 중시하는 풍토를 타파했다. 대표 서가는 소식, 황정견, 미불, 채양 등 4대가가 있다.

(7) 원명시기 : 원명시기에는 기본적으로 진·당·송의 품격을 이어왔다. 유일하게 다른 점은 「意」에서 발생한 특수 형태를 한층 더 발전시킨 것이다. 특히 초서면에서는 「다양한 형태표출」로 거의 원래 글자를 알아볼 수 없다. 개인감정을 발휘하는 극치를 이루어서 서법의 개인주의의 전성기다. 중국서법은 만장한 발전 중에 세 가지 품격이 형성되었다. ①진이 대표하는 평화롭고 내면적임 ②당나라가 대표하는 강하고 웅장함 ③송 대가 대표하는 자유분방함으로 각자의 특색과 결점이 있다. 송 이후 원명청 시기의 서법 예술은 거의 이 세 가지를 이끌어가고 발전시킨 것이다. 개별화가가 독특하게 창조한 것 외에는 모두 이 세 가지에 속한다. 원명의 서법은 송 대의 서법을 계승하고 진당의 서풍도 추구한다. 품격이 당송만큼은 못하지만 「態」의 서법도 이루어졌다. 원조에는 趙孟頫, 명예는 祝允明·文徵明·董其昌王鐸 등이

대표한다. 청대의 서법은 왕실에서 이 두 사람을 좋아했기 때문에 요염한 통속 서법이 많아서 서법은 예술의 발전에 제한이 있었다. 가도년간 중에서는 금석문자 연구발전과 비각이 대량 출품되어 비학풍이 대성했다. 서학연구로 매우 발전되었는데 예를 들면 포세신의 《예주쌍노》와 강유위의 《광예주쌍노》는 모두 유명한 서학 논 작이다.

(8) 청대이후 : 청조의 주요 서법은 복고풍이다. 서법을 고대의 구문자와 비학으로 이끌어 갔다. 서체 서형의 독특한 풍모는 없지만 서법 예술을 새로운 학문이 되도록 했다. 이것이 청대 서법 연구의 최대 공헌이었다. 1900년 이후 만년필, 볼펜, 사인펜을 모두 서법에 포함시켰다. 서법의 예술성이 더욱 명확하게 되었다. 그 공능성도 점차 연필, 만년필, 볼펜, 사인펜이 대신했다.

2. 서체인식

현재 서법은 예술 말고 심리치료에도 적용된다. 고상인은 서법심리학 실험을 기초로 하여 서법 심리치료 연구를 시작했다. 그래서 서법 심리치료의 복합자료에 대해서도 이해해야 한다. 원시문자로 알 수 있듯이 어떠한 문자도 도형에서 시작 되었고 「서화동원」이라는 설법을 뒷받침한다. 중국 서체의 변화는 갑골, 종정, 대전, 소전, 예서, 8분서, 장초, 비백, 해서, 행서, 초서 등 10종의 서체로 발전되었다. 다음은 다섯 종류의 서체로 귀납해서 설명한다.

(1) 전서 : 중국문자는 도화로 시작되어 점차 도형을 벗어나서 부호문자로 변했다. 고대의 제사는 항상 중요한 일들을 귀갑에

기록해서 후손들이 발굴해서 연구한다. 이것이 우리가 칭한 갑골문자이다. 이런 도각한 필획은 점차 전서의 필 색으로 형성되었고 진조에서 소전이 거의 형성되어 당시 유행하는 서체가 되었다. 상주 전국시대의 종정 명문은 대전으로 칭한다. 진시황시대의 제상 李斯가 문자를 통일해서 진문으로 간화시킨 것이 우리가 칭하는 소전이다. 전서의 필획은 간격이 균형 있고 꺾는 부분은 철선처럼 회전한다. 글 전체는 직회위주로 장방향으로 나타난다. 선의 조합은 치밀하고 사람에게 장중하고 위엄 있는 느낌을 준다.

(2) 예서 : 위한은 「예서는 전서를 간결화 시킨 것이다.」라고 말했다. 서해는 왕성치엔이 말하기를 『진관수 정묘가 대전을 잘 쓰나 죄를 지어 감옥에서 발전시키고 복잡한 부분을 빼서 진시황에게 인정받아 예사로 임명되어 그의 글을 예서로 하였다.』고 하였다. 예서는 고문, 전서에서 해서로의 과도기 서체다. 진현시대의 삐침은 잘 드러나지 않는다. 직선적으로 쓴 예서는 고예라고 한다. 필획형태는 누에머리, 기러기꼬리, 파도 등 분명하게 갖춰진 예서를 8분으로 칭한다. 예서는 고문 전서가 예서로 과도한 서체고, 진예, 한예로 나눠진다. 역사기록에 보면 예서는 진시황 시대의 정묘가 만든 것이 기초다. 정씨는 죄를 지어 감옥생활 중 문자를 개진하고 글을 간단화 시켜서 간수들이 편리하게 사용할 수 있게 했기 때문에 예서라 한다. 이런 예서는 한조에서도 매우 성행했고 한예라 한다. 예서는 분명한 필획형태가 있다. 필법에서는 「일곡삼접」, 「연불쌍비」라는 말도 있다. 전체적으로 횡획을 위주로 하여 글자체가 납작하고, 경쾌하면서도 중후하다.

(3) 행서 : 당 장회관 육체서론 왈: 「행서는 유덕승이 창조했다.」 위행사체서세 왈: 「위초는 종·호 두가가 행서법을 만들었지만 유덕승에게 배웠다. 종시는 좀 다르게 그만의 기교를 가졌지만 유행하지는 못했다.」 역사에 근거하여 행서는 유덕승이 창조했다. 해서와 초서의 중간에 속해서 실용, 미관, 쾌속, 편리 등의 특성이 있다. 일상 중 제일 유용한 서체다. 특징은 필획이 생동하고 체형이 경쾌하고 서사 속도도 빠른 특징이 있다. 이것이 예서로 변해왔다. 빠른 속도로 서사한 예서는 행서의 초형이다. 진조에서 매우 유행하고 실용성과 미술효과로 현재까지 사람들에게 사랑을 받았다. 행서는 예서에서 왔고 우리는 한대 목간에서 행서 특징이 있는 예서를 볼 수 있다. 그것이 행서의 초형이다. 해서와 초서 중간 형태이고 해서처럼 치밀한 필획은 없고 초서처럼 간략한 것도 아니고 매우 실용적 서체다. 행서 글자 형은 매우 가지런하면서도 해서 형태가 있다. 행해라고 칭한다. 글자형이 간략하면서도 초서의 풍모가 있기 때문에 행초라고도 한다.

(4) 초서 : 초서의 창시는 보편적으로 한원제 시대의 사유가 저작한 「급취편」에서 시작한 것으로 본다. 그것은 예서로부터 와서 후한시대에 통행했다. 필획이 간략하고 선의 조합은 유창하고 서사 속도는 빠르다. 쾌속서사과정에서 필획간의 시종은 글자간의 간격이 늘 유창감은 여전하다. 서법 사에서 초서는 보조서체다. 네 종류로 나누어진다. ①장초 : 예서를 거칠고 간첩하게 쓰면 장초가 되기 때문에 그것은 예서의 납작한 특징을 가지고 있다. 대표 작품은 서한 사유의 「급취장」이다. ②금초 : 장초의 면모를 완전히 벗어나서 그 대신 선으로 운필해서 글과 글, 필과 필을 이어간다. 장욱이 금초의 기초를 다지고 왕희지, 왕헌지가 발전시켰다. ③광초 : 초서 중 최고 경지로 인식이 쉽

지 않다. ④표준 초서 : 근대 서법에 정통한 우우임 선생은 초서가 편리하지만 지나치게 간단하고 통일적이지 않아서 인식하기 쉽지 않기 때문에 「표준초서사」를 성립했다. 역대 초서 명가의 글들의 부수를 연구해서 통일 귀납했다. 「인식이 쉽고」「쓰기 쉽고」「정확」「아름다움」 등 4대원칙 하에서 중국 초서의 서사 법을 통일해서 「표준초서」라고 칭한다. 후손들이 초서를 배울 때 일정한 표준을 근거로 하여 힘도 절약하고, 후대자손들의 시간도 절약할 수 있도록 하였다.

(5) 해서 : 원래 뜻은 모범, 표준, 단정, 서체의 통칭이다. 한말 위진 에서 초당까지 칭한 해서는 모두 예서다. 한 예를 8분으로도 칭한다. 당송이후 해서 서체로 칭한다. 그것은 예서로부터 발전하여 예서와도 적지 않은 차이가 있지만 형체가 해서와 비슷하기 때문에 우리가 익숙한 해서 서체다. 일반적으로 칭한 진서·정서·정해가 바로 해서다. <설문해자>: 「楷(해)는 공자 무덤에 덮여 있는 나무다. 부수는 木이고, 楷(해)는 음을 나타낸다.」 <단주정보>: <회남 초목보>: 회목은 공자무덤에 생기는 것이다. 가지가 듬성하게 생겼지만 굽지 않고 성질은 곧다. 형체의 변화에서 보았을 때 해서는 전서·예서·행초서의 특성을 뽑아서 변화한 것이고 발전이 좀 더딘 서체다. 예서체는 납작하고 치밀하고 해서는 구조가 방적하고 듬성하다. 행초는 굴획이 많고 해서 필획은 직선이 많다. 해서는 점·획으로 조합한 것이다. 형태가 매우 복잡하기 때문에 속도가 비교적 느리다. 사람들은 해서를 당비와 위비체계로 나눈다. 품격은 같지 않고 진조의 서법은 운미가 있고 당조의 서법은 법칙을 중시한다. 당대는 해서의 성수기다. 유명한 서법 가는 구양순, 우세남, 저수량, 안진경이다. 흔히 볼 수 있는 해서의 명작은 구양순의 구성궁풍천명, 우세남의 공자조당

비, 저수량의 대당삼장성교서, 안진경의 다보탑비 등이다. 결론적으로 전서의 구조는 필획이 대부분 둥글고 큰 변화가 없다. 예서의 구조는 변화가 크다. 방필, 원필을 운용해서 삐침이 강한 힘을 나타낸다. 해서의 구조는 방정하다. 운필은 은밀하고 고르고 가지런하고 방필의 이용은 예서보다 많이 적다. 초서의 구조는 길다. 필획이 강하고도 부드럽고 장단은 상관하지 않는다. 유창함과 요염함에 중심을 두고 필획은 가지런하지 않다. 원필운용에 중심을 둔다.

전체 서체 발전과 역대 조대 변화에 따라 5항으로 요약할 수 있다(장문광 민82).

(1) 은상시대 유행한 갑골 종정문 서체

(2) 서주동주시대 유행한 대전서체

(3) 진한시대에 유행한 소전서체

(4) 동한시기에 유행한 예서서체 겸 초해

(5) 위진6조는 당송을 겪어서 원·명·청조 대에 와서는 진행초서체가 유행이다.

위진 이후에 1500 여 년 간에 갑골문은 중단됐고 대소전도 점차 약해지고 단지 진·행·초·서체만 성행한다.

3. 서법공구

우리들은 흔히 들을 수 있다. 장인이 좋은 작품을 만들려면 좋은 공구를 다듬어 놓아야 한다. 이것이 서법에서 공구의 필요성을 말하는 것이다. 품질이 좋은 공구는 자유자재로 능숙하게 쓸 수 있게 하고, 작품을 더욱 아름답게 한다. 서법공구의 기본공구는 문방사보 필·묵·지·연이다. 사실은 이것 외에도 필진, 필과, 필세, 원단과 유행이 다른 받침천, 용도와 크기가 다른 석장,

각종 형질의 인주 등이 있다. 하지만 문방사보는 서법 공구 중에 가장 중요한 것이기 때문에 서법교학과 치료 때는 이 문구의 특성에 대해 충분히 인식해야한다.
개인의 필요에 따라 그에 맞는 특성에 대해 충분히 인식하고, 그에 맞는 공구를 선택한다. 아래는 문방사보의 기본지식을 설명한다.

(1) 필의 인식 : 일반사서에는 진조의 몽천이 필기구의 발명자라 여긴다. 사실상 은 대갑골문에도 주나 먹으로 썼지만 조각은 하지 않은 문자가 있다. 필로 쓴 것으로 여겨진다. 갑골문중의 聿(율)자는 마치 한손이 필을 잡고 글 쓰는 모양과 같다. 현존 최초의 붓은 전국 초묘에서 발굴된 고필이다. 붓의 종류는 매우 많다. 양털붓, 이리털붓, 이리 털과 양털 붓, 태모붓 등을 흔히 볼 수 있다. 경모, 연모, 겸모, 세 종류로 나누어진다. 좋은 붓은 「첨」, 「제」, 「원」, 「건」의 「사덕」을 갖춰야 한다. 「첨」은 붓끝이 예리해야 하고, 「제」는 붓 끝이 가지런해야하고, 「원」은 모를 물에 적셔 손바닥에 돌릴 때 모 전체가 원활하게 돌아야 한다. 「건」은 경모나 연모나 모두 탄력이 있어야 한다. 붓은 유연하면서도 탄력이 있어서 글 쓸 때 올리고, 누르고, 멈추고, 꺾고, 가볍고, 무겁고, 느리고, 급하고에 따라 굵기, 크기, 방원, 강유가 다르게 나타난다. 먹의 진, 연, 건, 습에 따라 더욱 차이가 난다. 붓의 특성을 이용해서 서법과 국화 같은 독특한 예술이 창조되었다(두충고, 민75).

새 붓을 얻으면 맑은 물로 모의 풀을 먼저 씻어야 하고 개필이라 칭한다. 새 붓은 한꺼번에 풀을 다 씻는 것은 좋지 않다. 몇 번 사용 후 자연스럽게 풀어지도록 한다. 붓 사용 후 먹적을 깨끗이 씻고 모가 심어져 있는 방향으로 살짝 닦고 나서 필가에 자연스럽게 말려 수명을 오래 유지시킨다.

(2) 지의 인식 : 종이의 종류는 매우 많다. 글 쓰는데 사용되는 종이는 연지, 선지, 밀납종이, 당지, 원서지와 고려지 등이 있다(조영산, 민 77). 먹을 흡수하는 종이, 흡수하지 않는 종이, 매끄러운 종이, 거친 종이, 반 흡수종이 등의 종류가 있다. 개인 취미에 따라 선택해 사용할 수 있다. 중국 서화예술에 사용하는 종이는 선지다. 안휘, 선성현에서 많이 생산되었다. 그 지역의 수질이 좋아서 종이가 부드럽고 탄탄하고 예쁘다. 매미의 날개처럼 얇고 티 없이 깨끗하고 무늬가 선명하고 흡먹성이 강하고 방충성이 있고 향노화 변형 변색도 없는 특징이 있다. 생선, 숙선 두 종류가 있다. 생선은 먹이 빨리 퍼지고 먹훈을 나타낼 수 있다. 숙선은 가공한 것으로 딱딱하고 흡수가 잘 안되고 먹이 퍼지지 않는다. 면지는 선유가 굵은 종류고 흡먹성이 강하다. 당지는 죽지의 일종이다. 면이 매끄럽고 평평하고 얇고 잘 찢어진다. 가격이 싸서 일반인이 연습용으로 많이 이용한다(두충고, 민75).

(3) 먹의 인식 : 먹의 주요원료는 석탄과 풀이다. 비율에 따라 송연, 송유연, 유연으로 나누어진다. 좋은 먹을 택할 때 다섯 가지에 유의해야한다. 먹의 색, 광, 성, 중, 견이 관건이다. 색은 먹색이고 검을수록 좋고, 광은 먹의 광택이고, 성은 좋은 먹을 갈 때 소리가 없어야 한다. 중은 질량이 무거워야 하고 견은 먹의 연경도다. 먹을 갈 때 적당량의 깨끗한 물을 사용해서 먹을 수직으로 벼루에 올려서 세게 누르고 가볍게 움직여 같은 방향으로 갈아야 한다. 튀어나가지 않도록 적당량의 힘을 써야 하고 농도도 알맞아야 한다. 사용할 만큼 가는 것이 가장 좋다. 하루 지난 먹즙은 먹교질이 무겁고 입자가 굵어서 모에 붙는다. 먹은

습기가 없고 직광으로 갈라지지 않도록 건조한 곳에 보관해야 한다(조영산, 민 77).

연묵의 의미는 옛날 사람은 서법 학습을 수신 양성의 방법으로 본다. 필지묵연의 품질이 좋아야 하고 서사자세, 집필방법도 정확해야 한다. 서사 전에 반듯한 자세로 마음을 다스리고 심호흡 한 후 시작한다. 그래서 서사 자는 붓만 잡으면 마음이 진정되고 최고 경지에 이르도록 해야 한다. 서사전의 연묵이 가장 좋은 훈련이다. 연묵자들은 인내심을 가지고 먹을 연지에서 반복적이고 골고루 갈고, 먹색이 충분히 검게 되었을 때 시작해야 한다. 글을 잘 쓰려면 먹을 잘 갈아야 한다. 내가 먹을 가는 것이고 먹이 나를 간다는 말은 자신이 부지런한 사람이 되어 거기에서 낙을 얻는다는 것이다.

(4) 연의 소개 : 연의 주요 목적은 먹을 가는 것이다. 먹의 질이 좋을수록 연대의 품질도 좋고, 문, 방, 사, 보 중 그것의 수명이 제일 길다. 조각사의 뛰어난 손재주로 예술가들이 많이 소장한다. 역대 많은 재연재료가 있는데 석연, 도연, 동연, 전연 중 석연이 가장 많이 사용된다. 광동단계에서 나온 단연, 안휘·흡연에서 나온 흡연이 가장 유명하다. 대만에서는 탁수계 상류의 나계연이 비교적 좋다.

선조들이 먹을 갈고 글을 쓸 때 연을 사용해서 하는데 현대인들은 기석 먹즙을 사용한다. 편리하지만 특출한 서법을 써서 특수한 먹색을 나타내려면 연으로 간 먹즙이 가장 좋다. 연의 사용은 반드시 깨끗한 물에 연의 먼지를 씻어내고 먹을 갈 때도 크게 둥근 원을 그리며 갈아서 한 곳만 움푹 패이는 것을 방지해야 한다. 매번 서사 후 반드시 연대를 깨끗이 씻고 먹 찌꺼기가 남지 않도록 해서 수명을 연장해야 한다.

4. 서법 운작 방식

서법 운작 방식은 기본적으로 (1)학습 진전 (2)서사자세 (3)기본 집필법 세 가지 면에서 이야기한다.

(1) 서법 학습 진전 : 당조 송과정은 <서보>에서 「배워서 안 되는 사람은 있지만 안 배워서 할 수 있는 자는 없다.」했다. 만약 학습절차방법을 안다면 빨리 입문해서 그만의 품격을 가질 수 있다는 뜻이다. 어떤 기능을 배우고자 하면 학습 절차, 학습 진정과 단계 운작방식을 모두 잘 이해해야 한다. 서법도 이것과 같다. 「익숙하면 기교가 생긴다.」는 말은 서사 공력이 순수지경이 되면 자연스럽게 그의 글에서도 나타나는 것이다. 붓으로 한자를 쓰는 것은 중국 서법 사에서 몇 천 년의 역사가 있다. 배워서 얻은 것이 있으면 글로 써서 서론이 생성된다. 각 패들은 학습방법에 대한 각자의 독특한 생각이 있다.

붓으로 쓰는 서사역사가 길므로 많은 우수한 서법 가들이 배출되었다. 시공의 제한으로 직접 여쭤볼 수 없지만 그들의 서론과 비첩을 통해 배울 수 있다. 그래서 비첩을 따라 쓰는 것이 서법의 지름길이다. 무수히 많은 비첩 중에 우리들은 벌이 벌꿀을 따는 방법을 본 따서 우리에게 맞는 학습 대상을 선택하여 창조의 영감으로 삼아야 한다. 아래는 서법운작을 간단히 하여 종의 방향으로는 일반 서법의 학습단계를 설명하고 횡의 방향으로 서법의 운작 방식을 설명해서 교학자, 학습자들이 서법에 대해 간략한 인식과 학습방향을 이해하도록 한다. 흔히 「자무백일공」은 비첩을 많이 읽고 따라 쓰는 것이 서법학습의 비법이라 한다. 서법학습은 임, 모, 서사, 창작으로 시작됐다. 황기(민74)는 「서중오요」에서 서법의 5단계: 관·임·양·오·창 을 말한 적이 있다.

관·임·양은 오의 기초고, 창작의 목표에 이른다. 「모서」는 종이를 첩에 붙여 원래 모양대로 따라 쓴 것이다. 모사의 목적은 형태를 익히는 것이다. 임사는 첩을 보고 글자를 따라 한 획, 한 획 따라 쓰는 것이다. 임사의 목적은 신태를 익히는 것이다. 독사는 좋은 비첩을 택해서 세심하게 연구해서 서법의 정수를 이해해서 그것의 정화를 흡수하여 뜻을 필에 담아 자유롭게 쓸 수 있는 경지에 이르는 것이다.

묘홍·모사·임서의 일반과정에 대해 청조 주성연 선생이 「임서는 뜻을 얻고 모서는 구조를 얻는다.」고 말했다. 이것의 뜻은 자첩을 옆에 두고 보고 쓰는 것은 필의를 장악하기는 쉽다. 익숙하지 않다면 글자간의 구조를 장악하기 어렵다. 이와 달리 그를 자첩에다 붙여서 쓰는 것은 글자 구조는 장악하기 쉽지만 필획의 완급을 소홀히 하기 때문에 글의 정신을 잃을 수 있다. 강백석도 그렇게 여긴다.

(2) 서사자세 : 서사자세는 일정한 자세가 없다. 임어당선생의 <생활예술>책에서 「모든 편안함 위주로 한다.」라고 말했다. 청조 포세신이 <예주쌍노>에서도 집필가라는 노래를 썼다. 「전신정력이 털끝까지 이르고, 정기하려면 두발을 편하게 하고, 거위 무리가 물에서 행진하는 자세로 하려고 하니 오지에 힘주는 게 어려움을 알았다.」 서법을 잘 쓰려면 손목 힘, 손가락 힘 등 일부분 운동으로는 안 되고 전신의 힘을 모아 붓을 움직여야 한다. 그래서 정좌, 집필, 호흡, 운필 등의 요소는 작품 질에 영향을 준다. 교학자, 학습자들은 반드시 이런 원리를 인식해서 서로간의 협응을 이해하고 상하좌우로 호응해야 여유 있게 붓을 놀릴 수 있다. 아래는 정좌, 집필, 호흡, 운작 방식에 대해 설명한다.

① 자세 : 두 다리는 평평하게 하고 어깨와 같은 넓이로 자연스럽게 땅을 디디고 허리와 어깨를 자연스럽게 펴고 자세가 자연스럽게 균형을 잡아 허리와 어깨가 아플 정도로 지나치게 뻣뻣해서는 안 된다. 서는 자세로 쓰면 글 모양을 잘 낼 수 있을 뿐만 아니라 어깨에 무리도 주지 않는다.

② 집필 : 서가들은 집필 법에 대해 여러 주장이 있지만 본인은 그 중에 한 가지가 맞다고 여긴다. 그것은 바로 왕희지, 왕헌지가 내렸고 당조 육희성이 말한 염, 압, 구, 격, 저 오자법이다(심윤묵, 민72. 5페이지). 5자법이란 뜻 중 「염」은 엄지로 힘을 주어 붓자루를 꽉 잡아 약간 경사지게 한다는 뜻이고, 「압」은 검지 첫마디를 경사지게 바깥쪽을 잡아 엄지와 협응 해서 붓자루를 잡는다. 「구」의 뜻은 중지의 첫 번째 두 번째 마디를 구부려서 붓자루 밖을 잡는다. 「격」은 무명지를 붓자루에 받쳐서 밖으로 민다. 「저」는 소지를 무명지 아래에 받쳐서 힘을 가해서 무명지 힘을 증가시켜 집필을 더 안정되게 한다.

③ 호흡과 운필 : 호흡 운필은 손가락, 손목, 어깨, 팔꿈치 전신의 힘을 상호 협조하고, 붓글씨를 쓸 때는 정신을 집중하여 잡념을 없애고 조용한 환경에서 써야한다. 서법 요령도 붓을 반듯하게 잡고 어깨의 긴장을 풀고 몸을 곧게 하여 팔을 펴고 발도 평평히 하고 전신의 힘을 털끝까지 써야한다. 운필할 때의 힘은 허리에서 어깨, 팔꿈치, 팔목, 손바닥, 손가락까지 전달해서 붓 끝에 모아 써야한다. 이런 과정을 통해 전신의 혈맥을 잘 통하게 해서 심기를 평화롭게 하여 강유 쾌만을 잘 상부상조해야 한다. 심혈관 기능을 원활히 하여 신경계통의 흥분억제를 하고 내장기관도 조정이 가능해서 신체 저항력과 왕성한 신진대사력도 증강시켜서 노화를 지연시키고 수명을 증가시킨다. 이의 목적은 서사 자를 가장 좋고 편안한 방법으로 글자를 써서 최고의

효과를 볼 수 있게 하는 것이다. 악기를 연주할 때 자세가 중요한 것과 같이 그렇게 하지 않으면 얼마 되지 않아 쉽게 지치는 것과 같다(진정견, 최명부, 민86).

제 2절 서법 층차론

중국 문자의 기원은 일찍 부터이다. 최초의 도토문자, 상대의 갑골문, 주대의 금문에서 대전, 진의 소전, 한의 예서, 장초 행서, 위진 남북조의 해서, 금초, 당대의 진서, 광초 등까지 서체의 유변이 번복되기 때문에 풍부한 서사형체가 형성되어서 문자 서사 표현 형식을 제공하였다. 붓을 이용하여 서사 활동하는 역사는 길다. 이 기간에 서체의 품격은 조대의 변화에 따라 각양각색의 특징이 나타났고, 많은 유명한 서감이 서론, 또 풍부한 문화 자산이 발전되었다. 인류가 공구를 이용하여 서사 행위를 하는 것에서 부터는 당시의 실용적인 요구 때문에 단순한 부호기록 뿐이었다. 이후의 실직적인 요구로 인해 문자가 생성되어 시공의 제한을 깨뜨렸다. 고대의 도토조각, 벽화와 대량 출굴 된 상대의 동물 뼈 위에 조각한 문자들의 내용은 점술과 제사다. 이것이 분명한 증거다. 중국 서법은 한자에 의지하고 긴 시간의 사유를 통해 서사행위 과정에서 사람들은 선과 점선의 미감을 느꼈다. 어떻게 운필하고 어떻게 조합하고, 어떤 좋은 공부를 선택해서 서사과정의 좋은 점과 주의 점을 체험하는 것이 각각 내포된 의미다. 다른 연구 각도로 탐구해서 고고학, 문자학, 서법학, 예술미학, 인지과학 등 다양한 학습 내함과 층차가 형성되었다.

「서법」의 간단한 뜻은 붓글씨다. 초등학교 교과서에서는 글쓰기에 개념을 두었다. 우리는 「서법」으로 칭한다. 일본인은 「서도」로 칭하고, 한국인들은 「서예」(박병천, 민76)로 칭한다. 이런 연구는 「서학」으로 칭한다. 사실상 이 모든 명칭은 중국 서론 명작에서 온 것이다. 서법의 서사 활동을 지시하는 것이다. 명칭이

다른 것은 서법 경지의 층차도 다른 것을 나타내는 것이다. 글자 의미에서 볼 때 도자는 도리에 중점을 두고 철학의 의미가 있고, 층차가 높다는 것이고, 예자는 예술에 중점을 두고 층차는 도 아래고, 학자는 학문에 중점을 두고 법자는 방법, 기술에 중점을 둔다. 그래서 작품의 표현방식이 다르면 심리활동과 의미도 다르다. 선조의 많은 서론 저자가 칭한 「서」 「서도」 「서학」 「서예」모두 우리가 오늘날 칭하는 서법이다. 송원이후에 점차 「서법」으로 「서」를 대신했다. 명대에 유행한 「서법」이란 말은 현대인이 말하는 「서법」또는 「글쓰기」다. 작가는 그를 여섯 개 층차로 나누었다.

①서자층차 ②서법층차 ③서예층차 ④서도층차 ⑤서학층차 ⑥서료층차

이 여섯 가지 층차가 선명한 층차 차이가 있는지는 아직 결론이 나지 않았다. 아래는 하나하나 설명한 것이다.

1. 서자층차

서자층차(Scribing level): 서법 간략 설법은 「문자 서사 방법」으로 해석된다. 붓을 공구로 이용해서 한자를 매개삼아 사상을 전달하고 정보를 교류한 문자 작품으로 이용한다. 작가는 그것을 글 쓰는 능력으로 판단한다. 그것의 기능은 언어전달을 도와주고 교류하는데 보조성 기능으로 삼는다. 초중등 학교 과정에서 조기에 필수과정이다.

82년 교육부에서 발표한 국민 초등학교 국어 과정 표준에서 글쓰기의 총 목표는 학생들을 「정확한 글쓰기 방법과 양호한 글쓰기 습관을 갖춰서 비첩을 감상할 수 있게」양성하는 것이다. 초등3학년부터 붓 잡는 방법과 대소해 쓰는 방법을 훈련한다.

중학교에서 주기, 작문, 숙제를 모두 붓으로 쓰는 시기가 있었다. 그러나 서방 신식 서사 공구의 영향으로 불편하기 때문에 현재에는 중요시 여기지 않는다. 그래서 붓으로 글을 써서 정보 전달하는 기능은 이미 존재하지 않는다.

2. 서법층차

서법층차(Penmanship level): 글쓰기의 공동법칙을 연구하는 것이고, 필법구조, 배치 등을 포함한다. 붓의 특징으로 서법의 선이 세계에서 변화가 제일 풍부한 맨손 선이 될 수 있다. 서법선이 내포한 리듬의 변화는 붓이 지나간 자리에서 얻는다. 이런 작업은 특정한 방식으로 선에 보존되었고 모든 민감한 심령 중에 선명하게 나타난다. 「서법」은 당조 중기이후에 나타나서 안진경이 제작한 「장장사 십이의」에서 「진경이 장사에게 필법을 논하고자 청하자, 장자는 임사만 열심히 하면 서법은 스스로 깨칠 수 있노라.」고 말했다. 이것은 「서법」이라는 말이 최초로 사용된 사례다. 중국 문자는 다른 모양의 선, 다른 모양의 구조는 사람에게 다른 영감을 줄 수 있다. 그래서 이런 아름다운 영감을 어떻게 해야 생산할 수 있는지 추구한다. 한편으로는 자신의 실천 중에서 경험을 누적하고 한편으로는 아름다운 손자취중에서 아름다운 귀류가 나온다. 많은 후계자들이 끊임없이 검증하고 발견해서 오랜 시간을 통해 많은 공식을 완성한 것이 바로 말하자는 법이다. 필법은 「영자 팔법」, 황자원의 「구궁격구십육법」, 명조 「팔십사법」등 모두 서법층차의 논술이다.

3. 서예층차

서예층차(Art level): 서체(전, 예, 행, 초, 해)를 소재로 삼아 서사법칙과 심미 규율에 따라 한자예술 형태를 창조하여 미술의 일종의 골격이 되었다. 예술의 분류는 시각, 청각, 공간, 시간, 종합 예술로 나뉜다(진진렴, 민83.) 한자 형체는 풍부하고 형체 구조는 부수와 부수 간에 상하 좌우 내외 등의 관계는 상통하는 배열 조합이 있다. 중국서법은 실용에서 기원했지만 이 문자의 형체가 선천적인 미의 소질이 있기 때문에 서사공구도 특이하므로 서사 자가 자연스럽게 나타낸 아름다운 체태와 매력적인 운치이므로 사람들은 문자서사의 심미의식을 유발했다. 그래서 사람들은 본능적으로 선인의 손 자취에서 그중에 포함된 미의 소질을 탐구하고 실천 중의 경험을 누적하여 각종 원리원칙을 귀납하여 이 소질들을 장악해서 심미요구를 만족시키는 것을 기대한다. 후인들은 선인의 이론과 경험을 빌려서 앞으로 전진시켜서 서법을 중국 특유 예술이 되게 했다. 예술의 관점에서 말하자면 외국에도 서법과 비슷한 예술도 있다. 그것을 「Calligraphy」로 일컫는다. 「미의 장식성의 서사」라고 해석한다. 그것은 통상적으로 서신, 미술작품 중에서 나타나고 단독작품으로는 형성되지 않았다. 그래서 서양사람 눈에는 서법이 예술이 아니다. 서법은 예술성의 계승을 중시하고 맨손 선과 기하 선으로 구분된다. 맨손 선은 같은 사람이 천 번을 써도 같을 수 없는 예술이 있다(구진 중, 민84). 사실상 서법의 소재는 문자고 문자는 그 형태가 있으니 자체라고도 말한다. 문자의 구성은 점·선에 의지해야 한다. 일정한 점선 변화가 일정한 구조를 이루고, 표준문자 형체가 생성되었다. 자체는 서법에 대해 상당한 구속 작용이 있다. 완전히 규칙 없이 쓰는 것은 안 된다. 서법도 문자 형체에 의지

한다. 문자는 음의 성질을 갖추어 시각·청각·공간·시간의 양면성이 있다. 하지만 각 시대와 개인, 서사문자의 체세가 다르므로 다른 서체가 생성되었다. 그래서 각 시대 각서가 각자의 서법 품격이 있다(채장정, 민73). 서법과 회화는 예부터 「서화동원」이라는 말이 있는데 이유는 회화는 문자의 기원이고 모두 붓을 사용한 것이기 때문이다(구진 중, 민84). 서법 작품 중 필획의 중첩, 연결 및 먹색의 자연 변화는 선을 발전시킨 과정을 작품 중에 남기고 서법 예술을 일정한 정도에서 시간예술의 특징도 갖추게 했다. 그래서 서법 서사는 속도 리듬의 표현도 있지만 공간 배치도 갖추고 있다(진 정견, 민82). 최근에 학술 단체도 있다. 언어 무도를 조합하는 방식을 이용해서 서법의 미를 무대에서 연출한다(양계연, 민84). 서법이 사용하는 소재에서 생긴 서체의 진전은 서법이 문자에 의지하는 특징이 있다. 서사공구의 특징을 말하자면 부드럽고 함수량이 높은 붓을 말한다. 현대 만년필, 볼펜, 연필 등과 다르다. 구진 중(민84) : 형식 구조층차에서 봤을 때 한자 구조는 변화가 풍부하기 때문에 서법 예술의 선을 이용해서 조형하는 근거가 되고, 붓의 털은 유연하고 복잡한 작용을 통해 각종 리듬 변화와 정서가 갖춰진 선을 쓸 수 있다. 언어 층차에서 말하자면 서법은 언어에 관한 예술이다. 문학에 이용하는 것은 어의와 어음 성분이고 서법에 이용하는 것은 언어의 시각형식, 서면언어의 선 구조이다. 서법작품에서 나타난 언어의 시각형식은 풍부한 정신을 내함하기 때문에 한자 구조와 붓 서사의 특징 때문에 서법이 예술의 두 개 주요원인이 될 수 있게 했다. 서법의 감정표현본능과 서법 형식이 구성된 특성과 관련되어 있다. 언어의 시각도형(선 구조) 변화가 풍부하고 그의 구조변화는 감정의 리듬과 쉽게 공명한다.

4. 서도층차

서도층차(philosophy level): 서법 예술품을 소재로 삼아 인생철학을 연구해서 인류에게 깨달음을 준다. 노자 도덕경에서 「도가도, 비상도」라 한다. 모든 학문은 철학 범주에 귀결한다. 철학은 모든 사리의 최고 지도 원칙이다. 수천 년을 겪어온 서법 서사 활동도 자연스럽게 이 방면을 연구해서 존재 가치를 심화한다. 진사는 <서원 청화>에서 왕희지가 <기백운선생서결>에서 한말을 기록했다.「내가 여기까지 왔지만 완벽하지는 않다. 서의 기는 도에 도달해야 하고, 근본과 섞이는 이치와 같다.」당대 한유는「왕년에 장욱이 초서에 뛰어났다. 사물을 관찰할 때 산수절벽, 조수충어, 초목화실, 일월 열성, 풍우수화, 천지사물의 변화가 사람을 기쁘게도 하고 경탄하게 하는 모든 것이 책 중에 있어서, 장욱의 서는 신을 감동시켰다.」고했다(한유송고한상인서). 작서의 변화무쌍함을 일컬을 뿐 아니라 세상 사람을 일깨우는 의미도 있다. 현대인들이 서도를 서법으로 대신하는 것이 일본학서 자들이 차도, 화도, 검도, 기도 등을 많이 사용하기 때문이다. 사실상 「서도」는 외래어가 아니다. 1700년 전 진조 위부인(서원 272~349)이 저작한 <필진도>의 마지막 단락에서 말한「구조는 전법처럼 원활하고 장초처럼 소탈하고…. 고예처럼 자유분방하고 글자마다 그것의 형태를 정말 교묘하게 사용한다.」당조 손과정은「화산폭발처럼 높고, 매미 날개처럼 가볍고, 유출될 때는 물이 뿜어져 나오는 것 같이, 멈출 때는 고요한 산처럼, 초승달이 절벽에 걸린 것처럼 가냘프고, 별이 은하수에 걸린 것처럼 초롱초롱하고, 자연과의 묘한 조화는 인간의 힘이 못 미친다. 서도와 자연의 도를 같이 여긴다.」

서도와 서학자는 장기간 단련을 통해 외면의 작품에서 개별적인 예술표현 품격을 창조했고 내면적 변화를 통해 개인의 독특한 인격특성을 형성해서 물아일치의 경지에 이른다. 장전의 초서, 정판교의 8분서, 안진경의 제질고에서의 진정한 감정을 표현하는 독특한 서풍은 오랫동안 서풍을 접해야만 나타낼 수 있고, 「서법」의 규법에 따라서는 할 수 없는 것이다. 이것이 바로 서도의 내함이다. 서도의 흔히 볼 수 있는 표현은 글자 뜻에 의지해서 내포한 철학을 전달하는 것이다. 「인」「정」「선」같은 단자와 「담백명리」「영정차원」과 같은 성어, 혹은 「사상지족심상태, 인도무구풍자고」와 같이 대칭으로 나타난 것이 있다. 시사로도하고 먹색을 통해 춘하추동 사계절의 변화로 마음을 표시하고, 동물조형과 상형문자 조형을 통해, 춘련, 문련, 주련, 팻말을 통해 서사동기를 표현해서 이것으로 개인의 인생관과 깨달음을 전달한다.

5. 서학층차

서학층차(Academic discipline level): 서법을 학문으로 여겨서 연구한다. 학술영역의 한 부문이다. 간단히 말하자면 학설은 서법을 연구하는 학문이다. 서법을 학술이론으로 연구한다. 서법이 어느 정도까지 발전하면 사람들은 역사에 대해 연구한다. 그의 가치성에 대해 평정해서 귀납, 귀류, 통정, 탐인, 고정해서 발전경향을 결론지어 개인의 서법에 대한 관점을 표달한다. 선조들이 귀납한 서학이론은 서법의 발전에 대해 지도하고 추진한다. 서법에 관한 문장도 많다. 손과정의 서보포세신의 예주쌍노, 강유위의 광예주쌍노 등이 있다. 현재 예술학과와 수천 년 동안 누적한 다양한 서법자료를 중국문학, 역사학, 문자학, 사회학, 미학 등 중요한 소재로 삼는 것이다. 협의의 서학은 서법 예술로 저작한 이론성에 대해 검토하고 평가한다. 일반인들이 말하는 서학은 대부분 후자이다. 축민신(민72)은 상대 후기에 생성된 서법예술은 서학이라 말할 수 없다고 여긴다. 진한의 서학은 문자학 중에 완전히 포함되지 못한다. 위진 남북조 시기의 서학은 시작에서 성수기로 향한다. 당송시대는 중국 서학의 번성기다. 원명에서 청초까지 서학은 서법과 함께 쇠약했다. 하지만 대만과 대륙에 모두 서법에 관한 연구협회가 생겼다. 다시 진흥할 수 있는 계기가 된다.

6. 서료층차

서법치료(Calligraphy Therapy): 서법치료는 얼핏 들을 때는 새로운 명사 같지만 사실은 고대 어학에서 학서는 장수에 도움 된다고 말한 적이 있다. 황광<유북의화>에서 「학서는 마음을 수양하고 질병을 고치는데 이용되기 때문에 사람들이 좋아 한다.」 그 외에도 하교기<심술>편에서 서법을 「책은 서고 산이다. 마음의 기를 토로하고 근심을 털어놓는 것이므로 서가들은 무병하고 장수 한다.」라고 말했다. 어학 면에서 말하자면 온화한 마음과 편안한 심리는 신체건강과 장수에 모두 도움 된다. 과학 발전에 따라 인류 장수의 비밀은 차츰 밝혀졌다. 규칙적인 생활과 단련이 인체건강과 장수에 미치는 영향도 부인할 수 없다. 장기적으로 서법을 배우는 것이 이 두 면에서 인체 건강을 높이는 것이다. 중국 어학영역의 심리치료 면에서는 징심정묵법이라는 것이 있다. 정좌와 정와를 통해 고민을 잊고 질환을 이기고 정신을 맑고 심기를 편안히 해서 질병을 없애는 방법으로 만성 질병을 고친다. <우어제의화>에서 「장 선생이 질병에 걸려서 일어나지 못했는데 병원치료를 포기하고 작은 방을 빌려 눈을 감고 정좌

하여 묵묵히 마음을 맑게 하였더니 어느 날 갑자기 눈이 맑아지고 온 이마에 땀이더라. 어느 순간 보니 병은 몸을 떠났다.」라고 기록되어 있다. <명의잡저>에는 「고인들이 말하기를 내가 아파한다면 가슴위에 손으로 死자를 계속 쓰면 백가지 고민이 사라지고 마음이 편안해져서 약을 복용하는 것 보다 낫다. 이것이 최고의 묘약이다.」라고 기록되어 있다. 이것도 역시 징심정묵법이다(마중학편, 민83). 그래서 서법은 학습자에게 한 첩의 청심묘약이다. 서사 환경을 조성해서 서사 자들이 안정된 상태에서 근심을 잊고 마음을 평온히 하는 것이 바로 중의들이 강조한 징심정묵법이고 심신에 큰 도움이 된다. 예전부터 많은 예술가들은 모두 장수한다. 어학자들은 회화, 서법, 음악 등 심령예술은 인체에 잠재능력을 개발하는 것이라고 했다. 아름다운 사물을 감상하고 온화한 마음을 기르는 것이 심신을 자연스럽게 건강하게 하는 것이다. 예술의 영향을 통해 홀가분하고 유쾌한 방식으로 아름다운 생활 분위기에서 고상한 풍위를 지키는 것이 오락양생으로 볼 수 있다. 감정 표현, 취미조절, 경락 통활, 혈맥 조화, 오장육부를 편안히 하는 것이 도움 된다. 서법 서사는 오력겸용 해야 하는데 지력, 완력, 팔힘, 허리힘, 다리힘을 적절히 배합해야 한다. 이 오력은 뇌력, 시력이 통괄하고 온몸의 힘을 써서 지혜를 짜내야 한다. 서사과정에서 동정결합, 뇌체결합, 오장협조, 기혈운행 등 전신운동을 해야만 허리와 다리가 건강하고 대뇌 활동을 증진시키고 뇌의 노화를 지연시킬 수 있다.

서법 학습의 요령은 필정, 견송, 신직, 비개, 족평이다. 전신의 힘이 머리 끝까지 뻗쳐 운필할 때 힘을 허리, 어깨, 팔꿈치, 팔목과 손바닥, 손가락, 붓 끝까지 모아서 이런 과정을 통해 정신혈맥을 통찰하고 심기를 편히 하고, 강약을 조절하고, 완급을 적절히 해서 심혈관 기능을 조절하여 신경계통의 흥분, 억제 균형을 잡고 내장 기관도 편안히 하여 신체저항력과 신진대사 능력을 왕성하게 강화시킬 수 있기 때문에 노화를 지연시켜 장수할 수 있게 된다. 서법은 서사 과정에서 심리 생리를 완화시킨다. 중의가 강조한 평행론적과 일치한다. 심령도 육체의 일부분이고 신체 기혈과 함께 요동한다. 사상과 동작이 기와 조화 한다면 서법이 개인에서 스트레스 해소와 건강 면에 깊은 영향을 준다. 그래서 서법 학습은 현대인의 건강에 깊은 가치가 있다. 서법치료는 서법 예술작품을 매개로 삼아 체계적이고 계획적이고 조직적인 실험 정서를 통해 인류의 심리, 정서, 행위 문제를 처리하는 방법과 책략으로 삼는 것을 말한다.

근래 전통적 서법 관념은 서양 과학의 영향을 받아 서법 실증성 연구가 잇따라 시작되었다. 서법 연구는 다양 다원하게 되었다. 이외에도 측정공구(심리평량), 어학의료기의 발달(EEG)로 서법 연구가 심리연구로 진입하게 된 것이다. 고상인(민89)은 수년 간 대만 홍콩 및 대륙의 서법 심리치료 연구 결과를 정리해서 <서법 심리치료> 책을 편찬했다. 서법 연구 5대 영역중 제 4번 영역(서법과 치료)기타 영역은 서법과 인지, 서법과 예술, 서법과 인격정서, 서법과 관리의 꿈을 실현한다. 현재 대만에서도 잇따라 이 영역의 실험을 하고 있다(임병무.민86;임병무, 진정견 민90; 진정견, 임병무, 민87; 진정견, 민병무 민91; 진정견 민85; 진정견 민90a; 채명부, 민83a). 본토 심리 치료의 또 하나의 길을 개척하기를 기대한다.

제 2 장

서법 생리학의 이론 기초

중국 서법의 서사 공구와 서체의 특수성 때문에 서법을 배우는 중과 전에 충분히 준비해야 하고 운작 과정 중 정신을 모으고, 조용히 생각하고, 감정을 표현하고, 뜻을 발휘하고, 외부 방해에서 벗어나고, 주의력을 집중해야 심리 생리면의 변화가 서사에 영향을 준다. 서사공구, 서사자체의 다름과 서사전의 준비도 생리면에 영향을 줄 수 있다. 제 2장은 중국 역대서론이 중국 서법 현대 연구면에서 서사자 생리 상태의 서사문작 조건간의 상호 영향을 연구한 것이다.

제 1절 고대 서법 생리론

역대 서법 가들은 서사과정에서 생리상태의 배합으로 서사 자가 유쾌, 흘가분, 집중, 여유 등 심리 반응과 상태에 도달할 수 있다고 여긴다. 서사과정에서 외면과 개인조건의 배합으로 서자들이 심신양면에서 상당한 변화를 일으킨다(채명부 민83b).

아래는 중국 서론에 관한 서사시 생리 상태 부분을 각각 연구 설명한 것이다.

1. 「氣」와 관계 된 주장

우세남이 <필수론>의 「계묘」편에서 「글을 쓸 때는 정신을 모으고 근심을 떨쳐버리고 마음을 바르고 기를 고요하게 하야하고, 심신이 바르지 않으면 글도 바르지 않고, 뜻과 기가 일치하지 않으면 글도 뒤바뀌게 된다.」고 했다(상무인서관 인용. 민72). 혁경<논서>중에서 「마음이 바르면 기가 안정되고 기가 안정되면 팔목이 유연해지고 팔목이 유연해지면 필이 단정하다. 필이 단정하면 먹이 나온다. 먹이 나오면 정신이 집중된다. 뜻이 아닌데도 모두 뜻이 되고 법이 아닌데도 법이 된다.」고 했다(상무인서관 인용. 민72). 기가 바른 것 외에도 학습 중에 「정」의 의미를 갖춰야 한다. 서사의 필요로 서사 활동 시작 전, 중에도 서사 자는 반드시 자신을 안정되게 해서 운작해야 한다. 예를 들면 채옹은 <필론>에서 「서는 산이다. 먼저 마음을 열어서 감정을 자유롭게 표현한 다음 글을 써야 한다. 만일 잡념에 빠지면 좋은 작품이 나올 수 없다. 먼저 묵묵히 앉아 생각한 다음 말하지 않고 생각을 비우고, 정신을 맑게 하면, 사람을 대할 때 바르지 않을 수 없다.」고 했다(화정서국. 민77).

장회관은 <서단>에서 「내가 사람들에게 저는 이 분야에서 공이 없는 사람이고, 단지 수묵을 오랫동안 배우고 마음을 맑게 하고 욕심을 없애고, 정신을 집중하여 조용히 생각해서 얻은 것뿐이라고 말했다.」고 했다(상무인서관. 민72). 구양수는 <시필>의 「작자요숙」에서 「글을 쓸 때 능숙해야 하고 능숙하면 신기가 실하고 여유가 있다. 조용하게 그 가운데에 앉아 있는 것도 하나의 낙이다.」고 했다(화정서국 인용 민77).

강유위 <광예주쌍노>에서 「서법은 불법과 같다. 계율로 시작해서 정혜에 능하고 마음속에서 인정하고, 깨달음에 이른다.」고

했다. 극에 도달하면 입이나 손으로 전달할 수 없고 느껴야 한다(상무인서관, 민77). 안정기의 관점에서 중국 서론을 볼 때 서법이 서사를 필요로 하기 때문에 서사 자가 서사전중에서 정심, 정사, 진정 등에 주의해야 한다. 이래야만 서사에 도움이 된다. 신윤묵은 <습자의 익처>에서 「일에 바쁜 사람은 정신노동이나 신체노동 중에 한 시간, 반시간, 심지어 20분의 시간이라도 짜내서 서법을 연습하면 신체에 좋을 뿐 아니라, 관찰, 사보, 일처리의 민첩과 예리함과 두뇌회전에도 도움이 된다.」고 했다(마국권 민78). 기타 서론과 왕희지, 당 태종, 구양순, 황정견, 조맹견 등도 같은 관점을 가진다. 붓글을 쓸 때는 모든 뜻을 붓 끝에 모아 고도로 집중해서 무아지경에 이르러서 생리를 상대적으로 안정되게 한다(진정견, 채명부. 민86).

2. 동작 협조와 관계된 주장

내가 서법을 배우는 과정에서 집필에서 자세까지 마음이 안정되고 정신을 집중하면 모든 것이 종이에 나타나는 것을 알았다. 책상 앞에 앉아서 양다리를 바로 펴서 자연스럽게 앉는 것도 알았다. 글 쓰는 동작은 교공성, 이동성, 자동성으로 나뉘어진다(고상인 민75). 교공성 동작은 손가락을 놀려서 하는 것이고 필을 장악하는데 정확성을 요구한다. 이동성은 손, 손목, 어깨의 협조동작으로 한다. 손목, 팔꿈치와 팔이 자연스럽게 움직임을 요구한다. 자동성은 전신, 반신의 몸을 움직여서 글쓰기를 보조하는 것이다. 중국서법은 연성 붓을 쓰므로 근육을 움직이는데 신중을 기해야 한다. 역대 서론문헌 중에서 서사자세와 동작을 논하는 명작들이 많다.

(1) 위 부인의 <필진도>: 「글 쓸 때는 삐침, 점 하나도 전신의 힘을 써야한다.」(화정서국 인용, 민77).

(2) 구양순의 <서론>: 「붓을 느슨히 잡고 팔목을 펴서 손가락을 가지런히 잡아 손바닥을 붓자루에 밀착시킨다.」(상무인서관, 민72).

(3) 정소의 <연극>: 「한 마디 내에서는 손가락 법이 있고 한마디 외에는 팔목까지 법이 있다. 지법의 변화무쌍은 팔꿈치 팔목의 변화에 있다.」(상무인서관, 민72).

(4) 이화의 <이자결>: 「6예중에 이것이 가장 어렵고, 사람들은 어려움을 알기 때문에 많이 할 수가 없다. 그것의 중심은 손바닥을 허하게 하고 손가락을 사용하여 느리면서도 빨리 움직이고, 뜻은 쓰는 것 보다 먼저고, 글은 붓 뒤에 있다. 그것의 기세는 봉황이 춤추고 나는 형상이다.」(상무인서관, 민72).

(5) 정요전의 <서세>: 「붓으로 책을 쓰고 손가락을 놀려서 붓을 운용하고 팔목을 움직여서 손가락을 놀리고, 팔꿈치를 움직여서 팔목도 쓰고 어깨를 움직여 팔꿈치를 움직인다.」(상무인서관, 민72).

(6) 장신의 <논집필법>: 「붓을 잡으려면 손가락으로 잡는 것이 아니라 팔목으로 잡아야 하고 손으로 움직이는게 아니고 팔목으로 움직이는 것이다.」(상무인서관, 민72).

(7) 주성연 <임지관견>: 「반드시 바르게 앉아 마음을 잡으면

기가 원활해져서 혈맥이 창통해져서 팔도 자연스럽게 유연해지고, 팔목도 유연해 진다. 스스로 마음이 집중하면 붓도 바르게 잡을 수 있다. 팔도 팔목도, 손바닥도, 손가락도, 붓도, 모두 마음에 있는 것이다.」(상무인서관, 민72).

서론 문헌 중에서 말하는 서사자세와 동작은 손가락 움직임, 팔목 팔꿈치 올림, 팔을 들어올림 전신 힘조절 등의 자세가 있다. 글자가 동작의 요구에 따라 달라진다. 서론과 육음옹, 황정견, 오염, 장화, 혁경, 서문장, 왕허주 등도 같은 관점을 갖고 있다. 동작 난이도도 높아지고, 근육 움직임이 적은 것은 큰 동작 안에 포함된다(고상인, 민75). 그래서 서사의 근육동작과 난이도가 높아질 때는 생리반응 감소효과도 따라서 높아진다. 종합적으로 얘기하면 중국 역대 서론은 고대 서법가가 서사 방면에서의 체험이다. 생리면에서 봤을 때는 서사는 정확한 자세를 요구하고 머리를 곧게 세우고 몸을 바르게 하고 팔을 펴고 발을 편안히 하는 것이다. 집필은 손가락을 위주로 손바닥을 허하게, 등은 곧게, 팔목은 평하게 들고 팔목과 팔꿈치만 들어야 한다. 이 요구에 응해야만 신심의 깨달음에 이를 수 있다. 그래서 모든 서론은 긴장하지 않고 느슨하고 편안한 마음으로 전신의 조화를 통해 인간의 본성에 순응한다고 여긴다. 이래야 글을 잘 쓸 수 있다. 외부의 방해를 받으면 제일 좋은 서사 공구도 좋은 글을 써 낼 수 없다. 그래서 서사활동 과정에서 정신 집중 편안한 마음을 강조한다. 무엇을 써야 하고 어떻게 써야 하는 지를 생각해 두고 서사전에는 마음을 맑게 하고 정신을 집중해서 정서를 조화하여 최고의 경지에 이르게 해야 한다.

제 2절 현대 서법 생리학의 기초

서법 생리학 연구 결과는 서법이 실용 면에서 조작행위의 기초 이론측면으로 전변하게 한다. 70년대에 와서 인지 심리학과 신경심리학의 발전은 인류 동작의 연구를 새로운 영역으로 발전시켰다. 서법 연구도 이 영향을 받아 사람들을 고무시키는 소식을 얻었다. 이하는 고상인(민75)이 서법의 생리적 측면 연구 결과이다. 1. 서법 행위의 생리반응에 대한 영향 2. 서법 공구의 생리반응에 대한 영향 3. 서사 동작과 서사지배 관계 4. 서법 운작과 신경이완효과 5. 질환서법의 생리반응 등 다섯 가지 부분으로 나누어서 연구한다.

1. 서법 운작행위의 생리반응에 대한 영향

이에 관한 연구는 각각 서체가 각종 생리 기본 반응에 대한 영향을 연구하는 것이다.

(1) 각종 서체 심율에 대한 영향 : 이것은 상형, 대전, 해서 세 가지를 포함한다. 연구결과는 어떠한 서체를 서사하든지 모두 심율을 여유롭게 한다. 그의 폭포상형 문자가 제일 크고 그 다음 대전이고 해서가 제일 작다.

(2) 각종 서체의 호흡에 대한 영향 : 여기의 서체는 전, 예, 해, 초 4가지가 포함된다. 연구 결과는 어떠한 서체를 서사할 때도 호흡에 영향을 받는다고 나타났다.

① 호흡 시간에 대해서 : 전서를 쓸 때 호흡시간은 다른 서체보다 길다. 통계적으로 현저한 차이를 나타낸다. 초, 예, 해 세 가지 서체를 서사할 때 호흡 시간은 전서를 쓸 때 보다 짧다.

② 호흡 비율에 대해서 : 전체와 예체를 쓸 때 호흡률은 정좌해서 휴식할 때 보다 비율이 높다.

(3) 각종 문자 서사의 생리 반응에 대한 영향 : 각종 문자는 영문자, 중문자를 말하는 것이다. 연구결과는 어떠한 서체도 심리를 여유롭게 하는 효과가 있다.

① 심장활동에 대해 : 어떠한 붓으로 어떤 문자를 쓰든지 심장활동은 서사전후보다 온화하다.

② 연경 붓 효과 비교 : 연구는 붓으로 글 쓸 때는 딱딱한 필로 쓰는 것보다 온화효과가 더 높다.

③ 문자의 효과 비교 : 중문자와 뜻이 같은 영문자와 뜻이 다른 기하도형 등 간의차이를 연구할 때 중문자를 쓸 때의 심리반응 온화정도가 영문자보다 크다.

2. 사사 공구의 생리 반응에 대한 영향

서법 공구의 생리 반응에 대한 연구는 유형이 다른 필, 붓, 사인펜 등 각종 생리 기본반응에 대한 영향이 있다.

(1) 각종 필기구의 심율에 대한 영향 : 붓과 사인펜의 심율에 대한 영향은 두 항목이다.

① 붓으로 쓸 때의 온화효과는 사인펜 보다 크다. 현저수준에 도달했다.

② 중문자 서사 때의 심리반응 온화 효과는 영문자를 쓸 때

보다 크다. 붓을 쓰든 딱딱한 필기구를 쓰든 같은 효과를 나타냈다.

(2) 붓의 경도의 심율 감소에 대한 효능

① 어떠한 붓을 사용하든 서사시의 심율 활동은 서사 전후의 휴식 때보다 온활하다. 중도, 연도 붓을 사용할 때는 경도 붓을 사용할 때보다 심율 강화 정도가 높다.

(3) 붓끝의 크기의 심율 감소에 대한 영향

① 어떤 붓을 사용하더라도 서사시의 심율 활동은 서사 전후의 휴식 때보다 온활하다. 붓끝크기는 심율에 대해 큰 영향을 끼치지 못했다. 하지만 중간크기의 붓으로 쓸 때는 큰 것과 작은 붓으로 사용하는 것보다 심율 감소정도가 크다.

3. 서사 동작과 서사 조절의 관계

서사동작은 서사자세, 서사방식을 위주로 한다. 서사동작의 생리반응에 대한 연구는 서사자세와 서사자의 심율 반응, 서사방식이 서사자의 심율 반응 두 가지를 포함한다.

(1) 서사자세의 심리반응에 대한 영향

① 어떤 서사자세를 취하든 심율 변화에 대해 서사 전후 휴식 때 보다 온활하다. 서사자세의 다름이 심율 변화에 대해 큰 영향을 미친다. 그중에 직립 때의 심율 변화는 가장 온활하고 팔목을 들 때는 그 다음이고, 팔목을 대고 서사할 때는 그 다음이다.

(2) 서사 방식의 심율 반응에 대한 영향

① 세 가지의 서법 운작 방식 하에서 피 실험자의 심율 변화는 감소되는 것으로 나타났다. 그 중에 모사가 일으키는 심율은 대폭 감소되었다. 임은 그 다음이고 사는 또 그 다음이다.

(3) 세 가지 서사방식은 서사시간에도 차이가 있다. 그 중에 임서의 소모시간은 가장 길고, 모서는 다음이고, 사는 제일 짧았다. 모임간의 차이는 크지 않았다.

(4) 모사 때 피실험자의 심율 변화는 서사속도와 긴밀한 관계가 있다. 심율 감소 정도는 서사시간과 반비례관계에 있다. 심율 감소가 많으면 서사시간이 길다.

4. 서법 운작의 긴장·이완에 대한 효과

서법 운작의 긴장·이완에 대한 연구는 유형이 다른 필기구, 예를 들면 붓, 사인펜 등에 대한 연구다.

(1) 서법 운작의 맥박에 대한 연구는

① 서사자가 서사할 때 서사과정에 따라 맥박이 차츰 느려지는 현상이 나타난다.

② 서사자가 정좌시 심율 상태는 기복이 심한 현상이 나타나지만 서사과정에서는 규율성 변화가 나타난다.

③ 서사자의 서법 경험에 따라 심율 변화는 특별한 영향은 없다. 심율 감소에도 영향을 미치지 않는다.

(2) 서법 운작의 지단 맥동량에 대한 영향 : 서사자가 서사시

작 후 지단 맥동량이 차츰 높아지는 경향이 있다. 이것이 서사자의 생리활동이 서사과정에 따라 차츰 감소하는 것을 나타낸다. 서법이 심신활동을 감소시키는 또 하나의 증거다.

(3) 서법 운작의 혈압 변화에 대한 영향

① 서사자가 서법 운작시의 혈압이 차츰 낮아지는 연구결과가 나타났지만 진일보 된 실험을 해서 관찰 검증해야 한다.

② 서법 운작 과정 중에 서사자 혈압지수는 멈출때의 혈압지수보다 낮다. 서사자의 주의 행위가 혈압에 대해 직접적인 영향이 있는 것으로 나타난다.

③ 서법 경험은 서사자가 서사전후 서사중의 혈압 변화에 긴밀한 관계가 있다. 경험이 많은 서사자들의 혈압은 무경험자보다 낮다.

(4) 서법 운작의 호흡조절에 대한 영향

① 서사자의 일상 호흡간격 및 시간은 서사상황 보다는 길다. 서법 운작시 서자의 호흡은 정좌시 호흡과 다르다. 호흡이 느리며 주기가 길다.

② 서사자의 일상의 호흡비율은 4가지 서체서사 때보다 짧다. 서사자가 운작 시 흡기시간이 증가할 수 있다. 특히 전에 두 가지 서체를 시작할 때 흡기 시간이 호기시보다 길다.

③ 해, 예 두 가지 서체 서사때 호흡자의 호흡 간격은 초서 운작과 정좌시 호흡 간격보다 적다.

④ 호흡시간 면에서 정좌시 호흡은 예서 작서때 필요한 호흡시간보다 긴 것과는 달리 해서, 전서, 초서를 서사할 때와는 별 차이가 없다.

⑤ 호흡률의 비교에서 전예를 서사할 때 비율은 해·초 및 일

반 호흡시의 비율보다 높다. 이것이 전예 두 가지 서체를 서사할 때 서사자가 호흡 조절 면에서 비교적 많이 자제한다는 것을 의미한다.

⑥ 서사자 경험이 호흡변화에 대해 별 영향이 없다.

⑦ 서사자의 운작시 호흡변화는 운작 방식의 다름으로 약간의 차이가 있다. 모·임·사 서사 방식 중 사가 필요한 호흡 주기가 제일 길다.

5. 변환서법 생리반응

연구결과를 보면 정신병환자의 우뇌활동이 손상되어 좌뇌부하가 크다(Stevens, Bigelow, Denney, Lipkin, Livermore, Rayscher & Wyatt, 1979). 중문서법을 서사할 때 우뇌가 발달한다. (Hatt & Dimond, 1980; Biederman & tsao,1979 ; Stevens, Etal, 1979; Tseng, Hung, Cotton & Wong, 1979). 고상인 (민75)연구결과는 서법 운작 과정 중 서작의 뇌전 활동 율은 분명히 향상되었다. 우뇌가 좌뇌보다 분명히 높다. 정신질환자가 서법을 연습할 때는 우뇌를 사용하는 기회가 많아서 우뇌 공능을 회복하는데 도움이 된다.

(1) 정신질환자가 서법 서사 때의 생리반응

① 정신질환자가 서법 서사시의 심율 변화는 직선 감소 현상이 나타난다.

② 정신질환자의 심율감소는 정상인보다 많이 크다. 분명한 차이가 있다.

③ 정신질환자와 정상인 서사 때의 지단맥동량(DPA)의 차이는 모두 서사과정에 따라 높아진다.

④ 혈압 면에서는 정신질환자의 혈압 변화는 감소현상이 나타나고 감소정도는 정상인보다 크다.

⑤ 뇌전파(EEG)면은 정신질환자의 서사시 뇌전파가 정좌시 보다 낮다. 서사과정에 따라 감소한다.

(2) 정신질환자가 서사시의 뇌전활동 상황

① 정신질환자의 좌뇌 활동률(action ratio)은 정상인보다 낮다. 서사시 우뇌 활동률은 정신질환자가 정상인보다 크다. 위의 연구 중에서 우리가 서법예술의 서사자체(한자), 서사공구(붓), 서사동작(팔목을 들고 내리는 동작), 서사조절(모사, 임사, 자운)의 특수성 때문에 모두 고도의 주의가 필요하다. 그래서 서법이 정상인에게는 보건 긴장이완의 효과가 있다. 예를 들면 심장박동 감소, 혈압 하강, 호흡 감환, 지단 맥동량 높임, 활동량 감소, 근심 해소 등이다. 이외에도 정신질환자와 갱년기 종합증 환자에게도 상당한 효과가 있다. 서법을 좋아하면 건강유지, 성정도야에 도움이 된다.

서법은 심신수양에 최고로 좋은 방법이다(조영산 민77).

제 3 장

서법 심리학의 이론 기초

심리학(Psychology)은 인류행위와 심지과정을 연구하는 과학이다. 1879년 펑덕(Wundt)이 레비히에서 심리학 실험실을 창립함으로써 심리학이 철학의 겉옷을 벗고 하나의 과학이 되었다. 서법 학습과정에서 황기(민69)는 서학은 다섯 요항 : 「관」, 「임」, 「양」, 「모」, 「창」의 다섯 단계가 있다고 말한다. 대다수 서법 가들은 임모사는 필수과정으로 여긴다. 서사자 감상 및 비첩 임모를 통해 서학 양분을 섭취해서 깨닫고 최고 경지에 이르러야 한다(고상인, 민75). 서법은 학습원리를 깨닫고 끊임없이 사고해서 경험 지식과 결합하여 학습과정을 끊임없이 추진해야 한다. 본 장에는 중국 역대 서법 명가 및 문인들의 논점을 연구해서 현재 서법 이론의 연구를 추진하여 이것을 서법 치료 방안 설계 개입의 기초로 삼아 서법 치료와 서법 심리와의 관계를 깊이 이해하는 것이다.

제 1절 전통서법 심리 논점

중국 역대 서법가와 서론가들은 자신의 학습과 체험을 통해 서법에 대한 이해를 말했다. 비록 실질 증거는 없지만 후인들이 배울 것이 있다. 일반적으로 「모」, 「임」, 「사」단계를 거쳐 중국 역대 서론과 관련된 학습 심리 문제를 연구한다.

1. 점층 심화 관점

학습과정에서 모두 「임」, 「모」, 「사」 세 단계를 강조한다. 「다임」, 「다사」한 관점을 갖고 서법 학습 중 학습심리의 역할을 소홀히 했다. 단순형체만 모방하고 서사동작만 연습해서 서법 입신경지는 이르지 못했다. 그래서 서법 학습의 단순작업 반응 뿐 아니라 학습 심리과정의 개체가 서사재료, 환경인지 및 정서도 있다는 문제도 고려해야 한다. 역대 서가들은 「임」, 「모」, 「사」 세 단계를 점차 진행해야 한다고 강조한다. 남송강기 《속서보》의 「임모」편에서 학서의 방법은 구전되고 마음으로 받아들이지 않으면 정화될 수 없다(상무인서관, 민72). 조환관 《한산주담》의 「격조」편에서 작자 3법 : ①용필 ②구조 ③경향 이 있다. 용필은 시작과 끝은 있되 규각은 없어야 한다. 구조는 리듬은 있고 틀은 없어야 하고, 경향은 규칙은 있되 고집은 없어야 한다(상무인서관, 민72). 주이정의 《서학첩요》; 「서유6요 : ……•3득법• 학서는 집필을 우선 고려한다. •사임모• 학서는 반드시 고첩묵적을 연구해서 용필의 뜻을 이해해야 쉽게 향상된다.」(화정서국, 민77).

유희재의 《예개》; 「서세를 잘 이해하려면 구궁을 알아야 한다. 구궁은 중궁보다는 중요치 않고, 중궁이 글의 주필이다. 주필은 글자 중심에 있거나 사유사정에 있다. 이것을 알면 살아있는 중궁을 안다는 것이다.」(공봉정, 민77). 주성연의 《임지관견》; 「글자는 구궁이 있고, 구궁은 간격이다.」 우군 「황정경」, 「낙의론」, 구양순 「봉천명」, 「천자문」은 모두 구궁의 최고 표준이다(화정서국, 민77). 당인의 《서필법》; 「학서 초에는 집필이 최고고, 정확한 위치에 점을 찍는 것이 묵도에 다다르는 길이다.」(상무인서관, 민72). 장하의 《서법정중》; 「포백은 세 가지가 있다. 획간의 간격, 글자간의 간격, 줄 간격이다.」(화정서국, 민77). 강유위의 《광예주 쌍노》에서 「학서는 순서가 있다. 우선 집필을 해서 고정시켜야 하고, 작서는 구조로 시작해서 반듯하게 하고 그 다음에 정 반, 왕래, 신축의 형세다. 그 다음에 횡을 나누고 간격을 띄운다. 고비 에서 서를 본따 각 대가의 결체 장법을 얻어, 비법을 본따 점점 깊이 빠져들어 완전히 숙지하여 골혈기육정신을 모두 모아야 형체가 생긴다. 형체가 되고 나면 그 뜻을 말할 수 있다.」(화정서국, 민77). 이것이 학서의 순서를 화룡점정의 표현이다.

2. 마음속으로 깨닫고 정신으로 이해하는 관점

인지 학습의 관점으로 중국 서법가의 서법학습 논점을 볼 때 서법의 학습방법은 「방위학습」의 관점을 특별히 중시함을 알 수 있다. 특히 임모단계에서 방위 단계를 더욱 중시한다. 초보자들은 반드시 선배들의 묵적에서 시작하여 우선 집필과 운필을 하며 글자의 구조를 연습하고 구궁격 혹은 미자격으로 글을 배치시킨다. 그 다음 전체 배치를 중시한다. 이것이 심리학에서 「인지지도」(cognitive map)의 도리와 일치하는 것이다(장춘여, 민80). 이것이 개체가 전체상황을 이해하고 경험있는 전문가에게 구전, 실전 되어야 공을 완성시킬 수 있는 것이다. 많은 서론 가들도 같은 관점을 표현했다. 서법학습과정에서 모임단계 외에도 제일 중요한 것은 서자가 학습 원리에 대해 마음으로 깨닫는 것이다. 자운의 경지에 다다르는 것을 말한다. 마치 침팬지가 학습할 때 환경을 파악하는 것과 같이 「순간 깨달음 학습」(insightful learning)

이다(장춘여, 민80). 그래서 학서자의 타고난 소질도 필요조건이 된다. 당태종의 《지의》; 「깨달음은 마음이 움직이면서 손이 균형 잡히고, 원이면서 각이 지고, 굵으면서도 예리하고… 가늘면서도 단단하고… 생각하면서 뜻을 파악하고… 무엇인지 모르면서도 바로 그것이다.」(화정서국, 민77). 주성연의 《임지관견》; 「초보자는 임모뿐만이 아니다. 임서하여 뜻을 얻고, 모서하여 구조를 얻는다. 오랫동안 임모하는 것은 많이 보고, 깨닫고, 상의하고 변통하는 것 보다는 못하다.」(화정서국, 민77). 양암의 《평서첩》; 「고전 집필법은 원정중직이지만 손등을 약간 구부려서 힘을 주어야 한다. 이 방법은 스스로 깨달아야 하고 선조들이 가르쳐 주지 않았다.」(상무인서관, 민72). 주하갱의 《임지심해》; 「서를 잘하는 사람을 보면 몇 글자만 헤아려도 자체가 형성되는 것은 오랫동안 집중해서 용필, 용묵, 결체법을 연구해서 내가 운용할 수 있게 하는 것 외에 다른 것이 없다.」(화정서국, 민77). 강유위의 《광예주쌍노》; 「나는 식견이 짧다. 서체가 형성되는 것은 다른 것은 없다. 많이 본 것을 많이 임해서 고금의 손에 응용하면 꿀벌이 꽃 따는 것과 같이 오래전에 준비해서 종횡으로 변화하면 자연스럽게 효과를 본다. 단순하게 한 두 권의 「난정」과 「풍천」만 읽었다고 알 수 있는 것은 아니다.」(상무 인서관, 민72). 위에서 나열한 서법가의 관점으로 순간 깨달음의 의미가 있는 것을 알 수 있다. 이래야만 비로소 마음으로 깨달은 것을 손으로 시작하는 경지에 이를 수 있다. 순간 깨달음은 근거없이 일어난 것이 아니고, 여러 가지 법문이 있다. 수양해서 얻는 도도 있고, 오랫동안 누적 경험에서 온 것도 있고, 상호 탐구에서 온 것도 있고, 자연환경 자극에서 온 것도 있지만 (진정견, 민80) 연령, 환경, 심리, 인격의 변화에 따라 깨달음도 달라질 수 있다(구양중석, 민84). 아마 이것이 바로 서법의 진경이다. 이 외에도 우세남, 동기창 등의 서론 가들도 같은 견해를 말한 적이 있다. 서법대가 주구영 선생님의 「자술」; 「나는 64세 때 근대 예서대가 정념선이 작서하는 것을 보았다. 그는 지진이 일어난 것처럼 온 몸의 힘을 써서 작서했다. 5년의 깨달음 통해 비로소 무엇 때문에 그랬는지 알게 되었다. 70세 때 작서 하는데 날아가는 기세가 있으며 나의 작품이 고아하고 힘참을 느꼈다.」 이것이 순간 깨달음을 통해 운필의 요령을 얻은 실제 예이다(중화북교 백과문교 기금회, 민81).

3. 입신의 경지에 이르는 표현

중국 서법자가 논하는 서법 학습의 최고 경지는 어디인가? 위종요 《수자회론》; 「나는 세세하게 서법을 30년 동안 배웠다. 다른 책을 읽을 때는 끝까지 한 적이 없었는데 서학은 끝을 봤다. 다른 사람과 생활할 때 땅에도 글자요, 벽에도 글자더라. 책을 덮고 자고 변소에서도 돌아올 줄 모르고, 글자를 보면 전부 다 베껴 썼다.」(상무민서관, 민70). 왕희지 《필세론》의 「개요」에서 ; 「내가 글자를 쓸 때 정리정돈이 제일 어렵다. 필봉이 오고가고 반복하는 규칙, 완전히 익숙하게 관찰한 후 쓰기 시작한다.」(화정서국, 민77). 구양순의 《팔결》 중에서; 「마음속에서 법식을 정하고 소밀기정을 판단해서 육체와 정신은 모두 그것의 크기에 따라 머리가 가볍고 꼬리가 무거우면 안되고 왼쪽이 짧고 오른쪽이 길어도 안되고 기울고 반듯한 것이 사람과 같아 상하균형을 접고 동서호응을 하며 기우융합하고 정신 소탈해야한다.」(화정서국, 민77). 채희종 《법서론》에서; 「우선 구조를 세운 후 꾸민다. 동작은 반드시 합당해야 하고 구름과 안개가 흐르는 것처럼 연하고 진하고 꽃이 피고 지는 것과 같아야 한다. 한 장을 쓸 때마다 글자 안의 특별한 뜻을 이해해야 한다.」(화정서국, 민77). 해진의 《춘우잡술》의 「서학상설」편에서 「한 글자 조차도 마음으로 헤아려야 하고 자기의 마음을 미루어 남의 마음을 헤아리는 법도 있는데 하물며 한 문장 속에야 이 법도가 없을 수 있겠는가.」(상무인서관, 민72). 주성연의 《임지관견》에서 「단지 사물의 이루지 못함도 이상하지 않다.」(화정서국, 민77). 유희재의 《예개》에서; 「양자는 서를 심화로 여긴다. 그래서 서라는 것은 심학이다. 마음이 사람답지 않으면서 서가 뛰어나길 원하면 아무리 부지런하더라도 얻음이 없다.」(화정서국, 민77). 서법학습 중 서사 자들이 많이 관찰하고 서법의 구조, 배치, 원칙을 많이 사고하여 대가들의 작품자체와 품격을 잘 이해하고, 자신의 자질을 다지고 이미 아는 지식을 발휘하여 서사한다. 고대 비첩을 많이 임사하고 자신이 쓴 것과 비교해서 실력을 향상시킨다. 유희재는 「서를 심화로 여기고 서를 심학이라.」한 말은 후설인지(metacognition)란 것이다. 「후설인지」란 것은 인지한 인지다. 모든 인지의 통합능력이다(양종인. 민80). 이것을 한 사람이 그가 인지 한 것에 대한 지식과 조정이라고 정의할 수 있다. 중국 서법은 학습과 작서 과정에서 얻은 지식과 책략에 대한 조절능력이다. 이래야만 자체 작품의 진행을 장악할 수 있다. 후설인지는 개인의 지혜를 중재하는 최고능력이다. 그것은 두 가지 중요한 공능을 갖춘다. 첫 번째 공능은 「지도」:자신이 어떤 지식과 경험, 인지한 책략을 갖춘 것인지를 안다. 두 번째 공능은 「지휘 및 사용」:자신이 가진 지식을 사용하여 특정학습 기억, 사고 및 해결방법에 대응한다(정소명. 민82). 중국 서론은 많은 후설이 있는데 위부인의 《필진도》; 만약 집필이 가까운데 꽉 잡지 못하고, 마음과 손이 일치하지 못하여 뜻이 필 뒤에 있으면 실패고, 집필이 멀면서도 급하며 뜻이 필 앞에 있으면 승이다(화정민국. 민77). 왕이소 《필세론》; 「….초학자는 형식에 치우치면 안 되고 뜻이 필에 앞서야 글이 형성된다고 생각해야 한다.」(상무인서관. 민72).

왕희지 《필세론》; 「개심」편에서 「글 모양의 크기, 평직, 진동을 우선 생각해야 맥락을 서로 연결시킬 수 있다. 뜻이 필 앞에 있고 그 다음에 글을 써야한다.」(화정서국, 민77). 서도의 《필법》; 「서사하고자 하면 우선 어떤 구절인지, 글이 얼만지, 종이 색이 마땅한지, 어떤 필체가 어울리는지 진서, 행서, 초서가 종이와 어울리는지를 고려해야 하고, 뜻은 앞에 있고 필이 마음 뒤에 있는 것이 모두 필법에 있다. 쓰기 어려운 글은 마음에서 미리 배치하고 그 다음에 시작해야 여유롭고 의태 소탈한 글을 쓸 수 있다. 임시로 법을 따르지 않고 필이 내리는 데로 글을 쓰면 안 된다.」(상무인서관, 민72). 풍방 《서결》; 「뜻이 필 앞에 있는 사람은 고대 서첩을 완전 익숙하고 글자 형태의 크기, 전후, 평직, 소밀 등을 마음속에 오래두고 종이 앞에서 그것의 법을 오래 생각해서 사물에 따라 형태를 주고 그것의 도를 얻는다.」(화정서국, 민77). 주성연 《임지광견》; 「쓰기 전에 먼저 필을 든 사람이 갑자기 공중으로 뛴 것처럼 뜻이 필에 앞서서 닿으면 토끼가 뛰고 매가 떨어진 것처럼 상상하지 못한다. 요령을 피워서 바로 쓰면 집필, 운필의 방법을 모두 잊어버리고 이것이 바로 마음이 손을 잊고, 손이 필을 잊어버리는 것이다.」(화정서국, 민77). 주화갱 《임지심해》; 「뜻이 필 앞에 있다는 것이 쉬운 일은 아니다. 내 몸으로 직접 그 오묘를 느껴야 그 고묘한 경지에 도달할 수 있다. 나는 한 글자 한 글자씩 임모해서 위치를 정해 세심하게 되새겨 함부로 낙필하지 않았고, 마음속에서 이미 타산해야 뜻이 필 앞에 있다는 것이다.」(화정서국, 민77).

후사인지관으로 중국 서론을 보았을 때 중국 서법의 학습은 학습자가 인지한 지식(예 : 집필, 배치…)을 갖추는 것 외에도 보이지 않는 손이 있어야 한다. 인지의 뒷면에서 조절해야 한다.(예 : 글자의 크기, 위치…)뜻이 필 앞에 있어야 여유롭게 할 수 있는 것이다. 가장 기초적인 집필, 용필로부터 용법을 이용하여 오랫동안 연습해서 깊이 깨닫고 운필요령과 형체특성을 파악하면 수작이 당연히 탄생할 것이다. 구양순, 당태종, 우세남 등 기타 서론 가들도 같은 견해가 있다.

4. 독창적인 역사

중국 서론은 인지와 관련된 관점 외에도 정서와 관련된 부분도 있다. 작품의 감상 면과 더욱 친밀하다. 강기 《속서보》의 「임모」편; 「초보자는 모임을 할 수 밖에 없다. 선조의 명작을 책상에 두고 좌우명으로 걸어놓고 아침 저녁으로 감상하여 용필의 도를 생각한 후에 임모해야 쉽게 성과를 얻을 수 있다.」(상무인서관. 민72). 황정견 《논서》; 「옛 사람들은 학서할 때 임모만 하지 않는다. 선조의 서화를 벽에 걸어서 입신하여 관모하면 시작할 때 자유자재로 된다. 글씨 쓰기를 배워 마음속의 속된 마음을 없앤 후에야 쓸 수 있다. 매번 글 쓸 때 위진의 작품을 완숙한 후 마음속에서 이해해야 선조의 필법을 얻을 수 있다.」(상무인서관. 민72). 명가들이 학서전에 우선 선조의 서작에 점을 두고 필법을 얻어야 할 수 있다는 것을 쉽게 알 수 있다. 항목 《서법아언》의 「지식」편; 「논서는 논상과 같다. 관서는 관인과 같다. 인품이 독특하면 식견도 독특하다. 귀로 감정하고 눈으로 감정하고 마음으로 감정하는 것이 있다. 서를 얻어 처음 펼 때 부정, 득실, 어떤 손으로 어디서 시작해야 할지 직접 본 것처럼 분명하게 다 읽어야 직성이 풀리는 것이 식서의 정신이고 마음으로 감정하는 것이다.」(화정서국. 민77). 하지만 작품 중에 있는 것은 서작간의 구조 뿐 아니라 정신이 서로 일치해야 하는 것이 중요한 것이다. 하경명 《발회안유묵》;「주자의 작품 중에 단어는 마음의 소리고 글은 마음의 그림이다. 곰곰이 생각하니 사람은 넋이 나간 것처럼 만드는 이유는 그의 마음을 수백 년 후에 알게 된 것이기 때문이다. 세상에는 마음으로 느끼지 못하고 눈에 보이는 것으로 느끼는 사람이 너무 많다.」(위문서국. 민65). 정의의 시작은 앞에서 말한 것처럼 서법가와 뜻이 통하는 경지이다. 하지만 결론적으로 선조의 작품에서 정화를 흡수해서 자신의 품격이 되도록 하는 것은 정형화(styling)이다. 예를 들면 주성연 《임지관견》;「여러 대가의 법첩을 감상, 변별하고 오차를 찾아서 그것을 수정하여 마음속에서 양성시켜 오래되면 자연스럽게 자신의 특색을 갖출 수 있게 된다.」(화정서국. 민77). 예도의 《육예지일록육·서법론관자제》의 「임모」편;「서에서 말하기를 선조의 필을 들어서 그것을 좇아 글을 쓰고 세심히 비교한다.」(상무인서관. 민72). 하지만 정화를 흡수하려면 우선 장점과 단점을 식별해야 한다. 예를 들면 조환광 《한산주담》의 「평감」편에서;「명인서화를 볼때는 두 눈이 있어야 하는데 좋은 점을 얻지 못하고 패필을 따라하고, 매력도 모르고 덩달아 하는 것은 사람을 메스껍게 한다. 안 배우는 것 보다 못하다.」 주화갱 《임지심해》;「붓글의 한 점 한 획 모두 정화를 해야하고 고첩중의 글들을 보면 사람과 달리 글체가 형성되면 반드시 마음에 들어야 한다.」(화정서국. 민77).

서법 학습 중 임사해야 할 자체에 대해 많은 공을 들여 이해해야 하고 서법의 품격, 풍운, 장법, 행기, 필세, 필의를 마음속으로 이해하고 좋은 비첩의 영향을 받으면 자연스럽게 서에서 얻는 게 있다. 기타 서론 가들도 같은 주장이다(상무인서관. 민

72. 화정서국. 민77).

5. 결론

위에서 서법과 학습심리는 큰 연관이 있음을 알 수 있다. 서법 학습과정의 「임」 「모」 「사」3단계의 인지, 깨달음에서 후사인지과정까지 서사가의 품격이 형성 될 때까지가 최고 경지다. 선조들은 뜻이 필앞에 있는 것을 강조하고 그 다음에 글을 쓴다. 글쓰기 전에는 충분히 마음속에서 양성하고 뜻이 필 앞에 있어야 여유롭게 뜻대로 의태소탈한 글을 쓸 수 있다. 학습과정에서 명가 작품을 체득해서 보첩의 뜻을 이해하고 학습기료를 배워서 심리인지의 여유로움까지 결국 자신의 품격을 갖출 수 있는 이상에 도달한다(진정견. 채명부. 민 86).

하지만 고상인이 역대 서법가의 논점을 인용해서 서법전통심리학을 귀납한 것에 아래와 같은 몇 가지 중점이 있다. (1) 서론 중 서사행위와 관련된 논점은 서사자를 연구대상으로 삼는 것이며 어떻게 운필하고 어떻게 서작을 해야 하는지를 포함한다. 모두 서사자를 중심으로 해서 그 다음에 서법 품격과 인품 등 기타 관련주제까지 확대한 것이다. (2) 중국고대 서론은 서사행위에 대해 우선 구체적인 손, 손가락, 팔목의 기능부터 전신운동까지 서사공능에 대한 긍정적인 작용을 논하는 것이다. 생심리학의 기점이라고 말할 수 있다. (3) 중국서법의 이론기초는 서사의 「공효」의 의미를 강조한다. 특히 서사시의 생리 서서공구 및 환경 기후의 조합을 중시한다. (4) 서론의 주장과 견해는 서가 자신의 경험의 성과지만 상당한 일반성의 의미를 갖춘다. 비록 주관적이라고 말할 수 있지만 연구자의 연구 동기와 입론의 기초를 제공할 수 있다. (5) 중국 서론은 자체가 사상체계가 될 수 있는 것뿐만 아니라 과학 연구의 일 분야도 될 수 있다(고상인. 민 75). 그래서 서법심리학 기초는 고대 서법가의 경험과 성과를 기점으로 삼아 현대과학 의료기기의 실험은 사람들로 하여금 더 쉽게 받아들일 수 있고 현재까지 약간의 성과가 누적되었다. 이 성과는 다음 절에서 탐토한다.

제 2절 현대 서법 심리 논점

현대 서법 심리 논점은 서법을 주요 소재로 삼아 진행한 연구 결과다. 서법의 인지 정의 및 행위간의 표현과 관계를 연구한 것이다. 예를 들면 서사자의 연습 및 창작 때의 지각, 주의 사유, 운작 등 구체측면의 행위표현이다. 지각-인지 동작의 실증한 정밀기록을 통해 서법의 서사 심리과정을 이해하거나 실질적인 조사연구를 통해 서법표현과 인격특질간의 관계를 연구하는 것이다. 그 중에 인지능력과 관련된 주제는 탐구할 가치가 있는 과제다. 아래는 서법 서사와 대뇌의 본능, 서법운작과 지능측량 및, 서법 운작과 추상추리 등 세 방면에서 각각 설명한다(고상인. 민84a).

1. 서사와 대뇌 공능

서법 활동은 대뇌의식 상태를 높이고 우뇌 활동이 좌뇌활동보다 높은 것으로 추정되므로 서사자가 우뇌를 통해 처리한 인지 활동의 효과가 좌뇌보다 좋다.

(1) 명명 작업 성적의 영향 : 서법 운작의 서사자의 한자의 명명작업성적에 대한 영향면에서는 결과가 모두 직접 촉진 할 수 있다는 것을 지지하고 주로 좌시야-우반구의 극활 촉진에서 나타난다.

(2) 한자 자형 판단의 영향 : 서사자의 한자자형 유사성에 대한 판단면, 서사는 대뇌 활동을 통해 이런 판단 작업을 촉진하

는 것이다. 경험의 다소는 자형유사성 인지 판단에 영향을 주는 주요인이다.

(3) 도형 재인식의 영향 : 서법 운작이 서자의 도형 재인식 실험을 통해 서사자가 서사 후에 좌시야-우반구 중의 도형 재인식 실수율이 분명하게 낮아지고, 우시야-좌반구는 이런 현상이 나타나지 않는 것이 발견되었다. 결과는 「서법우화 글활효응」을 증명했다. 이것이 서법운작이 서사 완료 후 대뇌를 극활하는 작용이 있고 우반구에 나타나는 것으로 증명됐다.

(4) 서사 부하의 인지 작업에 대한 영향 : 비서법 부하의 한자 명명 영향 면에서는 중문 경필서사, 영문경필서사 및 영문 붓 서사의 세 가지가 포함된다. 연구결과는 그것들 모두 사사자의 서사후의 한자 명명 임무에 큰 영향을 미치지 않는 것으로 나타난다. 이것이 많은 서사방식 중에 단지 서법만 뇌극활을 우화하는 효능이 있다는 것이다. 이 외에도 서법 감상, 산수계산, 휴식부하, 묘도부하 및 자유회화 부하 등 다섯 조형을 서법서사와 비교할 수 있다. 결과는 서법 감상 부하, 산수 계산과 휴식부하는 피실험자의 좌우 시야가 한자자형 유사성 판단에 반응시 큰 영향이 없다. 이것은 서법 서사가 대뇌 양반구의 공능, 특히 우반구 공능에 극활작용이 있다고 설명하는 것이다.

(5) 뇌극활 우화 효응 : 중문 경필서사부하, 영문서사부하와 산수면 계산부하 세 가지 부하조건으로 그것들이 어린이의 한자형 유사성 판단에 대한 영향을 봤을 때 결과는 어린이 서사 영문과 간단 산수부하후 그것의 대뇌 좌우 반구의 반응은 큰 변화가 없다. 이것이 두 가지 부하가 어린이 좌우 반구 반응 능력에

영향이 없다는 것을 설명한다. 이것이 뇌극활효응 이론을 위해 실증적인 지지를 제공했다. 이 외에도 비서법부하 묘도와 자유회화는 모두 피실험자의 좌우 양뇌에 한자자형 유사성에 대해 적극적인 영향이 있다. 사람들이 묘도와 자유회화로 역시 대뇌 양반구 극활효응을 우화 한다는 것을 설명한다. 이것이 회화 및 서법은 조작 대상에서 모두 도형 혹은 도형 특성을 갖추고 있고 공구에도 붓을 사용하기 때문이다. 이 결론은 서화동원이다는 말을 또 한번 증명한다. 어린이 중문 경필서사 부하의 실험은 서법 부하와 같은 경향이 있다. 서사시 양반구에 대한 영향이 성인과는 다르다. 어린 시절 대뇌가 완전 발육되지 않아서 뇌세포의 대사 과정은 성인보다 왕성하기에 뇌의 기초와 흥분수준이 성인보다 높아서 비교적 쉽게 중문 서사 활동에 극활을 받을 수 있다. 이것은 한자의 특성과 관련이 있고 이 감성이 쉽게 생기기 때문에 중문경필서사는 어린이 대뇌 양반구에 극활효응이 나타난다.

2. 서법 운작과 지능 측량

서법 운작과 지능 측량은 아래 실험 증거로 알 수 있다.

(1) 서법 운작의 문서 속도와 정확도에 대한 영향 : 중문 붓 서법 · 중문 사인펜 서사, 영문 붓서사와 영문 사인펜 서사의 각종 조건하에서 중문 붓 서법의 문서 속도와 정확도에 대한 영향이 가장 크고 영문 사인펜 서사작의 부하가 영향이 가장 적다. 이것은 중문붓 서법의 문자와 공구의 특성으로 서사자가 주의력 증가, 지각 정확도, 시동 조합의 몇 가지 심리 상태에 도달할 수 있게 하기 때문에 「지각속도」와 「반응속도」위주로 한 문서속도

와 정확도의 영향이 가장 좋다. 서법의 각종 인지 능력에 대해 최고의 촉진능력이 있다는 것을 알 수 있다.

(2) 서법 운작의 공간 관련의 영향 : 중문 붓 서사, 영문 붓 서사, 볼펜 및 영문 볼펜서사가 포함된다. 결과는 중문 붓 서사의 실험성적 향상 폭이 가장 크고, 영문 볼펜 실험 성적이 가장 적다. 이 외에 붓 영문서사와 중문 볼펜 서사도 큰 영향이 있지만 효과는 모두 중문서법 서사보다는 적다. 이것이 중문서사가 영문서사보다는 훨씬 큰 영향을 준다는 것을 알 수 있다.

(3) 서법 운작의 추상추리능력에 대한 영향 : 중문 붓 서법, 중문볼펜서사, 영문 붓 서사, 영문 볼펜서사와 비 서사적인 담화, 다섯 가지 부하가 도형추상, 추리 실험 성적에 대한 영향을 비교하면 결과는 중문 붓 서사, 중문 볼펜서사는 모두 큰 영향이 있고 영문 볼펜서사는 영향이 없다. 이 모든 결과는 서사 행위가 같지 않은 문자 특징과 서사 공구가 인지 행위에 대해 직접적이고 같지 않은 영향을 주는 것을 인정한다. 서법 행위가 서사자의 지각 능력을 향상시키는데 도움이 된다는 것을 알 수 있다.

3. 서법 운작과 한자 인지

(1) 서법 운작의 한자자형 유사성에 대한 판단 결과는 다음과 같다.

① 피 실험자가 반시간의 서법 서사 부하 후에 시야가 자극을 받는 것을 구분하지 못하는 상황에서 자극자의 자형이 같다면 피실험자가 그것을 판단할 때 서법 부하는 전보다는 분명히 축소된다.

② 자극자의 자형이 다를 때는 서법 부하가 피실험자의 자형 상이성 판단이 반영시 큰 영향을 미치지 않는다. 붓 중영문서사는 대뇌가 한자자형 처리에 대해 일정한 작용이 있다.

(2) 서법 운작의 한자 명명 임무에 관한 면

자극자의 형태와 뜻이 같은 조건하에서 전체 시야가 자극을 받을 때 붓 중문 서사의 피실험한자 명명작업에 대한 영향을 검증한 후 결과는

① 자극자의 글 형태가 같은 조건하에서 중문서법 부하를 통한 후에 명명 임무는 성적은 비록 낮아졌지만 큰 영향은 아니다. 글자의 형태가 다른 조건하에서 서법 부하 후에 명명성적은 분명하게 낮아졌다.

② 글자 뜻이 같던 다르던 피실험자의 명명성적은 모두 분명하게 낮아졌다. 여기서 말한 기본 문제는 인지 조작 임무의 주의 및 서법 부하가 나타난 효과는 반대 방향으로 나타났다. 서법의 다른 인지활동에 대한 영향과는 다르다.

이외에 곽가교(민82), 고정국(민82), 서법 부하가 어린이 대뇌에 대한 극활 반응을 한 연구 결과는 서법부하가 대뇌 양반구 반응시 모두 분명하게 축단됐다는 것이 발견됐다. 초결평, 조소휘(민84). 서사갑골문과 해서가 인류 반응속도에 대한 영향을 연구한 후 피실험자가 30분의 갑골문의 해서의 서사를 받은 후 같지 않는 서체를 서사하는 것은 모두 우리의 반응속도와 반응 정확도를 가속할 수 있다는 것을 발견했다.

심덕입, 백학화와 염국리(민84). 암동기록기를 이용해서 경험이 같지 않은 서법가가 서법감상과정에 안구 동작 특징을 연구할 것을 기록했다. 결과는 서법지식경험이 적은 사람은 서법작품을 주목하는 시간이 짧고 서법 지식경험이 많은 자의 주목시

간은 글자의 구조 복잡성에 따라 변화가 있다. 경험이 적은 자는 변화가 없고, 경험이 많은 자의 동공 지름 변화는 경험이 적은 사람들보다는 적다. 위 글을 종합해보면 서법 서사가 지각상, 주의상, 사유 및 인지활동에 전면 동태와 적극적인 극활 사용 때문에 서사자가 서사과정에서 고도의 주의, 민첩한 사유, 가속된 반응, 증감된 인지 능력 등 정면적인 효과가 생성되었다. 이런 효능은 서사자가 생활 중에서 문자 운용 기본 지능의 조작 등 구체방면에서 정면 효과를 주었다. 그래서 서법은 서사자의 대뇌공능, 지능측량 한자 인지 등 방면에서 정면효과를 주었다(진정견, 채명부, 민86). 현대서법 인지 심리 관점으로 봤을 때 서법 연구를 해야 할 변항으로는 대뇌 공능의 극활 반응, 한자 명명 작업 및 자형 판단, 서사 반응 속도의 측량, 공간 관계와 추상 추리인지 능력의 증진 등을 포함한다(진정견, 채명부, 민86). 하지만 인지능력은 정보처리이론 및 인지발전이론의 관점으로 말하면 보류개념, 문제해결능력, 개념형성, 지각수납, 주의력 및 후설인지 등도 포함된다(종성교, 민81 : 정려옥, 민82). 현재 실험에서 증명된 내용은 소부분이어서 뜻이 있는 자와 학자 전문가들이 더 깊이 탐구할 것을 기대한다.

제 4 장

서법정서 심리의 이론 기초

정서는 우리 생활 중에 중요한 역할이 있고 우리의 생활 경험 중 중요한 일부분이다. 그것은 생활 환경에 대해 반영하고, 인지 학습 동기 및 인격과도 친밀한 관계가 있다(가화위, 이소영 민77, 소건문 민68). 적극적인 정서는 생활의 정취를 증가 할 수 있고, 취미 태도도 결정할 수 있고, 심리 공능의 표현도 촉진하고 개인이 사회에 적응하는 데도 영향을 줄 수 있다. 두려움, 분노, 근심, 초조함 등 소극적인 정서는 왕왕 어린이의 학습과 학교생활 및 심리건강에 영향을 준다(소건문, 민68). 심리치료의 관점으로부터 감성지수는 지능지수보다 중요하다(Emotional Intell ; gence Quotient, EQ로 간칭)(Epperson & Mond, 1995). 역대 서론 기록에서도 서법 서사 활동과 정서의 관련성은 셀 수 없을 정도로 많다. 한유는 「사람은 기쁘게 하고 놀랍게 하는 것을 모두 책으로 나타낸다.」 이것은 서법 활동은 감정을 토로하고 정서를 품고 마음을 환하게 빛내는 효과가 있다. 서법과 정서간의 관계는 어떨까? 이 장에서 서법 표현형식·서법과 정서관계 및 서법과 정서개선 등 삼 방면으로 각각 탐구한다.

제 1절 서법 표현 형식

서법은 한자를 기초로 삼는 예술 범주지만 서법 예술은 다른 문자와 다르다. 순문자는 감정전달 사상교류의 유형적인 추상부호 뿐이다. 서법은 문자 서사를 표현하는 일종의 법칙이고 문자의 점선을 기초삼아 체계적으로 조합해서 미학으로 구성된 예술이다. 그래서 서법 예술은 간단히 부호의 전달 뿐만 아니라 중요한 것은 개인이 문자서사의 펼침을 통해 사상, 정서, 인격, 생명력을 표현하는 것이다(진정견, 민83). 한자형식 구성면에서 봤을 때 구조가 변화를 부여하며 서법 예술을 위해 선으로 조형한 근거를 제공하고 붓의 털이 유연해서 복잡한 움직임을 통해 각종 리듬변화와 정서 특색이 있는 선을 서사할 수 있다. 서법 작품 중에서 나타난 언어의 시각형식을 풍부한 정신 내함을 주입해서 정서의 실마리를 볼 수 있다. 그래서 한자구조와 붓 서사의 특성으로 서법이 예술의 두 개 주요원인이 될 수 있었다(구진중, 민84).

서법표현형식((Expressive style)은 개인의 독특한 개성이라고 말할 수 있다. 서법은 어떤 표현형식이 있을까? 서법구성 기본요소를 세 가지로 나눈다. (1) 필획 (2) 구조 (3) 장법(장문광, 민82) 아래는 상관서법론작에서 인용하여 설명한다.

(1) 필획의 표현방식 : 필획운사 방식으로 봤을 때는 굵기, 진하고 연함, 연속과 끊김이 포함된다. 위부인의 《필진도》에서 영자팔법에 대해 형태 있는 자연사물로 각 필획명칭을 형용했다. 「가로는 천리에서 스쳐 온 구름 같고 점은 높은 산에서 떨어 질려는 돌과 같고, 삐침은 상아의 끝부분 같고, 세로는 만년 된 마

른 등나무 같고, 우빼침은 밀려오는 파도와 천둥번개와 같고, 갈고리귈은 수백 개 활과 쇠뇌가 일제히 쏘는 거와 같다.」종요의 필법 중에서는 무너지는 산처럼 점을 찍고 소나기처럼 벗겨내고 모발처럼 가늘고, 안개처럼 가볍고, 갈 때는 우는 봉황이 구름 속에서 유유히 자고, 올 때는 숙녀가 꽃밭에서 유유히 오는 것과 같다(심윤묵, 민72). 필세의 각도에서 봤을 때는 시대와 사람의 성격으로「굵기, 장단, 곡직, 방원, 평면과 측면, 교묘와 우둔, 부드러움과 냉정」등 대비형식으로 나누어진다. 운행기교로 볼 때는「붓끝이 드러나지 않는 방법」,「꺾는 방법」,「수지방법」,「빠르고 느린 방법」,「거침과 매끈함」등을 포함한다. 묵을 쓰는 방식으로는 고(갈필), 질(속필), 준(파필) 세 가지로 나눈다. 풍무는 그의《서법정전》중에서 서법의 8가지 결점「소머리, 쥐꼬리, 벌허리, 학무릎, 대나무마디, 모난 귀퉁이, 끊어진 나무, 지게」를 나열했다. 비록 정규학자가 추구한 것은 아니지만 서법의 부당표현형식을 짚어냈다. 서법은 미관적인 선의 표현으로 둥근 것, 네모난 것, 구부러진 것 세 가지로 나눈다(진정견, 민83). 역대 서법가 중 우리들은 필획의 표현형식 중에 개인의 개성을 볼 수 있다. 안진경은 원필로 유명하고, 구양순은 방필로 특색있다.

(2) 구조표현 형식 : 글자의 구조요소로 나눌 때는 정반, 소밀, 크기를 포함하고 네모난 것, 긴 것, 납작한 것, 세 가지로 나누어진다. 진조, 종요의「십이필의」의「횡평, 수직, 균간, 밀도, 봉단, 역체, 경곡, 조절, 보족, 손여, 배치, 크기」는 필법의 주요 표현 요령이다. 채의《서세》;「자체 형세는 앉은 것 같고, 횡보하는 것 같고, 나는 것 같고 움직이는 것 같고, 오는 것 같고, 가는 것 같고, 엎드린 것 같고, 일어나는 것 같고, 슬픈 것 같고, 기뻐하는 것 같고, 춘하추동 같고, 새가 먹이를 먹는 것 같고,

벌레가 나무를 쪼는 것 같고, 예리한 무기 같고, 강한 활 같고, 물과 같고, 불과 같고, 나무와도 같고, 구름과도 같다. 해와 같고, 달과도 같다.」

(3) 장법 표현 형식 : 서사형태로 나누어진다. 서체 발전으로 나누면 전(갑골문대전·소전), 예(고예와 팔분), 행·초(장초, 금초, 광초)·해(진) (왕장위, 민56 ; 사자신, 민71 ; 장광빈, 민79 ; 채충민, 민71).

서체 형태에 관해 채이《전세》; 「전세는 거북이 무늬와 같고, 용의 비늘, 뾰족한 이삭, 용이 나무를 감는 모양, 새의 놀란 소리, 백조가 유유히 날아다니는 모습, 이슬이 아슬아슬 맺힌 모양과도 같다.」이것으로 전서를 묘사했다. 우영총《필수》; 「진서를 맑은 날 구름이 스쳐가는 것으로 비유하고 미풍이 초록나무를 간질이는 것과 같고 달리는 말의 기세도 있다.」 소동파 ; 「진서는 서 있는것 같고 해서는 다니는 것 같고 초서는 달리는 것 같다.」 후한 최원《초서세》; 초서를 「짐승이 발을 들고, 새들의 날기 전 자세, 놀란 토끼, 구슬과도 같고 절벽에서 마른 나무를 잡고 떨어 질려는 위험도 있고 가을에 매미가 매마른 가지에 매달린 것과도 같고 뱀이 놀라 동굴 속에서 나오는 것과도 같다.」라고 말했다. 서법의 품위로 봐서 청대 포세신 ; 가품, 일품, 능품, 요품, 신품 등 다섯 종류로 나눈다(축가, 민74).

어떤 데는 서법을 추상과 구상으로 나눈다(사자신, 민71). 구상형용자들은 왕희지《필세론》; 「글을 쓸 때는 백조머리와도 같고 벌레들이 쌀을 먹는 것과도 같고, 흐르는 물장수의 예리한 검과도 같고, 아름다운 여인과도 같다.」 강기《속서보》; 「긴 것은 준수한 선비 같고, 짧은 것은 용감한 사람 같고, 가는 것은 흐르는 시냇물과 같고, 굵은 것은 부유한 집안의 아들과 같고, 강한 것은 무사, 요염한 것은 미녀, 경사진 것은 술 취한 신선, 반듯한 것은 성인과도 같다.」

고상인(민80) ; 서법 표현 형식은 각자 다른 품격, 신태와 구조를 갖추고 있다. 각종 서체도 독특한 「태도」가 있다. 이것이 서법표현 방식이다. 그는 역대 서론의 서법표현 형태와 관련된 형용사를 종합해서 자연계에 관찰할 수 있는 경치와 현상으로 서법표현형식을 형용해서 9종류로 귀납했다. ① 조류(봉, 학 등) ② 맹수류(용, 호) ③ 인물(충신) ④ 기상(운, 풍, 우) ⑤ 인류행위(희, 노, 애, 락) ⑥ 동작(행, 주) ⑦ 기구(종, 정) ⑧ 식물(초, 목)

제 2절 서법과 정서 표현

「역사상 많은 서법가들의 창작과정은 항상 정서 반응을 요점으로 삼는다. 서한 서법가들은 다부진 정서이고, 위진 서법가들은 소심한 정서이고 각 시대 배경이 있지만, 송 대 이학 천인합일이 조성된 인화사상은 송대 서법이 인성발휘하고 인심을 찬양할 수 있게 했다. 황희지의 초서는 북방 호인의 위협을 받아 실제적으로 매우 연약하지만 연약한 격체에는 부드럽고 아름다운 형태는 그 시대의 정서미를 나타낸다.」(사자침 민72). 이문장은 결론적으로 서법표현과 정서와의 관계를 귀납했다. 역대 서론 중에 서법 표현형식과 정서간의 관계에 대해 서법 기교를 빌려서 전술하고 비유한다. 각대가들의 주장에 근거하여 아래에서 각각 탐구한다(진정견, 민84).

송과정 《서보》에서 서체와 정서간의 관계를 「진서는 점화를 형질로 삼아 그것을 성으로 전환시키고 초서는 정화를 성정으로 삼아 그것을 성정으로 전환시킨다. 비록 다르지만 대체적으로 관련이 있다.」「묵은 쉽게 사용하지 않고 꼭 이유가 있어야 시작한다.」「한 획으로 필끝의 기볼을 변화하게 하고 한점의 교묘는 털 끝의 서사법을 다르게 한다.」그래서「전서는 유순하면서도 관통하고, 예서는 정통하면서도 치밀하고, 초서는 유창하고, 장서는 간편하고 이 모든 것은 위엄있게 하고, 광택으로 온화하게 하고, 힘있게 하고, 우아하게 해서 그것의 감정을 이루고, 애락을 표현할 수 있게 한다.」우리의 정신이 가장 맑을 때 자연스럽게 통화되고, 안 맑을 때는 멀어진다.」 5「합」은「정신이 유쾌하고, 시기가 맞고, 종이와 묵이 어울리면 우연히 쓰고 싶은 마음이 생긴다.」 고마운 마음으로 5「괴」는「마음은 있는데 몸이

안 따라주고, 뜻은 있는데 기세를 펴지 못하고, 바람은 없는데 햇볕이 따갑고, 종이와 묵이 어울리지 않고, 감정과 손이 게으르다.」모두 사람의 정서와 서사의 관계가 치밀하다는 뜻이다.「5괴하면 사고도 막히고 손도 움직이지 않고, 5합하면 정신도 여유롭고 합필도 유창해진다.」그래서 서법 표현 형식은 사람 마음에 의지한다. 마음이 어지러우면 필도 약하고 글자 형태도 어지러워진다.「뜻이 필 앞에 있어야 글도 아름답고 소탈해진다.」서법의 독특한 점은 문자 외형을 빌려서 예술의 태·세·신·정을 표현한다. 이런 예술의 태 세 신정은 문자가 포함한 의미와는 일치하지만 상관되지는 않는다. 우리가 서법 작품을 입신하여 감상할 때 글의 의미까지는 파악할 수 없다. 단지 어떠한 구체 형태를 갖추지 않아도 회화와 음악을 감상하는 것과 같이 일반 운율의 필획구조는 사람에게 기쁜 마음이 생길 수 있게 한다(왕장위. 민71). 우영홍의 《필수》의 「계묘」편 ;「서사전에는 마땅히 시청을 거두어야 하고 절대적으로 정신을 집중하여 마음을 바르게 호흡을 균형있게 해야 묘에 계가 있다. 심신이 바르지 않으면 서도 기울어진다. 그래서 서도의 미묘를 알고 싶으면 자연스럽게 깨우쳐야지 힘으로는 얻지 못한다. 마음으로 깨우쳐야지 눈으로 얻지는 못한다. 글자 형태는 눈으로 보는게 한정돼있기 때문에 마음으로 읽어야 한다.」류공권《필간》;「마음에서 필을 움직인다. 마음이 바르면 필도 바르다.」당태종 ;「나의 글은 심정을 혼으로 삼아서 정신이 융화되지 않으면 태도도 없다. 마음으로 근골을 삼는다. 마음이 굳지 않으면 글도 힘이 없다.」「서학을 배우려면 초조해서는 안 된다. 항상 유심하고 방심해서는 안된다. 모든 기술은 배워서 얻는 것이 없는 것은 없다. 문제는 게으름 피우기 때문이다.」채이 ;「글을 쓸 때는 먼저 마음속에 품은 뜻을 토로하고 그 다음에 쓴다.」소하《필법》;「글을 쓰고자 할 때는 침착하게 검증하고 나서 쓰기 시작한다. 필자의 마음은 묵작의 뜻이다.」 풍무 《한림요결》; 「정은 희노애락이다. 기쁘면 기가 융합하고 글이 펴진다. 화나면 기도 굵어지고 글도 험해 진다. 슬프면 기가 우울해서 글도 쭈글어 든다. 즐거우면 기도 편안해지고 글도 예쁘다. 감정이 무겁고 가벼운 기분이 있으면 글도 따라서 변한다. 변화무궁하다.」

하나의 서법작품은 비록 몇 몇 글자지만 한 글자로 모든 것을 대표할 수 있다. 글의 기재, 웅장, 소탈, 준수, 각종 의태를 나타낼 수 있다. 마음으로 감상하고, 눈도 즐겁고, 너무 아름다워서 다 볼 수 없다. 중국 서법에서 서를 잘 쓰는 사람은 필이 뜻대로 움직일 수 있어서 그의 개성을 충분히 발휘할 수 있기 때문에 그의 품격으로 형성할 수 있다(조천지. 민80), 웅병명(민 73). 《중국서법이론》에서 중국 서법을 6개체로 정리했는데 그 중 한 개가 유정파다. 유정파의 서법은 내포된 감정을 표현하는 거라 여기고 서법선을 통해 자유분방한 필치를 종이에 충분히 나타낸다. 맹수가 올가미를 벗어나는 것과 같고 힘차게 쏟아지는 폭포 같고, 천둥 번개와 같고, 개인의 정서를 충분히 발휘할 수 있다. 이 외에도 일반사람이 느끼기에 정판교는 제멋대로 하는 늙은 애기다. 그의 서법 표현은 예서지만 초서의 연동과 소탈함도 있다. 글의 쾌만, 경중, 리듬감이 있다. 구조는 현실을 벗어나서 규정에 얽매이지 않고 삐뚤삐뚤하고, 크고 작고, 행초가 섞여서 개성화의 서체가 가득하다. 이것도 역시 천진난만한 표현이다. 사실상 사람도 시기 연령 환경 심태 정서의 다름으로 글도 다르고 서체도 다를 수 있다(구양준석. 민84). 유희재 《예개》의 「서개」편 ; 「의는 선천적이고 서의 뜻이다. 상은 후천적이고 서의 형태다.」 뜻은 서자 심중의 서법의 상이고 상은 서법의 실질 표상이다. 그래서 「서는 그의 뜻과 같다.」 그의 마음이 가는대로 여러 표현 형식이 생긴다. 모든 서는 특정풍모가 있다. 이것은 그 당시 처한 성정의 표현이고 전혀 고정형식에 구속되지 않아서 서법에서 말하는 「뜻이 필 앞에 있다.」는 것이다. 오늘 우리가 다른 서법을 봤을 때 다양한 표현이 있지만 이 작품들을 연관시키는 한 경향은 여전히 갖추고 있어서 그의 독특성을 자연스럽게 느낄 수 있다.」 서법의 성취는 개성과 서법 표현 간에 일치성이 있다. 비록 시기, 연령, 환경, 심태와 정서가 다르지만 개성과 서법 표현 형태는 연관성이 있다. 모방을 잘 하는 사람은 서법의 성취는 한계가 있다. 하지만 모방을 하지 않고 느는 사람은 없다. 서를 배우려면 임서를 먼저 해야 한다. 초보자는 「무아」해야 하고 능숙자들은 「유야」해야 한다. 이것은 서법이 개성을 중시한다는 결론이다. 양웅이 말하는 「서는 마음의 그림이다.」는 말이다.

서체와 정서 반응 관계는 어떠할까? (고상인. 민80)의 역대 서법 문헌 각종 서체 연구를 종합해보면 어떠한 글자체도 대동소이하다. 「주관」「추상」「남명」의 개념부호로 형용하는 특색이 있다. 주로 각각 품격 특색을 진술하지만 직접 서체와 정서간의 관계를 서술하지는 않았다. 모두 어떠한 사람의 인격특징을 중요시하고 그 다음에 그의 서품을 논한다. 예를 들면 청대 주성연 《임지관견》; 「선조들은 기쁘면 난을 그리고 화나면 대나무를 그린다. 각자에게 맞다. 필묵 간에 사람 기상이 묻어 있고, 서법도 그와 같다. 왕우군, 우세남의 글체는 향기롭고 행동이 평화롭다. 생명력이 넘쳐서 춘하의 기가 있다. 이것이 희기이다. 서계해 갈필에 능숙하다. 그의 글은 화난 아이가 돌을 던지는 것과 같고 목마른 말이 샘물로 향하는 것과 같고 이것이 노기이다. 재선등, 암상산, 류간의의 문장은 대대로 칭찬받고, 충의는 하늘을 찌른다. 구양부자의 글은 험하고 힘있고 준수하며 매가

하늘을 가로지르는 것 같고 기세등등하다. 이태백의 서는 신선하고 활기차다. 깨끗한 공기를 들어 마시는 것처럼 세상을 초월해서 날아다니는 신선과 같다. 소동파는 필중에 풍도가 있고 천진난만하다. 두 공의 서는 절세다. 초탈 중에 탁월이다. 이 모든 것은 글이 사람과 같고 자연스럽게 표현할 수 있는 사람, 오직 우군의 서다. 순수하면서도 웅장하고 모든 것을 내려보고 천구의 자학의 성인이다. 노공은 소박하고 무게 있게 하늘을 이룬다. 정심박대 해서 당대 최고로 여긴다.」 예를 들은 12명의 서법가가 표현한 서법기상을 모두 인품으로 그의 서품을 논한 것이며 「마음과 상이 한 가지다.」는 관계를 설명한다. 서법을 통해 인격과 기질을 표현하는 역대 서법가는 종종 있다. 이외에 서법 작품의 완성과 창작 정서는 큰 관계가 있다. 아래 몇 가지로 나눠진다(맹회상. 뉴명. 민 85).

① 허무초탈 : 왕희지는 위진 시기에 태어날 때 현학을 숭상하는 사회여서 여러 현사 성인들은 음주작시하고, 끊임없이 공상하고 감탄하기에 「난정서」소시의 「전 적벽부」와 「황주한식시」도 이렇게 생겨난 것이다.

② 홍분고조 : 안진경 "안시지란"을 겪어서 탕군에게 분노를 느껴 그의 애통을 책에 담아 「제질고」를 써낼 수 있었다. 왕주《유중사첩》은 「온갖 시를 접하고 미친 듯이 좋아하는」마음으로 써낸 것이다.

③ 자유분방 : 마종곽《서림기사설》; 「장욱은 술을 좋아하고 만취하여 소리지르고 크게 한바탕 웃고 난 후에 서를 시작한다. 간혹 머리에 묵을 적셔서 쓰기도 한다. 깨고 난 후 스스로 신이라고 여기고 그런 모습은 다시 올 수 없다고 여긴다. 이런 취한 듯 홀린 듯한 무아 양망한 경지는 사람을 완전히 의혹을 없애고 망설이지 않고 마음속에 있는 근심을 통쾌하게 발산하고 광초서

의 창조에서 많이 볼 수 있다.」

④ 겸손침착 : 왕희지 「제 위분인 필진도후」; 「서를 하기 전에 우선 묵을 갈아서 정신 집중하여 조용히 글자의 크기, 평직, 진통을 미리 예상하고 근맥을 연결시켜 뜻이 필 앞에 있게 하여 그 후에 글을 쓴다.」 이 구절에 의하면 지영이 사십 년 동안 방문을 나가지 않아서 아주 부지런하고 편안하다고 말할 수 있다. 그의 「진초 천자문」중의 해서는 편안하고 우아하고 격렬하지 않다.

역대의 비석은 대부분 장엄하고 가지런한 조당기세가 있다. 창작정서는 대부분 침착한 것이다. 개인의 성격과 습관이 달라서 창작정서의 양성방식도 다르다. 어떤 사람은 산수를 좋아하고 어떤 사람은 검금을 좋아하고 어떤 사람은 조용한 것을 좋아하고 어떤 사람은 떠들썩한 것을 좋아하고 어떤 사람은 깨끗한 것을 좋아한다. 어쨌든 창작 시에는 「감정을 호방하게 해야 비로소 최고 상태를 발휘할 수 있다.」

서법 표현 형식은 서법 구성 요소의 다름에 근거하여 다른 표현 방법이 있다. 이런 표현 방법과 개인정서(사람의 심리 특성이라고도 말할 수 있다.)와 관계가 친밀하다. 서에 능숙한 사람들은 완벽한 형식으로 개인의 정서 발전을 표현하기 때문에 각 시기에 쓴 글자 모양은 다소 다른 점이 있다. 하지만 서법 표현 형식으로 한 사람의 정서 반응과 행위 결함을 미리 알 수 있는지 우리들이 한층 더 연구해야 하는 것이다.

제 3절 서법과 정서 개선

서법의 표현 형식은 앞에서 진술한 것과 같이 필획의 굵기, 크기, 밀도, 서체의 구조와 나타난 묵운 및 전폭의 장법신운, 각 면의 변이가 포함된다. 서법 연습을 통해 손가락, 손목 등 어깨의 근육을 조절하고 협응해서 외부자극과 정신분산을 피하고 개체의 심·생리의 긴장을 풀 수 있게 한다(채명부. 민 83a).

예술을 치료공구로 삼는 것은 그의 이론과 철학에 기초가 있다. 미국 예술치료협회의 예술치료에 대한 정의는 「예술 치료는 비언어의 표현과 교류하는 기회를 제공하는 것이다. 예술 치료 영역에서 두개의 주요 본받을 점은 첫째, 예술 창작은 바로 치료다. 창작의 과정은 정서상의 충돌을 완화하고 자아인식과 자아 성장에 도움이 된다. 둘째, 예술을 심리치료에 응용하면 그 중에서 생성된 작품과 유지하는데 큰 도움이 있다. 예술치료는 예술교육처럼 기교와 재료의 사용 방법을 가르칠 수 있다.」(륙아청. 민82). 본토 심리학 발전의 관점에 대해 말하자면 서법도 동방 예술 미학의 핵심이고 중화민족 심미 심리의 기초다(진진렴. 민83). 익숙한 문자와 전통적인 붓으로 서사하는 것은 서사자 심·생리 효응에 도움이 된다. 다원문화 지도의 양식 중 하나로 볼 수 있다. 서법 서사활동은 단지 한 개의 서사 동작 표현뿐만 아니라 서사 과정에서 「인지사유」의 과정도 기존해서 인지이론의 해석과 실험검증을 통해 모두 증명할 수 있다(고상인. 민75, 곽가교 민 82, 홍문진 민 80). 서사동작의 실천을 빌어 서사 내용을 완성시키고 조작연습을 통해 정확도와 미관을 추구하는 동시에 학습과정에서 성취감을 얻어서 만족을 느낀다. 고도 사유

활동을 완성하고자 하면 반드시 매우 집중해야 한다. 학생의 주의력도 증진할 수 있다. 그래서 서사활동을 통해 어린이의 자아수납 및 자신감 양성에 도움을 주고 그들이 사회 정서와 인격발전 방향으로 추진한다(이수화, 려방정. 민82, 황북연, 진정견. 민84).

서법 서사는 일종의 창작과정이고 선과 조형의 변화가 풍부해서 비첩을 임서하는 것이라도 완전히 같은 글자가 나올 수 없다. 독자 단음과 육서조자원리, 문자 연상을 통해 적극적인 마음이 쉽게 생겨서 서사자의 자아 비언어 표현과 교류 기회에 도움이 된다. 구진중(민 84)은 「서법」이 고도로 순화된 예술이라 여긴다. 개인 정서 생활의 표현에 경향을 두고 강렬한 감정 토로 공능이 있고 「정의상」이라 칭한다. 서법 예술 중 감정과 선은 상호보완적인 양면이다. 감정의 운동은 선의 규율적인 움직임으로 표현하고 선의 운동은 감정의 운동으로, 필요하고 충분한 심리근거다. 그래서 서법은 인류감정과 가장 밀접한 시각예술이다. 예를 들면 범곡 작품 중에 선은 근대 서양회화 작품 중 감정과 표현력이 가장 많이 부각되는 선이라고 말할 수 있지만 그의 필촉 내부 변화 운동은《상란첩》《빈유애화첩》중의 선에는 비교할 수조차 없다. Wadeson(1990)「예술이 만약 치료에 응용된다면 치료사는 자아표현, 자아교류, 자아 성장의 기회를 제공하는 것이다. 예술치료는 최후의 작품보다 개인의 내포된 경험을 비교적 중시한다. 예술치료 중에서 치료과정방식, 내용과 연상이 매우 중요해졌다. 모든 부분은 개인의 인격발전, 인격특성과 잠재의식을 반영한다.」서법은 일종의 예술이지만 단순한 서사활동은 아니다. 지도와 치료를 병행하면 일종의 우리의 마음 깊은 곳의 사고와 감정을 투사하는 예술 형식이다. 인지 행위 개변기술은 내화 언어 사상을 자신의 행위를 조절하는 기준으로 삼는 것이다(Meichenbaum. 1986). 중국 문자는 천리가 부여되어, 서사를 통해 생긴 마음을 빌려 내포 사상을 자극하여 개인의 정서와 행위를 내화개변 시킨다. 서법은 문자 형태에 의존하고 문자는 음의 성질을 갖고 있고 시각, 청각, 공간, 시간의 양면성도 있다(채장성. 민73). 구진중(민84)은 서법 작품중에 필획의 중첩, 연결, 묵색의 자연변화가 있기에 선을 작품 중에 남겨서 서법 예술을 일정한 정도에서 시간 예술의 특징도 갖추도록 한다. 그래서 서법서사는 속도, 리듬의 변화가 있고, 공간 배치도 있다. 근년에 언어 무도 방식을 조합해서 서법의 미를 무대에 연출하는 방식으로 해석하는 학술 단체도 있다(양개연 민 84). 서법은 단색과 선의 변화만 갖추기 때문에 외형이 아름답지 않으면 뜻으로 보충할 수 있는데 회화는 각 요소를 잘 조합해야 한다. 조합이 잘 어울리지 않으면 시각상의 미감을 쉽게 얻지 못한다. 더군다나 서사자가 단시일 내에 작품을 완성하고 자신이 서사하는 효과를 볼 수 있기 때문에 즉시 보람을 느낄 수 있으므로(소서분, 진주장, 민 68). 서사자가 쉽게 성취감을 느끼고 자아개념을 증진시킬 수 있다. 서법을 추상적인 도화로 여기고 문자의 의미를 첨가하면 심미의 층차는 아마도 조형예술이 전달하는 도화연상보다 초월할 수 있다. 한자는 한 개에 독립되는 개체이기 때문에(이혜정. 민79). 우리의 심상중(mental image)에서 한 획이 적든 많든 모두 완벽한 것이 아니다.

서법서사를 빌려서 적극적이고 바람직한 서법어구 심상을 세워서 자아격려와 암시에 도움이 된다.

붓의 성질이 부드러움과 함수량이 많고 탄력이 있기 때문에 서사 때는 마음, 손, 눈이 고도로 협응해서 심생리가 상호 영향할 수 있게 해야 한다. 정신집중, 의지단련, 근심을 없애고, 명상 정좌하는 효과를 볼 수 있다. 중국문자는 시각도상문자에 속해 우뇌사고에 유리하다. 과학 연구에 근거하면 인류정서는 우뇌가 처리하기 때문에 서사는 정서안정에 도움이 된다. 서법은 풍부한 문자 서사 표현형식 외에 선, 조형변화도 풍부하여 다양한 서사표현 형식도 제공한다. 서사자 당시의 심경은 글로 나타내고 중국문자의 특색은 점, 선, 종, 횡이 어울리게 조합해서 한 개의 완벽한 자체가 형성된다. 글자와 글자를 조합해서 한 개의 단어가 형성되고 단어를 조합하면 구절이 되고 구절과 구절을 조합하면 아름답고 감동적인 문장이 생성된다. 언어의 층차로 말하자면 서법은 일종의 시각적 언어예술이다. 서사자 감정을 토로할 수 있게 돕는다. 예를 들면 서사자가 「녕정치원」을 써서 자신을 격려할 때는 자신에게 모든 일을 냉정하게 사고해서 감정적으로 처사해서는 안 된다는 것을 일깨울 수 있다. 「난득호도」를 서사할 때, 자신에게 일시적인 소홀로 성사되지 못할 때 자신의 기분을 전환할 수 있다는 것을 일깨운다. 이것이 바로 세상을 지혜롭게 사는 데는 일시적인 방관도 필요하다는 것을 말한다. 동한, 채이가 《필론》; 「서라는 것은 산이다. 우선 마음속에 품은 감정을 분방하게 해서 서를 시작한다.」 명대 항목 《서법 아언》의 「신화편」; 「서는 산이라고 말한다. 감정을 토로하고 뜻을 표현 하는 것이다. 서를 표현할 때는 마음에 품은 감정을 뜻대로 토로해야 신이라고 말할 수 있다. 서가 변화가 없으면 신을 이뤘다고 말할 수 없다.」 선조들은 벌써 서법이 「청려치정」한 효과가 있다는 것을 몸으로 느꼈다. 서사 때에 생긴 심생리효응이 호흡빈율하강, 심박감환으로 나타난 것은 표면적인 것이다. 더 깊은 한층은 신체기관을 푸는 동시, 대뇌활동, 특히 대뇌 우반구 활동이 선명하게 높아졌다(고상인, 민84). 중국문자 자체가 일종의 뇌 보충 문자다(안자개, 곽가교 민82). 중국한자는 도상의 특징이 있어서 우뇌사고에 도움이 된다(증지랑, 민73). 도형특징이 매우 강해서 우뇌의 활동을 자극할 수 있기 때문에 우뇌의 인지능력을 키울 수 있다.

붓끝이 부드럽기 때문에 운필 때는 더 큰 주의력과 운필력을 자제하고 필봉을 돌리는 방향과 기교를 더욱 신경 써야 한다. 이외에도 집필은 수직식이라 더 주의해서 운필해야 하기 때문에 서사자가 잡념을 없애고 마음을 더 맑게 해서 인지활동 효율을 증대시킬 수 있다(고상인, 민846). 문자와 공구의 특징을 빌려서 서사자의 주의력 강화, 지각 정확도, 시각 협조 등 심리상태에 이루어서 인지능력을 향상시킨다. 이런 인지능력의 향상은 발전성의 관점으로 말하면 불량행위의 발생을 예방하는데 도움이 되고, 자아개념을 증진할 수 있다. 서법의 감정토로 공능과 서법형식 구성의 특징과 관련이 있다. 언어의 시각도상의 풍부한 변화, 구조, 운동의 변화와 감정의 리듬은 쉽게 공명한다(구진중, 민84). 그래서 서사의 완성은 서사자가 정신집중, 집필, 운필, 서사자세 등 동작을 조절해서 마음이 안정되고, 정서가 평온한 효과를 얻게 한다. 이것으로 서법의 표현과 서법의 서사는 개인의 정서개선에 큰 도움이 된다는 것을 알 수 있다.

제 4절 서법과 정서 인격 실정 연구

서법의 학습은 서사 동작의 실천으로 완성한 서사 내용이며 조작 연습을 통해 정확성과 미관을 추구함과 동시 학습 과정에서 성취감을 얻어 만족을 느끼는 것이다. 이러한 만족은 학습동기와 자아 수납을 차츰 향상시키고 자신감을 고취시키고 태도가 적극적으로 변하게 하고 다른 사람과의 관계도 갈수록 좋아지게 하고 정서 인격의 발전도 양성적으로 발전하게 한다. 정서 인격면의 연구결과는 어떠한가?

공자는「그의 행동을 보고 그의 동기를 관찰하고 취미를 관찰한다.」이 몇 개 항목은 인격을 관찰하는 항목이다. 이 외에도 서양에도 사람의 글체로 사람의 품성을 판단하는 것이 있다. 우리들은 어떤 사람의 글씨는 매우 예쁘고 어떤 사람의 글씨는 매우 소탈하다고 듣는다. 이것이 흔히 일컫는「사람의 글은 그 사람과 같다.」글자는 사람의 행위 표현이고 그 사람이 작서한 서법으로 그의 품성을 연구한다. 서양에는 이것을「팔적학」(Graphology of Handwriting)으로 칭한다. 그들은 서법으로 품성을 판단하는 원칙을 발견해서 광범위하게 인류사회 생활 중에 응용했다. 예) 민재선발·심리자문 및 사법 수사 등 서양 필적학 연구에 있는 많은 발견들은 아래와 같이 인술한다(주도준. 민76 정일창, 장소휘. 민84).

① Harvey는 필적 변화와 인격 관계를 측량해서 .77의 중등 신도를 얻었다. 그 중 두 항의 중요한 필적 변항은 각각 Allport의 지배-순종 양표중의 신경 심리와 지배향량은 .8과 .6의 산관이다.

② Eysenck은 50명 정신질환자의 필적 분석 결론을 각종 다른 인격지수와 조합 비교한 결과는 숙달된 필적학가가 서사 행위를 빌려 인격을 진단할 때는 분명한 정확률을 얻을 수 있다.

③ Perter는 6명의 필적학가에게 167명 피실험자의 필적에 대해 분율측량을 하고 난 뒤 그 결과를 비교해서 얻은 결과가 필적한 전문가는 지적 차이가 십분 이상자에게 의미 있는 구분을 할 수 있고 창조력·초조수준·강박성·남성기질 등의 면에서 .01의 현저한 수준을 얻었다.

④ 당납여사(Downey)는 남녀가 쓴 100통의 편지(모두 한 여자에게 쓴)를 13명의 사람에게 평판하라고 줬다. 이 편지들은 남성이 쓴 것인지 여성이 쓴 것인지 분별하라고 했다. 평판자의 연령은 15세~50세 까지다. 결과는 평판정확도가 60%이상이었다. 평판자들의 말을 근거하면 창조성(Originality)은 남성이 쓴 글자의 특징이고, 모방성(Conventionality)은 여성이 쓴 글의 특징이다. 이것은 매우 정확하다고 인정됐다.

⑤ 비넷(Binet)은 89통의 여성이 쓴 편지와 91통의 남성이 쓴 편지를 15명의 일반인과 2명의 자상학가에게 판단하라고 준 적이 있다. 그들에게 글 자체로 성별상의 차이를 알아내라고 요구한 결과는 일반인이 평판한 정확도는 70%이고 전문가의 판단은 78.8%이다. 이것이 글체가 성별 상에서 확실히 차이가 존재한다는 것을 설명했다.

⑥ 비넷은 지혜가 높은 사람의 필적과 학력과 사회지위가 같지만 학식은 일반 수준인 사람의 필적과 비교한 결과는 훈련된 평판자는 지혜 평판에 대해 정확도가 92%에 이르렀다. 이것이 글자 흔적과 개인 지혜는 일정한 정도에서 관련성이 있다는 것을 쉽게 알 수 있다.

⑦ 비넷은 또 유명한 자객 11명의 필적을 분석한 후 정직하고

우둔한 시민과의 필적을 비교해서 그들의 도덕상의 표현을 측정했다. 결과는 야심이 있고 교만한 사람의 필적은 글이 위로 비스듬히 올라가고, 수줍고 간이 작은 사람의 필적은 청순하면서도 가늘다. 강하고 힘센 사람의 글은 굵으면서도 무겁다. t자의 횡획도 굵으면서 힘차다. 인내성이 강한 사람의 t자의 횡획은 매우 길게 끈다. 신중하고 조심스런 사람은 a와 o의 결합점이 매우 긴밀하다. 결론은 훈련된 평판자의 평판 정확도는 73%에 이르렀다는 것을 상당히 정확한 거라고 볼 수 있다.

⑧ Williams와 Berg는 필적 특징과 Eysenck 내-외 경향 양표와 Kagan의 충동-반성 양표간의 상호관계를 분석했다. 이 연구 중에 그들은 11종의 필적 특징을 직접 측량했다. 즉, 중구높이·중구넓이·고구높이·저구높이·단어간격·좌우여백·단어 총 높이·서사기간·문장일치성·경사도다. 요소분석을 통해 세 개의 필적 특징을 얻었다. 그들은 각각 양표의 외경, 내경 및 반성도와 관련이 있다.

⑨ Hebrew는 세 명의 필적 전문가에게 40명 고용자에게 지급경향을 구분하라고 청했다. 구분 결과를 비교하여 만족스런 결과를 얻었다; 필적을 통해 지급 경향 구분을 성공적으로 진행할 수 있다.

⑩ Edwards는 4명의 필적 전문가에게 무작위로 혼합된 필적에 대해 분석한 결과는 만족스럽게 좋은 직원과 나쁜 직원 성공상인과 비성공상인을 구분할 수 있다.

위의 연구로 보면 필적학의 연구를 방법상에서 두 가지로 나눌 수 있다.

Ⓐ 직접연구, 필적특징과 인격 요소간의 관계 Ⓑ 전문가의 판단결론과 양표를 연구해서 판단결론간의 연관성을 연구하는 것이다. 그 결과는 대부분 필적 분석의 유효성을 증명했다.

우리나라에서는 아직 「필적학」이라는 말은 없지만 서법의 각도에서 연구하는 것은 오히려 필적에 대해 연구한 최초의 기록이다. 서한시기 양웅이 이미 「말은 마음의 소리고 서는 마음의 그림이다. 소리와 그림은 모든 사람의 감정 표현이 아니겠는가.」 량계조도 서사필적과 개성간의 관계를 「미술은 한 가지 요소가 있는데 바로 개성을 표현하는 것이다. 개성의 표현은 그림, 조각, 건축 등 모든 미술에 다 있을 수 있지만 가장 진실하고 가장 알맞게 표현한 것은 글이다. 개인 개성이 다르기 때문에 글도 다르다. 개성을 발휘하는 것이 미술의 중요한 요소지만 제일 정확히 발휘할 수 있는 것도 글이다. 개성을 표현할 수 있다고 말할 수 있는 것이 미술의 최고 경지라고 말한다면 모든 미술 중에 글쓰는 것이 가장 높은 경지다.」고 말했다. 어떤 국내 국외의 심리학자들은 중국 서법과 서사자 행위간의 관계에 대해 각종 평량을 진행했다. 예를 들면 중국필적학으로 인격의 관련성을 검증한다(Menasse-Cremers. 1987; Menasse-Cremers & Xu. 1991). 국내 학자 양국수, 임벽봉(민53)은 만년필 필적과 개성의 관계를 연구해서 심리측량으로 개성특징을 연구해서 개성과 글체의 크기, 조작정도 및 글의 진경과는 밀접한 관계가 있다는 것이 발견됐다. 옹수연(민70)은 한자필적과 인격의 관계를 연구했다. 16명 남대학생과 8명 여대학생의 필적을 표본으로 해서 글씨 인격 측정 결과를 분석한 결과는 글씨가 큰 사람은 공격성이 있고 글씨가 가지런한 사람들은 비교적 내성적이며 리더성이 낮고 정서가 약간 불안정적이다. 필획이 무거운 자는 외향적이며 인내성이 부족하고 글씨가 가지런하고 예쁜 사람들은 사람들과 잘 어울린다. 남녀 성별 차이도 발견됐다. 남성의 글씨는 비교적 크고 필획이 무거우면서도 힘이 세다. 양국수, 임벽봉, 옹숙연의 연구는 중요한 참고 가치가 있지만 많은 결과는 한층 더

인증해야 한다(관경혜, 고상인. 민 79). 관경혜(민78)는 필압과 서사자 개성관계를 연구한 결과는 필 압의 경중은 개성을 반영한다는 것이 발견됐다. 결과는

① 서사 필 압과 서사자의 외향이 정비례 된다. 즉, 성격이 외향적일수록 필 압이 더 무겁고 성격이 내향적일수록 필 압이 더 가볍다.

② 서사 필 압과 서사자의 사회참여성의 결과는 반비례 하는 것으로 나타났다. 그 중에 비정상인조 사회참여성 대답경향이 높을수록 필 압이 가볍고 사회참여성 대답경향이 낮을수록 필 압이 무겁다.

③ 정상인 중 서사 속도와 장소독립성은 부상관성이 있다. 즉, 장소독립성이 높을수록 서사 속도가 빠르고 장소 독립성이 낮을수록 속도가 느리다.

④ 비정상인조 중 서사 속도와 내외향성과는 정상관이 있다. 즉, 성격이 외향적일수록 속도가 빠르고 성격이 내향적일수록 속도가 느리다.

⑤ 정상여성조 중 속도와 내외향성격은 부상관성이다. 즉, 성격이 외향적일수록 속도가 느리고 성격이 내향적일수록 빠르다.

정일창, 장소휘(민 84)가 필적과 인적관계를 연구한 결과

① 글자 자체가 느슨한 자는 온화하고 사람들과 잘 어울리지만 성격이 쉽게 변하며 끈기가 약하다. 글자체가 모인 사람은 고집이 있고 의심이 많고 내면이 긴장하고 자신을 드러내지 않지만 목표에 더 집중하고 내면이 더 풍부하다.

② 글자 자체가 힘센 자는 열정적이고 말을 과감히 하고 목표에 더 집착하고 현실에 직면할 수 있지만 쉽게 충동적이고 세심하지 못하고 남에게 의지한다. 글자 자체가 유약한자는 냉정하

고 환경 영향을 쉽게 받고 위축하기 쉽고 자신감이 부족하지만 비교적 독립적이다.

③ 자체 필획이 유창한 자는 사유 민첩하고 과감하다. 필획이 유창하지 못한 사람은 쉽게 망설이고 느리지만 비교적 침착하다.

맹경모(민 84)속서조건하에서 경필 필적 변량과 인지 및 개성 특징 관계를 연구한 결과는

① 속서 조건하에 많은 경필 필적 변량간의 관련성이 존재한다. 필적 변량은 5개 서사 특징 요소로 나누어진다. 필압요소, 구조요소, 특정요소, 자체요서, 공간요소

② 속서 조건하에서 경필필적 변량은 단지 소수 인지 변량과 상관성이 있다. 횡필압, 수필압과 인지 변량 개념 형성 속도는 상관성이 있다. 통편압과 시력 추적과 상관있다. 글자 위치와 눈, 손 협조는 상관있다.

③ 필적 변량 중 단지 횡필압 변량과 16PF개성 요소 중의 H요소 : 위축-모험과 정상 관계이다. 소필압과 애썬커 요소의 N분수와는 높은 상관이 있다. 홍콩학자 Chiu(1982)는 볼펜으로 서사시 필압과 서사자 개성간의 관계를 연구한 결과는 외향적인 서사자의 서서시 필압은 비교적 가볍고 내향적 서사자는 비교적 무겁다. 이것으로 필압은 개성을 나타내는 유효지표라고 인정된다.

고상인, 관경혜(민84a)중국 서법과 문인 성격의 연구결과는 장시간 서법 활동에 종사한 사람은 인격 발전이 서사 연도가 짧은 사람과 비교할 때 분명한 차이가 있다. 그 중에

① 「樂群性」면에서 장시간 서법한 사람은 개성이 비교적 침묵하고 고독하고 냉담하고 단독적으로 일하기를 더 원한다.

② 「固定性」면에서 장시간 서법한 사람은 정서가 고정적이고

성숙되고 현실에 직면할 수 있다.

③ 「恃强性」면에서 장시간 서법한 사람은 개성이 비교적 겸손하고 순종하고 융통하다.

④ 「興奮性」면에서 장시간 서법한 사람은 책임감 있고 끈기 있고 자상하고 끝이 있다. 개성이 비교적 엄숙하고 신중하고 냉정하고 말이 적다.

⑤ 「懷疑性」면에서 장시간 서법한 사람은 신뢰감이 있고 사람과 잘 어울리며 다른 사람을 의심하지 않고 경쟁도 하지 않는다.

⑥ 「世故性」면에서 장시간 서법한 사람은 원활하고 빈틈없이 처세술에 능하다.

⑦ 「實驗性」면에서 장시간 서법한 사람은 자유롭게 사물에 대해 평론하는 것을 좋아하고 언론이 격렬하고 기존 이론과 사실에 대해 새로운 평가를 하기 좋아한다.

⑧ 「自律性」면에서 장시간 서법한 사람은 언행일치하고 자신의 감정 행위를 합리적으로 지배한다.

⑨ 「緊張性」면에서 장시간 서법한 사람은 심경을 더 편안하고 원활히 유지할 수 있다.

황희정, 양웅(민 84)은 Cuttel 16종 인격측정으로 서법 연습을 한 54명의 대학생(18~24세)과 34명 노인(56~77세) 및 서법 연습하지 않은 대학생 44인(19~23세)와 20명 노인(56~77세)에 대해 조사한 결과는

① 서법 연습한 사람과 연습하지 않은 사람은 16종 인격측정 중의 락군성(A). 과감성(H). 민감성(I). 환상성(M). 우감성(O). 자율성(O3). 긴장성(O4)등 7종 득점차이는 매우 분명했다. 즉, 이 7가지 요소 상에서 서법 연습자는 연습 안한 사람보다 분명한 우월성이 있다.

② 서법 연습시간이 길고(5년 이상), 짧고(4년 이하)는 16종 인격측정상의 락군성(A). 과감성(H). 민감성(I). 환상성(M). 우감성(O). 자율성(O3). 긴장성(O4)등 8종 득점차이는 매우 현저하다. 즉, 이 8종 인격요소 상 장기적으로 서법 연습한 사람은 단기적으로 연습한 사람보다 분명한 우월성이 있다.

③ 16종 인격측정 8종 차급인격 요소 중 X1적응 대 초조, X3 감정적 일처리 대 안정적 영민, X4 나약대 과감, Y1 심리 건강과 Y2 전업 성취상의 득점은 분명한 차이가 있다. 서법 연습한 사람은 안한 사람보다 분명한 우월성이 있고 장기 연습자는 단기 연습자보다도 명확한 우월성이 있다. 앞에서 언급한 남·여성의 필압 면에 성별차이 문제(옹숙연. 민70), 모뢰, 양연청(민84), 남녀상의 차이가 형성된 과정, 차이특징, 차이표현에 대해 한층 더 연구했다.

광동성주해시 초등학교 1학년에서 중학교 3학년 학생 540명에 대해 연구 분석한 결과는

① 서법의 성별차이는 차츰 형성된 것이다. 초등학교 저학년 남녀학생의 글자는 분명한 성별차이가 없고, 중고등학교 이후부터 성별 차이가 비교적 명확하게 나타났다. 그 중에 2·3학년간, 5·6학년간은 차이가 형성된 2개의 가속기다.

② 판단자는 초등학생 저학년 서사자의 성별판단이 정확하지 않다. 쉽게 여학생을 남학생으로 여기는 것도 저학년부터 서사 시작하면 글자가 비슷한 남성 특징으로 나타나고 중고등학년이 되어야 여성의 서법 특징이 비로소 차츰 형성되기 때문이다.

③ 남성, 여성 글자체의 차이는 다섯 면에서 나타난다. 즉, 글자의 크기, 글자의 력도, 글자의 강도, 글자의 가지런함도 글자의 각도이다.

황국언, 진정견(민84)활동량이 많은 특징을 평정근거로 삼아 초등학생 활동량과 서법표현 형식 관계를 연구한 결과

① 활동량이 다른 학생과 서법 표현 형식은 필획 굵기와 자체 크기에 분명한 차이가 있다. 특히 활동량이 높은 학생의 서법표현의 굵기는 일반학생(중·저 활동량)보다 많이 굵지만 소밀구분에서는 같은 연구 결과가 나오지 않는다.

② 활동량이 다른 학생이 서법 신향 측정(서체를 좋아하는 정도)에서는 큰 차이가 없었다.

③ 활동량이 과다하다는 세 가지 특징(비집중, 충동과 과동)과 서법표현 형식은 모두 분명한 정상관이 있다. 특히 충동과 활동과량과 서법 굵기 및 자체 크기간의 관계는 더 밀접하다. 이것이 충동과 활동 과량한 학생이 서사시 필획이 비교적 굵고 자체도 비교적 관대하다고 말할 수 있다.

④ 서법표현 형식으로 활동과량 학생을 구분하면 남학생을 대상으로 삼아 서법 굵기와 크기를 예측 변합으로 해서 구분한 변항은 80%좌우한다. 이상 각 항 연구 결과와 발견을 통해 성격과 서법의 상관연구는 이미 사람들의 고도 중시를 불러 일으켰다. 이 외에 과학자 100여 년간 서법의 필적학에 대한 연구에 근거하면 서사자를 정직, 용감, 성실, 사기 등 성격에 따라 순서를 배열해서 그들의 먹적을 필적과 품격으로 목록으로 편집하고 비교한 결과 묵적이 비슷한 사람은 성격도 비슷한 점이 있다. 글자의 단정함, 속도, 횡간격, 풍도는 모두 그 사람의 특징을 설명할 수 있다. 날아다니는 용과 달리는 뱀같은 운필은 서사자의 호방과 자신감을 나타내고 글자행 간격이 전혀 균일치 않으면 서사자가 감정은 열렬하지만 자제능력이 결핍하다는 것을 나타내고 필적이 분명치 않으면 서사자는 게으르고 대충하는 성격이 있다는 것을 나타낸다(번작주, 민84). 이것이 바로 「글자가 사람

과 같다.」는 과학증거이고 또한 서법교학과 치료활동을 통해 개인 생·심리 건강을 촉진하고 개인행위 사상, 인격 특징을 변화시키는 이론 기초다.

제 5 장

서법치료 방안 기본 설계 형식

서법 서사 활동의 개인 심신에 대한 영향은 개개인의 초등학교·중학교 단계 학습과정에서 얻은 경험이나 장기서사 경력에서 얻은 체험에 근거해서 서법치료개념의 「기인」을 설립한 것이다. 하지만 이것이 서법치료의 유일한 형식은 아니다. 그래서 서법치료 방안의 이해는 전통적인 임모사의 기존격식을 벗어나지 못한 것이다. 작가는 과거의 서법치료 발전과정의 치료방안을 전통서법서사방식으로 서법 혹은 심리치료의 격식, 두 가지 기본 설계격식으로 귀납했다. 첫째, 전통 비첩을 임모사한 치료방안 둘째, 서법교학 지도 활동으로 치료한 방식을 아래에 각각 설명한다.

제 1절 전통비첩을 임모사한 치료방법

소서분·진주장(민68)이 「중국 서법이 정신과 직능치료활동에서 나타난 진단과 치료의미」한 연구 중에서 「서법」활동은 「직능치료실에서 창가의 사무탁자에서 매일 오전 9시부터 10시 반의 치료시간에 묵·연과 대·중·소해 세 가지 붓을 책상 뒷면 선반에 놓고 공백·대해·중해·소해 4가지 규격이 같지 않는 연습지도 준비하고 이 외에 류공권, 안진경과 표준 대소해 등 글씨본과 깔판을 환자를 마음대로 선택하도록 준비해놓았다……」라고 한다. 여기에서 소서분·진주장 두 학자가 서법치료 활동의 인지에 대해 모두 전통 임사해서 비첩을 주요 구상으로 삼은 것이다. 하지만 이 과정에서 서사자가 자유 선택하기에 환자들이 소요한 시간과 실제 연습한 글자수는 정확히 조정하지 못했기 때문에 치료효과는 정확히 비교할 수 없었다. 비록 이 연구에서 환자가 자유 선택한 것은 서사자의 취미를 고려한 것이지만 실시 과정에서 서사 조건이 다른 현상이 나타날 수 있다. 이것이 조기서법치료의 시작이며 서법치료에서는 큰 발전이지만 전통개념에 한하여 「서법습득」(acquisitions)과 서법치료(therapy)두 가지 공능 처리 방식을 아직 분명히 구분하지 못하는 것은 우리들이 깊이 생각해야 할 점이다.

채명부(민89)는 전통전문서법 훈련을 서법훈련이 활동량이 높은 학생의 활동량을 줄이는데 활용되는 훈련이라 했다. 「전문서법 훈련」은 안진경, 류공권, 구양순, 우세남 등의 글씨본과 시사를 연습하는 것이다. 이것이 전통 서법 훈련 시합 선수를 훈련하는 것이다. 고상인, 진정견(민89)이 「서법 활동이 다동아동」 인지능력에 대한 영향에서 말한 「서법 활동」은 실험조 학생 각각 구체, 안체, 류체, 정해, 서법 글씨 본 다섯 장을 갖고 매 장은 20글자이고 모두 100글자를 학생들에게 30분 동안 서사하도록 시켰다. 주로 임사하는 서법치료 방식이다. 이와 비슷한 또 하나의 연구보고는 황자원 글씨본을 임사하는 것이다(koa, chen&chang, 1997). 이외에 황국언, 진정견(민84). 황국언, 진정견, 고상인(민89)은 활동량과 서사 특징간의 관계 및 예측 연구에서 해서체의 필획과 자형을 묘사하는 걸 통해 필획 굵기, 자체소밀, 자형크기, 특징과 활동량의 관계를 분석하고 이것으로 「사람이 글과 같다.」는 것을 예측하는 것이다. 이것도 거의 임사를 서법 활동 주체로 삼는 것이다.

홍콩에서는 많은 서법 심리치료로 비첩을 임모사 하는 것을 근본으로 삼는다. 예를 들면 고상인·유일(민89) 「서법 연습과 어린이 부정행위 교정」연구에서 그의 서법연습은 「피실험자가 집에서 완성하는 것으로 매주 5번, 매번 40분, 서사 표본은 표준화 붓 글씨본을 이용해서 임사한 서사 방식으로 학부모가 어린이에게 독촉해서 완성하는 것이고 정기적으로 서사숙제를 담임에게 검사 맡아 실험결과의 정확성과 믿음성을 확보한다.」 이것은 혼자 임사하는 방식이기 때문에 치료자의 지도가 부족한 것이다. 고상인, 장자균, 조수치, 오혜향(민89) 「같지 않은 서법 연습 시간의 대학생 초조 정서에 대한 영향」연구에서 서법연습은 「모든 피 실험자는 지정된 시간에 따라 다른 5종 글자체 전·예·해·행·초 순서대로 순환 임사한다.」 서법 치료는 여전히 임사위조로 단지 각국 다른 자체를 첨부한 것뿐이다. 관경혜(민89) 「서법이 행정관리 인원의 정서 조절에 대한 공능」연구에서 「서법 서류는 모두 중남해 서법 정풍 선집에서 선출된 서법정품이다.」 피 실험자는 3조로 나누어 각각 30분, 60분, 90분 동안 연습시키고, 이 서법 연습 활동은 참여자가 혼자 임사한 명인 서법 묵적이다. 이외에 고사인, 임보산(민89) 「서법 활동이 비 중국 모국어 피실험자 정서 활동에 대한 영향」연구에서 「서법활동」은 「한자조와 비한자조 피실험자가 대해 붓으로 견본을 30분 동안 임사하고 글자 수와 품질은 요구되지 않는다.」 고상인, 정사홍(민89) 「서법 활동이 당뇨병 환자의 정서조절에 대한 연구」에서 「해서임모」시간은 45분, 서사공구는 양털 붓, 해서 글자본 4장과 선지, 고상인, 조선논(민89) 「서법 연습이 경도 지능장애 어린이 한자 인지 능력에 대한 영향」연구 중에서 사용되는 것은 피실험자를 40분간의 중문 서법 연습에 참여하도록 해서 서사 임무는 대해 족제비털 붓으로 5종의 글씨본을 임모해서 지속적으로 한 글자, 한 글자씩 서사하도록 하여 진지한 것은 요구하되 예쁜 것은 요구하지 않는다. 고상인, 려미봉(민89) 「서법 활동이 경도지능장애 어린이 시각 청각 주의력에 대한 영향」연구에서 사용된 서법 활동은 「해서 10장을 견본으로 하여 30개 중문 대자를 임모하고 글씨의 크기는 5.5cm X 6.5cm, 시간은 40분이다.」 고상인, 장교의와 고정국(민89) 「서법이 노년치매 환자 인지 및 조작 능력에 대한 영향」에서 사용된 「16장의 중문 글자를 서사재로 삼아 한 장에 아홉 글자가 있고, 글자크기는 6 X 6cm, 정서(seal), 예서(official), 초서(grass) 3종이 포함되고 모묘 2종방식으로 요구되고 모묘시에는 서사지를 바로 글씨본에 대고 묘사하고 임사시에는 글씨본을 서사지 앞쪽에 놓고 임사한다. 나이를 고려해서 서사시간은 25분으로 제한하고 서사환경은 조용하고 편안하고 외부방해를 받지 않도록 요구된다.」 고상인, 종작휘(민89) 「서법활동과 정신분열증 환자의 정서교정」연구에서 「실험식 환경은 조용하고 우아하고 광선이 밝고 온화해야 하고 글은 벽에 걸고 환자에게 평안한 탁자 의자를 제공한다. … 피실험자는 임서방식(Copy)을 이용해서 3가지 견본 : 해서, 전서 및 국화를 나누어주고… 실험조는 잠시 정좌 후 자신에게 속한 서체로 중해 붓으로 견본에 있는 한자를 임사한다. 서사글자수는 제한되지 않고, 글모양도 요구되지 않고 시간은 40분이다.」 고상인, 완혜삼(민89) 「서법활동과 신경정신질환자의 정서교정」연구에서 「서사 활동」「서법 연습 종류에 따라 피실험자를 2개 독립조로 무작위 선별해서 뜻 없는 중문 단자조와 당시조를 서사한다. … 뜻이 있는 글자조의 연습은 「당시 글씨본 1~4첩에서 발췌하고 "춘소", "삼거추명", "녹시" 3개 유명한 당시가 포함되었고 모두 조화로운 작품이다. 뜻 없는 글자조의 글은 글씨본에서 선택된 단자다. 모두 20개 주움 글자가 있고 4세트다. 뜻 있는 글자조의 글씨본 첫

페이지에는 통편의 시가 인쇄되어 있고 서사자가 아무 때나 전모를 이해하도록… 서사공구는 큰 붓, 서법용지가 있고, 글씨본을 종이 밑에 평평하게 깔고 피실험자가 오른쪽에서 왼쪽으로 임모하도록 한다.(뜻 있는 글자조는 문장의 뜻이 있는 것이고 뜻 없는 글자조는 문장의 뜻이 없는 것이다. 왜냐면 모든 한자는 한자 한자가 뜻이 있기 때문이다.) 이것이 임사방식의 서법치료 활동이고 비교적 특별한 것은 서법 치료 활동 중에서 시의 뜻과 문장 뜻 그 자체도 정서교정에 영향이 있다는 것은 이미 고려되었다.」 고상인, 당민의(민89) 「서법활동의 우울증 환자의 정서교정에 대한 연구」에서 「피실험자의 서사임무는 모서방식을 이용해서 자극물을 4장의 A3용지이고 한 장에 20개 뜻 없는 해체(regular style)단자가 포함된다. 무작위 배열해서 같은 방식으로 피실험자에게 보여준다. … 글자 수는 제한하지 않고 글씨모양도 요구되지 않고 시간은 20분이다. 서사과정은 반드시 조용하고 외부환경 영향을 받지 않도록 확보한다.」 고상인, 려서방, 곽영의 와 고정국(민89)도 서법활동과 어린이 자폐증 정서 교정 효과를 연구했다. 「붓, 서사용지와 서사견본 모두 규격을 통일해서 A4용지 4장, 매장에 6개 완정 혹은 완정치 않은 해서 중문 글이 있고 글씨 난이도에 따라 단획수글과 다획수글로 나뉘고 글씨 크기는 10cm X 8.5cm… 실험기간은 8주이고 매주 5일, 매일 40분으로 학교의 서법 교식에서 완정하게 하고 서사한 형식으로 사용된다. 피실험자가 40분 내에 중단 없이 연속적으로 서사하게 하고, 글씨 모양과 서사수량은 제한되지 않는다. 서사결과는 반드시 실험지도자가 검사해야 한다.」 위에서 설명된 연구를 통해 홍콩에서 고상인 교수위주로 한 여러 개 실험연구에서 사용된 서법 훈련과 서법 활동은 아래 몇 가지 특색이 있다. (1) 서법치료는 시간상으로 모두 짧은 실험이며 25~90분 사이이고 그 중에 40분으로 진행한 실험이 가장 많다. (2) 모든 실험은 등조 전후 측으로 주요 실험설계를 삼는 것이다. (3) 서법 활동은 모두 임모 혹은 묘모로 치료방식을 삼은 것이며 경험 있는 심리교사가 지도한 것이 부족했다. (4) 서법 활동의 각종 심신장애자에 대한 영향을 중심으로 하고 현상을 검증하는 데만 중시하고 심리 혹은 정신 행위 문제를 해결하는 것은 아니다. (5) 서법 서사 공구와 재료(붓, 글씨본의 성질 및 환경의 묘사)만 제공되었고 서법심리치료의 과정과 치료자 지도 프로그램의 설계는 언급하지 않았다. 특히 방안의 정밀계획과 설계 중의 부족도 언급하지 않았다. 다음절에 토로한 중점과 설계 방안은 서법 교학과 치료과정의 계획에 중심을 두고 서법 교학 지도 활동을 목적으로 삼는 치료양식이다.

제 2절 서법 학습지도를 목적으로 삼는 치료방법

중국 대륙 현재 서법 치료에 관한 연구 현황은 고상인(민75)의 서법심리학연구의 영향을 많이 받았다. 이후에 정신질환자의 합작 연구로 전변되었다. 그의 연구방법은 서사시간을 늘린 경향이 있다. 담려분, 조경원(민 84) 「서법자급. 갱년기 종합증에 대한 효과의 초보관찰보고」에서 말한 「서법자급」은 구두설명에 따라 병환자를 장기적으로 당대 서법가가 남긴 비첩을 매일 1시간이상 임사하게 하여 (상세성 결여), 모두 3개월 했다. 하지만 임모의 단계만 머물게 한다. 같은 해에 번작수(민84) 「만성정신분열증 환자의 서법치료 연구」에서 「서법치료」는 북경 회용관병원에 있는 정신질환자를 대상으로 삼아 치료를 진행한 것이고 작자는 1997년과 1999년에 직접 그 병원에 가서 서법 치료현황을 조사했고 치료과정은 서법사의 설명, 비첩소개, 집필법과 운필법 해설, 글씨본 임사 등이 포함된다. 일반학교의 서법 교학방법과 같다. 단지 대상을 일반 학생에서 정신질환자로 바꾼 것이다. 하지만 정밀 상세한 서법치료 방안은 여전히 없었다. 그후에 번작수, 고상인, 왕언령, 곽념봉(민89)이 발표한 「서법치료의 정신분열증 환자의 정서교정」연구에서 치료과정을 비교적 구체적으로 설명했다. 「치료실요구 : 환경안정, 우아, 광선이 밝고 온화하게 글자를 벽에 걸고 환자가 서사할 수 있게 자극하는 환경을 배치해서 충분한 서사공간과 1년 심리학을 전공하여 양성된 정신과 간호사 2명이 담당하도록 한다. 치료방안 : 단체 서법치료방식으로 한다. 치료과정은 3개월, 매주 5번, 매번 2시간해서 3단계로 나눈다. 1단계 : 인식과 학습단계, 치료사가 서법기초지식과 서법자극과 치료의 관계를 해설하고 목적은 우선 환자들이 서법의 기본 내용을 이해해서 서법이 그들의 병을 치료할 수 있다는 의미와 효과를 인식할 수 있게 한다. 2단계 : 초보단계, 환자를 붓으로 초등학교 4학년~6학년의 대자 붉은색의 중국 대륙서사 교재 견본을 쉬운 것에서 어려운 것까지의 순서로 완성하게 하고 환자에게 서사하도록 하고 완성된 것을 검사하고 감독한다. 서사과정에서 흥미양성을 통해 자아 자제하는 의식을 키운다. 3단계 : 연습단계, 2단계 기초에서 환자를 "초등학생용 글자본"은 대조하여 임사하게 한다. 환자에게 쉬운 것에서 어려운 순서로 숙제를 내주고 환자에게 더 높은 요구를 해서 일정한 숙달정도에 이르게 한다. 이 연구에서는 방안의 배치와 치료사의 요구를 중시하기 시작했다. 하지만 모사와 임사는 가장 중요한 치료방식이라는 것을 여전히 강조한다. 대안 서법 교학 및 치료방식의 영향을 받아서 예 : 채명부(민83a), 진정견(민85), 임병무(민85), 진정견 채명부(민86)의 서법치료 및 서법교학 및 서법지도 방안의 영향(작가는 서안, 북경, 해정 지능장애 학교 및 북경 회룡관 정신병원에 가서 서법 치료과정을 강의한 적이 있다.) 방안의 과정을 개입하고 실험시간 주기도 연장했다. 예를 들면 고상인, 호빈 및 장백원이 합작 연구한 「서법훈련이 경도 지능장애 어린이에 대한 영향 추론, 조작능력, 즉, 심리건강의 효과분석」것에서 훈련 방식을 아래와 같이 진술했다. 서사공구는 일반 붓이고 글자체는 전서이며 소필획 단자에서 비교적 복잡한 다필획 조합 글까지 서사하고, 서사방식은 먼저 묘모한 후 임서한다. 서법교학과정은 고상인 서법 연구 실험 표준과정 기초에서 본 과제 연구 특징을 검거하여 수정했다. 구체적 조작과정은 아래와 같다.

(1) 정서를 안정시키기 위해 1, 2분간 정좌한다.

(2) 전서 설명과 글 익히기, 필획시범 15분

(3) 학생각자 묘모 35분

(4) 끝난 후 도구정리 10분

서법 경험이 많은 교사가 교학내용을 해설하고 실험학생이 연습을 진행한다. 본 실험은 10주, 매일 한 시간씩 기본상 시간은 이미 증가되었고 교학 활동 및 지도도 첨부했지만 매 교시 교학 방안을 구체적으로 훈련순서를 제출하지 않았기 때문에 실제 교학과 치료의 구체적 내함은 이해하기 어렵다. 또 곽념봉, 고상인, 류수금, 양취금(민89)이 합작 연구한 「서법 교학 및 치료」책에서 채명부(민83a), 진정견(민85), 임병무(민85). 서법치료 및 지도방안의 영향도 받았다. 서사내용은 자신을 격려하는 내용이다. 예를 들면 「평화, 안정, 편안, 유쾌, 즐거움, 건강, 유창, 온난」 훈련과정은 정좌 긴 호흡 및 집필 운필의 속도와 균일함을 중시한다. 작가가 수집한 대만 첫 회 서법 치료와 상관된 서류 중 특수교육과 관련된 논문은 이수화, 려방정(민82) 교학방식의 전통 서법 교학 위주로 글씨본, 필획설명, 필순교학 및 글씨본 임사 등이 포함된다. 과거의 대만 서법 교학 연구자들의 대부분 서법 교학 방안은 서법 기본 개념과 기교를 설립하는 교학이다. 예를 들면 채숭민(민71) 「서법 및 교학 연구」에서 서법 교학과 관련된 중점은 각 교육 단계의 서법 교재를 제작, 서법서사 공부 및 교법의 논술에 집중한다. 서법교학 기본개념은 일신에 모은 조기 교학 전문저작이다. 일반 교학 양식을 중시하고 단원 명칭, 학년별, 교학시기, 교학 목표, 교재개요, 교구준비, 교학과정 및 교학 검사 등 항목, 교학과정은 글자형태의 시범과 해설, 모방과 연습, 평정과 교정 및 반복 연습에 중점을 두고 서법의 행위와 정서에 대한 실험효과는 언급하지 않았다. 홍문진(민80) 「서법 교학 기본 양식」에서 일반교육이론을 기초삼아 교학원리와 교학책략을 서법 교학 중에 응용해서 전통서법 교학 방식이 근거 있게 했다. 서법의 인지, 감정과 기능의 교학 목표를 더욱 강조하고, 기본상 서법의 정서에 대한 영향을 고려했다. 하지만 홍문진(민 86)이 「초등학교 서법 감성 교학의 이론과 실무」에서 말하는 정서는 서법의 취미 작품의 민감한 반응과 감상능력, 서법의 형식미를 감지하고 작품의 내용미를 인정하고 정서를 고상화시키고 창작의 욕망을 일으킨다. 서법 전시회 소식을 주의해서 적극적으로 가서 감상하는 습관, 적극적으로 역대 비첩, 근대 서화를 감상하는 습관을 기른다. 감상내용은 서법교학 및 서법 작품 형식의 감상에만 중심을 두고 서법 감상이 정서와 행위의 교정치료효과는 말하지 않는다. 심지어 문자점획의 정확성을 지나치게 중시한다(황종의, 민84). 이러면 약세학습자에게는 정서를 순환시킬 수 없고 과도하게 완벽을 추구하기에 행위가 이상하든 정서가 불안정한 지경에 이를 수 있다. 그래서 전통 서법 교학 방식은 심리치료효과에 대해 좀 더 지켜보고 연구할 필요가 있다. 현재 작가가 지속적으로 추진한 서법치료 방안은 전통서법 서체서사를 기초삼아 서법 기본 교학 방식을 중심에 두고 기타 매재를 확장시켜 부과했다. 식목 활동, 외국문자, 조각활동, 퍼즐활동 및 컴퓨터 게임 활동 등 서법 치료방안의 확대로 여전히 학생의 참여 동기와 취미를 시점으로 삼는 것을 고려한다.

제 6 장

서법 자아 치료 방안

서법자아치료방안은 개인의 체해와 필요로 설계된 방안이고 전통연습, 자아반성과 컴퓨터 게임을 결합해서 설계된 것이며 자제능력을 향상시키고 싶은 사람에게 제공하는 것이다. 사람이 초조, 우울, 번뇌할 때 방안의 기점순서에 따라 스스로 해결, 최소정서혼란은 환화할 수 있다. 서법 자아치료방안은 음양 2경 자료방안 서법자료방안과 서법컴퓨터게임방안 세 가지로 나누어 아래와 같이 소개한다.

제 1절 음양 2경 자료방안

음양 2경 자료방안은 이무상이 서법과 태극권의 체험에 근거하여(진정견, 이무상 민82) 설계된 서사내용이다. 서사자가 이 내용에 따라 서사를 연습하고 그 중에서 서법과 기공연습은 동공이곡의 교묘가 있다는 것을 인식하고 몸을 건강하게 하는 효과를 얻을 수 있다. 아래는 음양 2경 자료방안의 운필요령, 연습법, 서사설계, 서사활동과 서사내용을 소개한다(진정경, 채명부, 민86).

1. 운필 요령

신체 자세와 내력 운기 두 방면에서 운필 요령을 분석한다.

(1) 신체형태 : 네 가지로 나누어진다.

① 1실1허법 ② 2실1허법 ③ 3실1허법 ④ 2실2허법

① 1실1허법 : 왼쪽 발이 실하고 오른발이 허한 대칭법이다. 지과선사가 말한 것처럼 「오른쪽 어깨를 회전하고 왼쪽 발을 길게 편다.」 정만청 ; 「붓을 휘두를 때 왼쪽 발바닥을 땅에 부착시키고 중심을 정중하고 치우치지 않고 힘은 왼 발꿈치에서 시작하여 무릎, 사타구니, 허리까지 더 깊이 오른손가락을 통해 붓끝까지 간다. 이때에 허실은 힘을 쓰는 경중을 얘기한다.」

② 2실1허법 : 즉 두 발은 실하고 오른손은 허하다. 이북해 ; 「하필 시 두 발에 힘을 주고 힘껏 땅을 밟고 힘이 발에서 나는 것이다.」 안노공 ; 「힘은 두 발끝 중간에서 생기고 뿌리에서 나는 것이다.」 하소기 ; 「기는 발에서 생기고 손끝까지 간다.」 주구영 ; 「글 쓰는 기초는 손에 있지 않고 발에 있다. 두 발이 흔들리지 않고 땅에 부착시켜야 글이 단정할 수 있다.」 두 발은 힘의 근원이다. 오른손 집필은 붓을 받쳐주는 것에 불과하다.

③ 3실 1허법 : 두 발과 왼손은 실이고 오른손은 허다. 이에 관한 설명은 정전요, 포세신이 말이 가장 선명하다. 정전요 : 「서는 필로 이루어지고 필은 손가락의 힘이고, 손가락은 팔목 힘이고, 팔목은 팔꿈치 힘이고, 필꿈치는 어깨 힘이고, 어깨 팔꿈치 팔목 손가락은 모두 우체의 힘이고 우체의 힘은 좌체에서 오는 것이다. 좌 우체의 힘은 모두 하체에서 오는 힘이다. 하체는 두 발을 땅에 부착하고 손가락이 갈고리처럼 움직이고 신발은 거친 면이 있어 땅에 부착되고 이것을 하체의 실이라고 말한다. 하체

가 실해야 상체까지 갈 수 있다. 상체도 실이 있는데 그것의 실은 좌체다. 좌체를 탁자에 밀착시키고 두 발과 함께 3체의 실이고 우체의 허만 움직이면 허에서 실로 가는 것이다. 그 다음에 어깨에서 팔꿈치까지 팔꿈치에서 팔목, 손가락까지 다시 실에서 허로 움직이는 것이다. 허란, 그것의 형태고 실은 그것의 정신이다. 3체의 실이 허와 융합되고 손가락에 가서 다시 실로 간다... 실은 힘이 종이를 통과하고 허는 정신이 종이 위에 떠 있다...」 포세신 ; 「두 발은 땅을 디디고 왼팔에 힘을 주고 오른손과 함께 「날개 편 자세」로 한다.」 「3실1허」는 힘은 두 발과 왼손에 두는 것은 두 발과 왼손을 모두 부착시켜야 한다는 것이다.(두 발은 땅에 부착, 왼손은 탁자에 부착) 오른손의 붓을 공중에 들고 있는 것은 단지 힘이 전달되는 교량이다. 오른손의 손가락, 팔목, 팔꿈치, 어깨의 힘을 빌려 힘을 붓끝에 전달해서 종이까지 도달하게 한다. 힘과 붓을 모두 고르게 해야 한다. 「努」를 쓸 때는 더 효과적이다.

④ 2실2허법 : 왼손 실 오른손 허. 움직이지 않게 고정시키고 두 발을 1실1허하게 운필방향의 변화에 따라 번갈아 움직인다. 예를 들면 횡필을 쓸 때 시작과 꺾을 때 오른발이 실하고 회수할 때 오른발은 허하다. 좌 삐침을 쓸 때와 머리를 숨기고 필봉을 꺾을 때 오른발이 실하고 왼발이 허하다 즉 꼬리를 보이고 필을 보낸 때 오른발이 허하고 왼발이 실하다.

(2) 내기 운행 : 형체 변화는 쉽게 보이지만 기의 내운은 숨겨져 있다. 이것은 기공의 응용에 속한다. 기공 기초가 없는 자는 할 수 없다. 하소기 ; 「허리와 다리의 힘을 손가락 끝까지 보내려면 반드시 기로 해야 한다.」 정만청 ; 「기는 단전에서 올라오고 발바닥을 땅에 디디고 운기하며 단전에서 허리, 어깨, 팔꿈

치, 팔목, 손가락을 통해 붓끝까지 도달해서 검과 발걸음처럼 뜻이 향하는 곳은 기가 벌써 다다른다.」 이 두 분의 말씀은 전신의 힘으로 운필하는 것은 사람의 정·기·신을 종합해서 단전의 기의 운작을 통해 신경계통, 근육군을 협조해서 형성된 지체반응의 규율성이다. 즉, 한곳을 움직이면 온몸이 움직이는 자연 동작반응이다. 자연계를 관찰하면 새들이 날아다니며 먹이를 쪼고, 사자가 토끼를 잡고, 뱀이 나무를 감고, 애벌레가 꿈틀거리는 것, 교용이 물속에서 헤엄치는 것... 형체 상에서 모두 한 곳을 움직이면 전체가 움직이는 것이다. 선조들은 「동」의 자연원칙을 서법에 응용하고 필획을 : 側, 勒, 努, 趯, 策, 掠, 啄, 磔 등의 필세로 명명했다. 이것이 오늘의 호칭 點, 橫, 直, 鉤... 보다 훨씬 생동적이고 분명하다. 예를 들면 「努」는 활쏘는 기세가 있어야 하고 「勒」은 절벽에 이르러 말고삐를 잡아채는 기세가 있어야 한다. 만약 「努」 「勒」이 단순히 기하학의 한 개의 직선, 한 개의 횡선이라면 어찌 생동감이 있겠는가?

2. 연습법

복희 선천태극 64괘 원도를 자세히 보면 괘괘마다 음양 대칭으로 되어있다. 양이 있으면 음이 있고, 음이 있으면 반드시 양이 있다. 음양이 상호 영향을 주면서 떨어지지 못한다. 건이 있고 곤이 없든 곤이 있고 건이 없다면 태극이 존재하지 않는 것이다. 태극의 도리로 현상세계를 해석하고 음양의 도리로 생명기원을 밝힌다. 상대 현상으로 절대도리를 설명하고 통합되면서도 조화롭고 서법운필은 태극음양도리를 운용해서 운필법을 설명한다. 태극 음양2경 혹은 상배하면 열리거나 상향하면 합하는 것은 모두 함께 있어도 어긋나지 않는 것이고 노자가 말한 「반대되는 것은 움직이는 이치다.」 음양의 도리로 추리하자면 오른손으로 움직이며 글 쓰는 것은 양이다. 방향 변화는 상하좌우가 있고 필촉은 들고, 올리고, 누르고 꺾고, 변하는 것이다. 오른손으로만 붓을 들고 손목을 꺾고 붓을 휘두르는 것은 양만 있고 음이 없는 것이며 음양이치, 태극도리와는 일치하지 않는 것이다. 운필은 태극음양의 도리에 부합되어야 한다. 오직 생리적으로 「鬆沈」 해야 체험할 수 있다.」 「鬆」은 생리반응을 민첩하게 하고 긴장을 없애준다. 심은 사람 생리를 안정하게 하고 정신을 통일하게 한다. 단전의 기가 안정되고 지체의 힘을 빼면 태극음양 2경 운필의 내함을 쉽게 이해할 수 있다. 아래에 간단한 연습법을 소개한다.

(1) 우선 「기마자세」를 배워야 한다. 군자 훈련과 무술 지도를 받아 본적 이 있으면 모두 기마자세를 안다. 우선 두 발을 어깨넓이로 평행하게 벌리고 전신의 관절을 푼다. 풀리면 상체가 허하고 하체가 실한다 즉, 상체가 허하면 회전이 유연하고 하체가 실하면 탄력이 좋다. 이것이 손발 호응의 기본이다.

(2) 왼손은 책상을 누르는 자세로, 오른쪽 팔꿈치는 책상과 평행하게 들고, 두 손은 「날개를 편 자세」로 둔다.

(3) 오른손 손가락과 팔목은 움직이지 않고 몸으로 팔꿈치를 유인해서 서서히 가슴앞에서 운필방법으로 아래의 필획을 써낸다.

① 「○」을 그린다 : 우원 좌원 모두 가능하고 이것으로 원필을 연습한다. 원의 크기 형태는 체력에 따라 변화할 수 있다.

② 「+」를 그린다 : 좌우는 이것으로 「勒」필을 연습하고 상하

는 「努」필을 연습한다. 발과 손가락 힘을 합해야 하는 것에 주의한다.

③ 「x」를 그린다 : 좌사상하, 啄, 策, 掠의 필획을 연습한다. 즉, 우사상하 등을 연습한다.

노자는 「적으면 얻고 많으면 미혹된다.」 그래서 매번 5~10분 연습하고 오래 연습하고 자주 연습하면 어깨가 풀린다. 어깨가 풀리면 팔이 아프지도 않고 피로하지도 않는다. 꾸준히 하고 생리상의 근육군이 서로 끌어당기면 상반, 상성한 음양 2경이 형성된 것을 깊이 체험할 수 있다. 이렇게 운필하면 음양 2경호동원칙에 부합될 수 있다. 이런 운필의 최대 특색은 몸이 움직이지 않으면 붓이 움직이지 않는 것에 있다. 붓은 정신운행 중 가장 최후에 움직이는 부분이기에 전신의 힘이 붓에 다가올 수 있고 몸 움직임과 붓 움직임이 이탈하지 않도록 할 수 있다. 몸 움직임과 이탈된 운필은 손가락 움직임식, 팔목 움직임식, 손 움직임식에 속하고 전신 힘의 운필법은 아니다. 관련된 운필법은 진정견(민86)이 제작한 녹음테이프를 참조할 수 있다.

3. 서사설계

(1) 서사내용 : 본 서사방안 내용은 태극음양2경 서법연습법의 체험에 근거하여 설계된 것이다. 글체의 내용을 서법 연습 요령으로 엄선한 것이다. 한 구절에 4글자 위주로 서사자가 연습할 때 더 깊은 체인을 얻을 수 있다. 서사내용은 「書法太極」 「外靜內動」 「執筆運腕」 「指實掌虛」 「行氣端坐」 「力貫全身」 「體合於心」 「寄理於神」 「意在筆先」 「字居心後」 「提頓有經」 「疾徐得宜」 「心手雙暢」 「韻緻飛楊」 「持久勤練」 「健康長壽」등 64개자이다. 서사

내용과 시간분배를 표 6-1처럼 귀납한다.

(2) 서체 선택 : 해서와 예서 두 종류 위주로 구절마다 두 가지 서체로, 해서는 작가가 썼고 예서는 채명부가 썼다(진정견. 채명부. 민86). 안·구·류·주 혹은 위비나 비명은 모두 해서에 속하고 예서는 진·한 및 삼국 각 조대 서법과 품격차이로 교학자 자신의 습관차이로 본 방안을 운용할 때 자신의 서법 수양과 공력에 따라 글자형을 조정할 수 있다. 자신의 취미로 적합한 서체를 선택할 수 있다.

4. 서사활동

(1) 서사순서 : 음양2경자료 방안의 서사과정은 고상인(민75)이 제출한 「서법 연구의 실험 표준과정」을 수정하여 표 6-2와 같이 표시한다.

표 6-1 서사내용과 시간분배도

번호	활동명칭	시간	활동항목	번호	활동명칭	시간	활동항목
01	자아인식	40분	서사전예 해행 「名字」 2자 4체서	02	천구유명	40분	해서로 「字」자형으로 팔심기 녹화 활동
03	산수전정	40분	서사전예해행 「山水」 2자 4체서	04	산중전기	40분	전서로 「山」자형으로 녹두심기 녹화활동
05	일월정화	40분	서사전예 해행 「日月」	06	수중로월	40분	예서로 「月」자형으로 녹두심기

			2자 4체서				녹화활동
07	상견여빈	40분	서사전예해행 「目木」 2자 4체서	08	이화접목	40분	해서로 「木」자형으로 대두 심기 녹화활동
09	두과동견	40분	서사전예해행 「豆羊」 2자 4체서	10	석과근존	40분	해서로 「果」자형으로 옥수수 심기 녹화활동
11	우양동조	40분	서사전예해행 「牛羊」 2자 4체서	12	길상여의	40분	전서로 「苗」자형으로 완두콩 심기 녹화활동
13	묘전생기	40분	서사전예해행 「苗田」 2자 4체서	14	알묘조장	40분	예서로 「苗」자형으로 완두콩 심기 녹화활동
15	도미화향	40분	서사전예해행 「米禾」 2자 4체서	16	흘미지가	40분	행서로 「米」자형 쌀알 심기 녹화활동

표 6-2 서법서사순서표

1	2	3	4
시험전 정좌 눈뜨고 1분 눈감고 2분	서사준비와 필순익힘 1글자 3분 8글자 24분	임사 1글자 3분 8글자 24분	시후정좌 눈뜨고 1분 눈감고 2분

(2) 서사 활동 : 서사 활동이 실제 진행시 반드시 아래 지시에 따라 서사해야 한다.

① 신체 자세 조정 : 진행시 내면에서 바깥 면으로 음양 두 힘이 생기게 한다.

② 내기 운행에 의지 : 서사시 내기 운행에 의지해서 서사한다.

③ 전신의 힘 관통 : 연습시 서사자는 기마자세로 왼손은 책상을 누르고 오른쪽은 팔꿈치를 책상과 평행하게 하여 기를 전신에 관통하여 운필시 전신함을 붓끝까지 운행해서 몸이 움직이지 않으면 붓도 움직이지 않는다.

(3) 서사목적 : 끊임없는 연습을 통해 서사자의 긴장을 풀고 자아 치료하는 효력을 얻는다.

(4) 서사재료 : 본 방안 제 1단원 서사내용과 그림1, 그림2에서 준시된 글자체를 참고할 수 있게 제공한다. 필요한 사람이 있으면 진정견 채명부(민86) 부록4-1, 부록4-2에서 지시한 것을 참조하시오.

5. 연구건의

본 방안은 작가가 관련 작가의 체험을 수집하여 저작된 방안이며 본의는 취미 있는 사람과 태극권 기초가 있는 사람에게 제공하려 했지만 미래의 연구는 연구시 더 좋은 방향으로 진행할 수 있다. 아래와 같이 건의한다.

(1) 연구대상 : 각종 중노인 심신질환자에게 치료효과 연구를 진행할 수 있다.

(2) 연구변향 : 스트레스 군의 신경통, 심인성질환을 개선하는 것을 목적으로 한다.

(3) 연구설계 : 등조전후 측 실험설계나 다실험자의 단일 수시 A~B~A 실험설계를 사용한다.

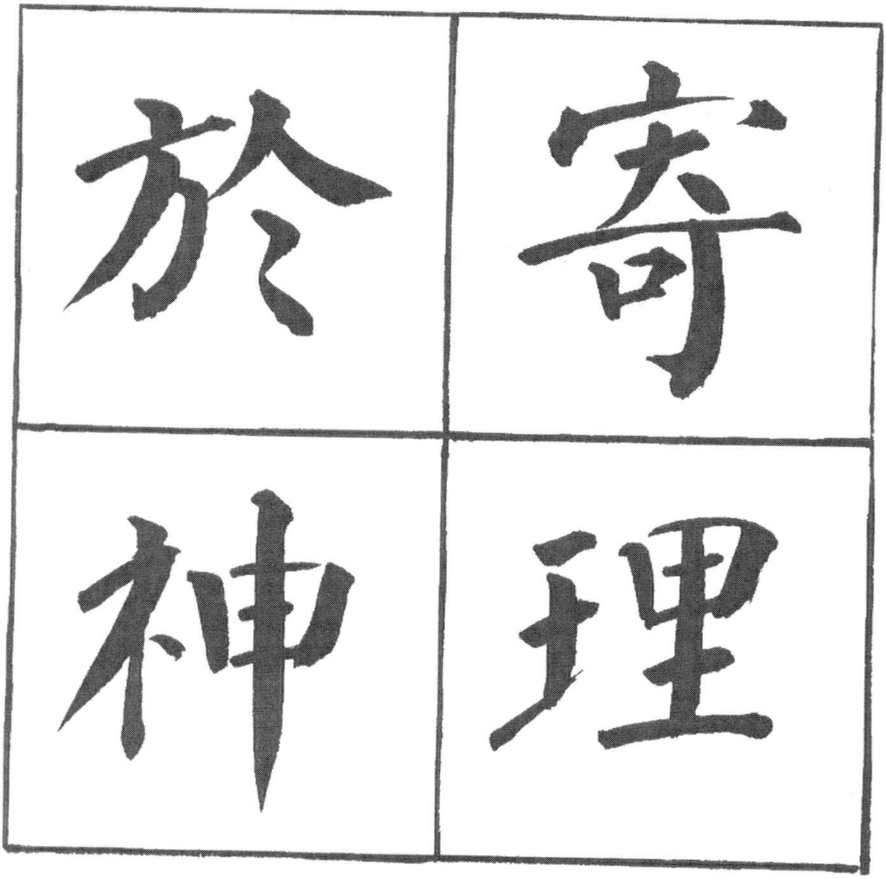

[그림1] 음양2경 자이치료법 단원 내용 실례 1 - 기리어신

[그림2] 음양2경 자아치료법 단원 내용 실례 2 - 장수건강

제 2절 서법자아 치료 방안

본 방안은 작가가 특수교육 교사에게 평소 직장 스트레스를 극복하도록 제공하려고 해서 간략하게 한 가지 서법자아치료 순서만 제공했다(진정견, 민 91). 현재 더 많은 사람들이 사용하도록 하기 위해 방안 편집 양식을 따라 이론기초 · 설계고양 · 실시순서 등 함께 보충하고 여기에 뜻이 있는 사람과 함께 하려한다.

1. 설계 이론 기초

본 방안은 고상인(민75)이 진행한 연구결과는 ① 서법 운작 활동을 통해 개인이 심율 변화를 감환 할 수 있다. ② 호흡심도에 영향을 주고 호기와 흡기간의 비율을 증가할 수 있고 호흡의 간격시간을 연장할 수 있다. ③ 모사, 임사, 자사 등 어떠한 서법 운작 방식도 모두 심률을 감환 하는 공능이 있다. ④ 심율 변화를 감환 하는 것 외에도 서사자의 심리 활동을 온활하게 해서 서사자의 주의력을 집중시킬 수도 있다. ⑤ 전 · 여 · 초 · 해 등 서법운작은 모두 기전반응을 증가시킬 수 있다. 단지 서체의 다름에 따라 차이가 있다. 초서가 해서보다 크고 예서보다 크고 전서보다도 크다. 서사자의 기전량을 어떤 서체에도 불구하고 어깨 부위가 이완근육보다도 크고 수축근육보다도 크다. ⑥ 서사자의 서법 운작 후 혈압이 차츰 하강되는 경향이 있다. 혈압이 긴장과는 필연관계다. 혈압이 높으면 사람이 쉽게 긴장되고 혈압이 낮으면 긴장을 감소할 수 있기 때문에 서법 서사 활동을 통해 긴장과 초조정서를 풀 수 있다. ⑦ 서법운작은 서사자 뇌전활동량을 증진시킬 수 있어서 「안정시키는 작용」이 생기고 정서를 풀 수 있다.

고상인이 저작한(민 89) 「서법심리치료」책은 서법교학과 심리치료 각 항 연구 성과개요와 관련된 것을 열거해서 처리대상은 ① 정상인 ② 심각한 정서장애 아동 ③ 정신질환자 ④ 지능장애 아동 ⑤ 생리질병의 다섯 종류가 포함된다.

현재의 연구 성과에서 볼 때 주요 여섯 종목이 포함된다. ① 주의력을 향상시키는 효과 ② 활동량의 감소작용 ③ 인지능력증진효능 ④ 부정행위감소효능 ⑤ 문제행위 개선 효과 ⑥ 자아개념 향상 효과 정신질환자의 정신병 개선을 주요 고양으로 삼는다. 예를 들면 초조정서, 우울정서, 우유부단정서, 적의정서, 번뇌정서, 의혹정서 등에 대해 안정시키는 효과이다.

본 방안은 자아 자제 훈련이론 중 자아 증강원리도 응용된다.(self-reinforcement) : 「자아자제」의 「자아」라는 것은 한 개의 반응 계통을 대표하는 명사고, 자아자제는 사람의 반응이나 행위를 안배해서 시간과 장소에 맞게 할 수 있도록 하는 것이다(여민영 민75, 여덕혜 민79). 자아자제는 의지력의 사용과 정서상의 자제이며 전문설계 된 기술과 수속을 사용해서 인지와 행위를 조정하는 과정이다(시현전 민79). 자아자제이론은 자제로 외재의 지배를 배제하는 것을 강조하고 사상은 무성반응(subvocal)이며, 쉽게 외부 영향을 받을 수 있다(Hughes, 1988). 그래서 Homme (1965)이 주장한 외재 조작 제약 방식으로 숨겨진 것을 변화시키는 것을 주장한다. 예를 들면 자아진술(self-statement) 즉, 조작제약원리를 통해 자아자제를 하는 일종의 정서이다. 본 방안은 이것을 기초로 삼아 심령의 맑은 대화를 통해 심령언어를 기록해서 서법서사를 통해 자아자제 목적을 완성하는 것이다. 자아기록(self-recording) : 자아기록은 행위자가 자아자제 하는 과정에서 이미 설계된 행위를 관찰해서 목표행위가 발생한 횟수나 나타난 상황에 대해 규칙 있게 기록해낸 것이다. 자아기록은 자아평량 중 자료 수집하는 기본업무다. 자아기록 결과는 자아자료정리 후 곡선도로 나타내서 자아 문제 행위를 이해해서 개선 후 행위 변화 상황은 일종의 자아도시(self-graphing)의 책략이다. 자아평정은 자아검증방식으로 어떤 특정행위가 나타났는지를 결정해서 자신의 행위 표현을 평정하는 것이다(Digangi & Mag 1992). 그리고 자아자체 훈련의 결과는 자아증강(self-reinforcement)을 빌려 개인 행위를 계속 강화시키는 것이다. 자아증강은 개인 자아 행위에 대한 격려이고 자신감을 높이는 의미가 있다. 자아증강은 두 가지로 나누어진다. 첫째, 외면으로 나타낸 자아증강, 행위자 자신 스스로 행위의 표준을 정하고 그 행위 표준에 도달하면 마땅히 얻어야 할 구체적 격려가 어떤 물건이나 어떤 행위라는 것을 정하고 쇼핑과 그것을 즐기는 것으로 그 행위에 대해 긍정해준다. 둘째, 내부에 숨어있는 자아증강, 이것이 정신측면의 자아격려다.

본 방안은 정신측면의 자아 격려위주로 실물격려는 보조다.

2. 설계고양

본 방안 설계는 일반인이 근무 스트레스 하에서 설계 된 자아설계방안이며, 개인 요구에 중심을 두었기 때문에 단지 일부의 정서와 이용할 수 있는 서사재료와 공구를 열거했다. 사용대상자는 지능이 정상이상이며 업무상으로 스트레스와 좌절감을 느끼고 정신 초조나 정신관능증이지만 자제능력은 여전히 갖춰있는 사람이다. 서사를 통해 긴장정서를 풀고 감소시키는 것을 목표로 삼는다.

3. 서법자아 치료 정서

서사자가 집에서 스스로 편리하게 사용할 수 있게 하기 위해 작가(민91)의 「서법자아치료」의 항목 순서를 약간 수정하여 항목별로 활동을 진행하는 것, 장소를 배치하는 것, 필요한 시간과 소요공구 등을 표 방식으로 아래와 같이 참고하게 한다.

표 6-3 서법자아치료과시표

활동항목	치료활동내용	장소배치	소요기구	소요 시간
1. 문방사우 준비	1. 서사방 설계 의탁자 배치 2. 문방사우 붓, 먹, 지, 연을 오른쪽 위에 둠.	1. 서방4X5㎡ 2. 알맞은 책상높이 150X100㎠	1. 연대1개 2. 대해, 소해, 견모 각 1자루 3. 중간크기 먹 1병 4. 붓받침대 1개 5. 누르개 4개 6. 검정우단 받침천 1장 7. 물컵 1개(자재무관) 8. 연필 1자루 9. 노트 1권	
2. 받침포 깔기	1. 준비된 받침포를 책상위에 깐다. 2. 누르개 나무로 고정.		1. 선지20장 2. 누르개 나무 4개 3. 받침포 1장	
3. 먹갈기 먹섞기	1. 물을 연대에 부어 먹즙을 넣어 간다.	서거나 단정히 앉기	1. 연대 1개 2. 먹 1병 3. 먹조 1개 4. 물 컵 1개(자재무관)	좌우방향 각 3분씩 간다.

4. 정좌묵념	먹 갈고 난 후 의자에 정좌하여 어제 오늘 중 가장 떠오르는 문구 8자 생각하기.	1. 잡음을 없앤다. 2. 정좌후 고른 호흡	1. 알람시계 1개	3분
5. 심정기록	떠오르는 문구 노트에 쓰기.	자유제일	1. 연필 1자루 2. 노트 1권	1분
6. 선지를 접어서 깐다.	1. 선지를 8격으로 접는다. 2. 선지를 다시 펴서 깔 포에 평평하게 깐다.		선지 1장	3분
7. 문구서사	1. 노트에 쓴 문구를 연필로 선지에 쓴다. 2. 대해 견모로 먹을 찍는다. 3. 서체는 구애되지 않고 감정발휘.	충분한 불빛 공기유통 땀 날 때 까 지 쓴다.	1. 대해, 소해, 견모.	10~15분
8. 정좌호흡	1. 작품에 상관없이 앉아서 호흡 고르기.	붓은 붓 받침대에 놓기	붓 받침	1.5분
9. 작품감상분석	1. 서사후 작품을 자아평정한다. 2. 연필로 다 쓴 글에 1.2.3.4.등급을 나눈다.	작품을 땅이나 책상위에 놓고 내려다 보거나 벽에 걸고 마주본다.	1. 연필1자루 2.고리나 백판 자석	2~3분

10. 최상 선택	제일 만족 작품을 오려낸다. 실패작은 순서대로 골라낸다.	받침포를 접는다.	가위1자루. 필요시 컴퍼스나 자로 보조.	3~5분
11. 서명 낙관	오려낸 글에 날짜 이름 포함해서 낙관한다.		소해	2~3분
12. 인장 찍기	1. 인장을 이름 아래에 찍고 필요시 직자로 보조. 석장은 음각 양각 한 개씩 간혹 각장1개도 필요. 2. 인장과 인주 정리	인장, 인주를 왼쪽 위에 둔다.	1. 인장과 인주 1개 2. 직자 3. 안쓰는 칫솔 1자루 4. 휴지	3~5분
13. 기구 청결	1. 붓과 연대 청결 2. 탁자 청결	탁자 위를 세 번째 절차로 되돌아가서 다음에 사용할 수 있도록 준비.	1. 수도꼭지 2. 물통 3. 휴지 여러 장.	3~5분
14. 자아 격려	1. 붓, 연대, 탁자 청결 후 작품 걸기. 2. 적당한 긍정의 말로 자신격려. 예)「정말 잘 썼다.」	득의양양한 모습으로 자신을 거울에 비춘다.	1. 거울 1개 2. 격려의 말	1~2분

4. 연구건의

본 방안 미래 연구는 중상급 행정상업주관이나 군 공교민원들의 업무 스트레스 해소 효과에 대해 비교해서 연구할 수 있다.

제 3절 서법 컴퓨터 게임 방안

작가는 제 2회 아시아나 장애 이해학회 학술 연구회 특정 테마 연강시 간단히 소개한 적이 있다(진정견, 민906). 하지만 상세하게는 하지 않았다. 독자들이 개요를 이해하기 쉽게 하기 위해 아래에 본 방안의 설계 이론 기초 설계 원칙 방안내용 처리 정서에 대해 소개하고 마지막 후속 연구건의를 제출한다.

1. 설계 이론 기초

서법 컴퓨터 게임방안의 설계 이론 기초에 관한 것은 지각 동작 협조 이론 기초 · 컴퓨터 과학 기술 이론 기초 · 게임이론 기초 세 가지로 나누어 얘기된다.

(1) 지각동작 협조 이론 기초 : 지각 동작의 발전은 개념학습의 기초다. Kephart(1971)의 이론에 근거하면 지각동작은 ① 입력과정 ② 통정과정 ③ 출력과정 ④ 회귀과정으로 나눠진다.

① 입력과정 : 입력과정은 감관을 자극해서 신경충동이 생성되는 과정이고 감각을 기초로 삼는 것이다. 그 중 시각, 운동각, 촉각 및 전정 감관 자극은 서사조작의 중요감각이며 감각 신경계통을 통해 중추신경계통까지 전달된다.

② 통정과정 : 중추신경계통이 입력된 신경감각정보를 조직구성하고 통합정리하고 비교한 후 저장해서 동작 재출력시 조정할 수 있게 준비하는 기능이다.

③ 출력과정 : 입력된 자극 정보가 중추신경계통을 통해 전통계통 통정지배 후 생성된 동작 표현이다. 그래서 동작의 출력은

일종의 신경충동 결과일 수도 있고 자주성의 조절 결과일 수도 있다. 충동인지 자주조절인지 개인의 인지과정 중에 자극에 대한 느낌과 통정정도가 결정한다. 동작 출력이 완벽하지 않은지 개체의 반응에 대한 정확한 평정에 달렸다.

④ 회귀과정: 동작 반응 후 그 반응에 대해 검토해서 다음의 동작 반응의 근원으로 삼는다. 그래서 회귀과정은 감각입력과 동작출력 간의 역향 과정이다. 하지만 위 과정 중에서 서법 서사를 예로 삼아 언급한 감각 요소는 시지각 촉각 및 동작 기능의 통정이 포함된다. 만약「시지각-동작기능」(Taylor, 1984)을「시-동-지각」(Swanson & Watson, 1989)으로 칭하면 일곱 가지 평량향도로 상세하게 나누어진다. ㉠ 시각의(Visual) ㉡ 시동(Visuomotor) ㉢ 촉각의(Tactile) ㉣ 촉-시각(Tactile-Visual) ㉤ 촉-동작(Tactile-motor) ㉥ 동작(motor) (Spreen & Strauss, 1988)

시각 요소 중 시각 민감도와 추시 능력과 형상 - 추상 배경의 시지각 변별 능력, 방향감, 거리, 깊이, 높이, 넓이 등 공간관계 시지각능력과 시각항상성 예를 들면 형태, 크기, 색깔, 선조, 밝기 등 국자형태 변별, 수서추시, 노선변별에 대해 상당히 밀접한 관련이 있다. 이외에 시각, 촉각 및 운동지각능력의 통합도 서법 서사나 컴퓨터 조작하는 손과 눈의 협응 기능에도 영향을 준다. 동작요소에는 동작 관용성, 동작 강도, 속도, 민감도, 양측감 및 방향감이 포함되고 서사동작의 완벽성에도 영향을 줄 수 있다. 촉각 요소 중 물체의 습도, 온도, 굵기, 경도 등 속성 감수도도 동작 반응 민감도에 영향을 줄 수 있다. 붓, 먹, 지, 연 등 서사 재료의 감수도도 관련성이 있다.

(2) 컴퓨터 게임이론 기초 : 근년에 특수교육계에 보조성 과학기술을 결합해서 심신장애자가 더 편리하고 쉽게 교육받을 수

있도록 협조하고 보상과 보완이 충분할 수 있도록 한다. 보조성 과학 기술 중에는 컴퓨터가 가장 보편적이고 실용적이므로 컴퓨터 보조 교학 소개가 가장 환영 받는다. 컴퓨터를 통해 심신 장애자를 돕는 것은 우선 컴퓨터 사용능력을 고려해야 한다. ① 동작 능력 평가는 자세 조절과 조정 위치이동, 키보드 누름과 시동능력이 포함되고 이런 평량을 통해 심신 장애자의 손가락 예민도를 이해해서 동작이 안 좋아서 학습을 지속하는 흥미를 잃는 것을 피한다. ② 인지능력 평가는 컴퓨터와 관련된 물품의 인식능력, 실물과 부호간의 연결능력, 글자인식 능력과 부호순서, 대답능력 등이 포함된다. 예를 들어 컴퓨터 입력 계통의 키보드에 표시된 영문 알파벳, 표음부호, 구두점 부호, 숫자와 상관부호기능키의 인지능력과 마우스의 조작 등 (모연운, 민88).

컴퓨터는 교학에 응용하기는 다원성이 있기에 모의성게임으로 교학과 연습을 진행할 수 있어서 교학자는 쉽게 교학 진도를 장악 할 수 있고 학습자는 자신의 능력과 요구에 따라 진도를 조절할 수 있다. 그중에 교학성인 컴퓨터게임 연습 및 컴퓨터 채점도 자주 응용된다. 학생에게 환영받는 교학 방식 중 하나이다. 학생의 학습 흥미도 유지할 수 있고 컴퓨터 과정 설계 면에서도 교학게임은 도전성이 있고, 경시방식으로 교학통탈 할 수 있다. 모의게임 구분이 교학목표를 극화하는 것은 이미 전체 학습과정의 대부분이다. 이외에 컴퓨터의 또 하나 대신할 수 없는 기능은 바로 보조테스트(Assisted Testing)인데 통상적으로 컴퓨터 보조 테스트는 대량의 문제집 건립, 테스트제목의 제조 및 테스트 채점이 여기에 포함된다. 아무리 어려운 계산도 컴퓨터로 통계 분석할 수 있다. 예를 들어 답만 대조 검토, 성적표 배열, 순위 배열, 퍼센트 통계, 표준차, 심지어 고등 통계분석, 현재 거의 모든 컴퓨터가 이런 공능을 갖추고 있다. 빠르고 정확하게 인공조작의 실수를 피할 수 있다(홍영소, 민74).

(3) 게임의 이론 기초 : Piaget(1962) 어린이 발전 장기 연구 중에서 아동의 게임은 유쾌하고 조직성 없는 표현이다. 어떤 학자들은 게임이 일종의 탐색활동이라고 여긴다(Hutt, 1971; Weisler & McCall, 1976; Johnson, Christie & Yawkey, 1987). 또 그것은 일종의 순수 재미 동작 표현이라고 한다(Lieberman, 1977).

게임은 자신이 목표를 정해서 사회요구에 제한 받지 않은 일종의 자발성 행위일 수도 있고 가식적인 행위일 수도 있고 일종의 상상 활동 혹은 극성활동일 수도 있다(Rubin, Fein & Vanderberg, 1983; 번혜령 민81). 게임유형은 분류상 사람에 따라 다르다. 어떤 학자는 게임 경향에 근거하여 경쟁성과 합작성 두 가지로 나누고 어떤 학자는 게임 환경에 따라 공능성게임, 건구성게임, 극성게임, 규칙성게임으로도 나눈다(Smilansky, 1968). 연합성게임과 단체성게임으로 나누기도 한다. 국내 학자들은 게임을 인지성게임, 사회호동성게임, 체능운동성게임, 비게임성게임, 한가성게임(양숙주, 민86)으로 나눈다. 그렇다면 게임의 기능은 어디에 있을까? 어떤 학자의 연구에 근거해서 귀납하면 ① 인지발전을 추진 ② 조작기교를 높임 ③ 상상 로직사고증력을 높임 ④ 문제해결능력증진 ⑤ 공포 심리반응 극복 ⑥ 창조능력증진 ⑦ 언어발전추진 ⑧ 단체합작 추진 ⑨ 사회호동 증진 ⑩ 사회화과정추진 ⑪ 좋은 인격 양성 ⑫ 정서와 욕망을 안전하게 발산 ⑬ 자발성 발전능력 추진 ⑭ 치료효과 갖춤(임풍남, 민74 ; 낙목금, 민80; 왕부웅, 민 83 ; 양숙주, 민86 ; 서등청, 민87 ; Daiute, 1994)의 기능이 있다고 한다. 위에서 언급한 이론 기초에 근거하여 서법의 전산화 및 게임화를 통해 서법을 향상 시킬 수 있는 학습동기로 삼아 서법치료 효과를 증진한다.

2. 설계원칙

본 방안은 서체의 균형, 필획의 배열, 난관 설계, 채점방식 및 순서배열 등 원칙을 모두 고려해서 아래에 각각 설명한다.

(1) 서체 선택 원칙 : 서체는 갑골문, 주문, 금문, 전서, 예서, 행서, 초서 및 해서 등이 포함되고 갑골문, 주문, 금문, 전서, 예서 및 행서는 모두 각자 독립된 서체에 포함되지만 행서 각 필획은 상호 연관성은 있지만 초서처럼 끊이지 않는 연결성은 없다. 그래서 필획을 연결할 수 있는 공백글자로 만들기 위해 초서를 설계 방안 서체로 정했다. 컴퓨터 설계상의 어려움을 극복하기 위해 선택한 글자들은 모두 교차된 필획이 없어야만 사용할 수 있다. 서법 자체에 관한 서사법은 6체법서의 글자들로 편집했다.

(2) 필획 다소 선택 원칙 : 해서 필획수를 근거로 삼아 적은 것에서 많은 것까지 모두 10글자를 배열한다. 하지만 초서체로 변한 후 필획이 끊기지 않게 된다. 다필획해서는 반드시 다필획 초서체는 아니다.

(3) 난관 설치 원칙 : 본 방안의 난관 설치는 한글자마다 10개 난관을 계산수로 정했다. 목적은 10개를 취해서 게임 조작 후 효과적으로 채점이 편하기 위해 한 개의 기준점으로 여긴다. 난관 설치 위치는 두 개의 기준점이 있다. 하나는 필획의 장단, 한 개는 꺾는 부분의 수, 우선 꺾는 수를 기준삼아 꺾는 수가 9개 부족할 때 필획의 장단이나 굵기를 고려한다.

(4) 계산 원칙 : 계산방법은 난관수를 통과할 때 누적된 점수로 계산하고 공심자의 1개 난관을 통과할 때마다 1000점을 주고 10개 난관을 통과할 때는 10000점이고 10개 공심자를 통과하면 100000점이다. 만약 난관을 통과하지 못할 때는 그때 그때 계산하고 1000점은 통과하지 못할 것이다. 한글자마다 모두 세 번의 기회가 주어지고 매번 통과여부의 점수를 자동 기록한다.

3. 게임방법

본 방안은 한 개의 공심자 난관을 통과하는 수의 평점을 근거로 삼는 것이다. 통과 시 실패할 때 모든 글자는 반드시 처음부터 시작하고 모두 세 번의 기회가 주어진다. 게임순서는 모두 아래와 같다.

(1) 우선 본 방안의 소프트웨어는 CD ROM에 넣는다.

(2) 파일을 열고나서 하드웨어에 저장한다.

(3) 001~010까지 번호에 따라 진행한다.

(4) 번호 선택 후 소프트웨어 프로그램의 지시에 따라 선택한다. 화면에는 첨부그림이 뜬다.

(5) 화살표로 빨간색 점부터 보라색 점(10)까지 마우스를 누르고 놓지 않는다. 모든 점은 반드시 다 통과해야 한다. 건너뛰면 무효고 이때의 난관 수는 계산되지 않는다.

(6) 난관을 지날 때마다 시간과 점수가 나타날 것이다. 만약 실패하면 몇 번 관, 소요시간, 기회수가 그림7처럼 나타난다.

(7) 글자마다 세 번의 기회가 있고 매 통과수를 기록하고 10번째 난관까지 통과하면 「통과해서 축하합니다.」라고 문구가 뜬다.

(8)순서에 따라 010까지 한다.

(9) 몸과 시력이 손상되지 않게 한 번에 한 글자씩 하는 것이 가장 좋다. 글자마다 시작부터 끝까지 약 20분정도 소요된다.

4. 방안내용 간략소개

본 방안은 작자가 우선 글자체를 선택 후 글자마다 B5용지에 쓰고 글자에 따라 테두리선을 그어 초서체로 묘모 한다. 현재 본 방안 내용 자, 난이도 분석, 난관 기능 등을 표처럼 소개한다. 각 글자를 뒤의 도표처럼 배열한다.

표 6-4 서법 컴퓨터 게임 방안 난이도 분석, 난관 기능표

번호	내용글자	난이도 지수	난관 기능
001	巧	.95	본 게임의 전 과정에 익숙하도록 돕는다.
002	舍	.90	이어서 서사하는 초서의 특징의 이해를 돕는다.
003	臨	.80	단선, 장선, 상호사용.
004	尋	.70	방향과 곡선 직선의 변화.
005	題	.60	넓이와 동작 지속력.
006	征	.55	큰 회전과 넓이도.
007	圓	.40	큰 회전, 넓이도, 방향과 곡직.
008	鸞	.40	회전과 넓이, 방향과 곡직, 지속력.
009	斷	.35	회전과 넓이, 방향과 곡직, 지속력.
010	監	.20	회전과 넓이, 방향과 곡직, 지속력.

※난이도 지수는 작가가 초등학교 2학년 5학년 중학교 2학년 아이들이 연습할 때 통과한 비례로 계산된 숫자이며 계통적인 검증이 더 필요하다.

5. 연구건의

본 방안 설계기능으로는 세 가지가 있다. (1) 서법 필획 연습 시 집중력을 양성하는 연습공구로 연습을 통해 초서체 꺾는 요령과 필획의 재미를 느껴서 여가시간에 연습할 수 있다. (2) 서법치료 방안으로 여겨서 선생님이나 연관자나 학부모가 아이들에게 지시하여 본 방안 연습을 통해 주의력과 지각 동작면의 개선 효과를 연구한다. 지속성, 주의력, 도형변별, 시 지각 발달, 시동협조 등이 포함된다. (3) 본 방안 자체로 주의력 평정 공구가 되거나 기타 서법 교학이나 서법 치료방안의 효과적인 평량 공구가 될 수 있다. 특히 채점상의 컴퓨터 과학 기술을 통해 인공채점으로 오차를 감소시킬 수 있다. 만약 주의력 평정 공구로 삼는다면 신뢰도, 효과도 일반양식의 설립을 모두 고려해야 한다. 치료효과가 어떤지는 뜻 있는 자가 다른 양본을 통해 대량으로 연구해서 과학적인 검증이 필요하다.

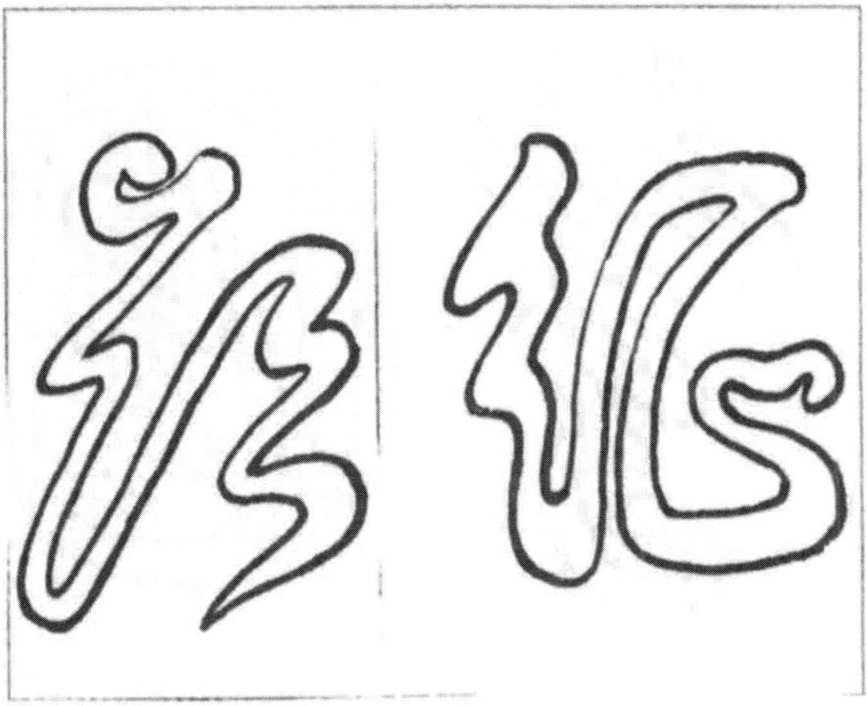

[그림3] 서법 컴퓨터게임 방안「실계이론 초서 실례 1

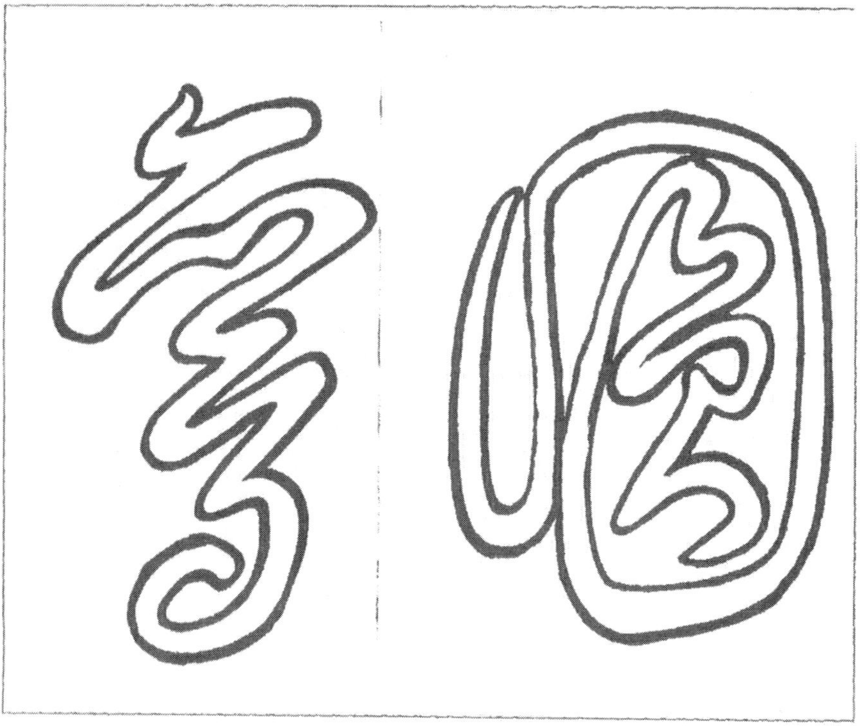

[그림4] 서법 컴퓨터게임 방안설계이론 초서 실례 2

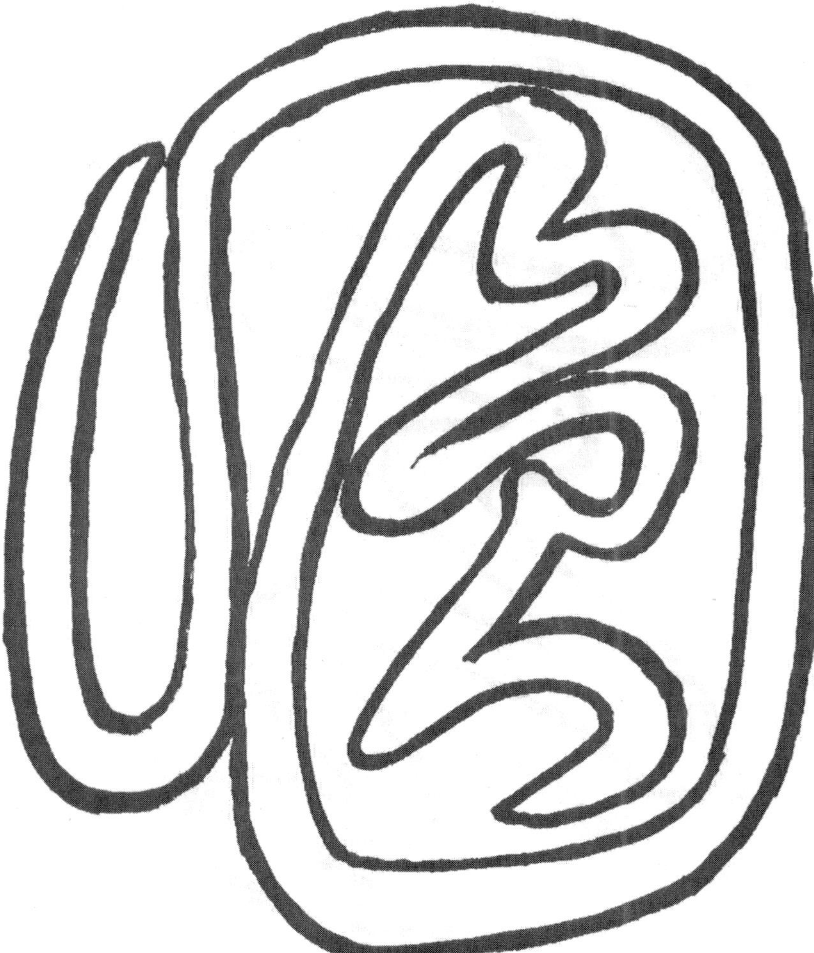

[그림5] 서법 컴퓨터게임 방안「설계이론 초서 大圖 ~「圖」

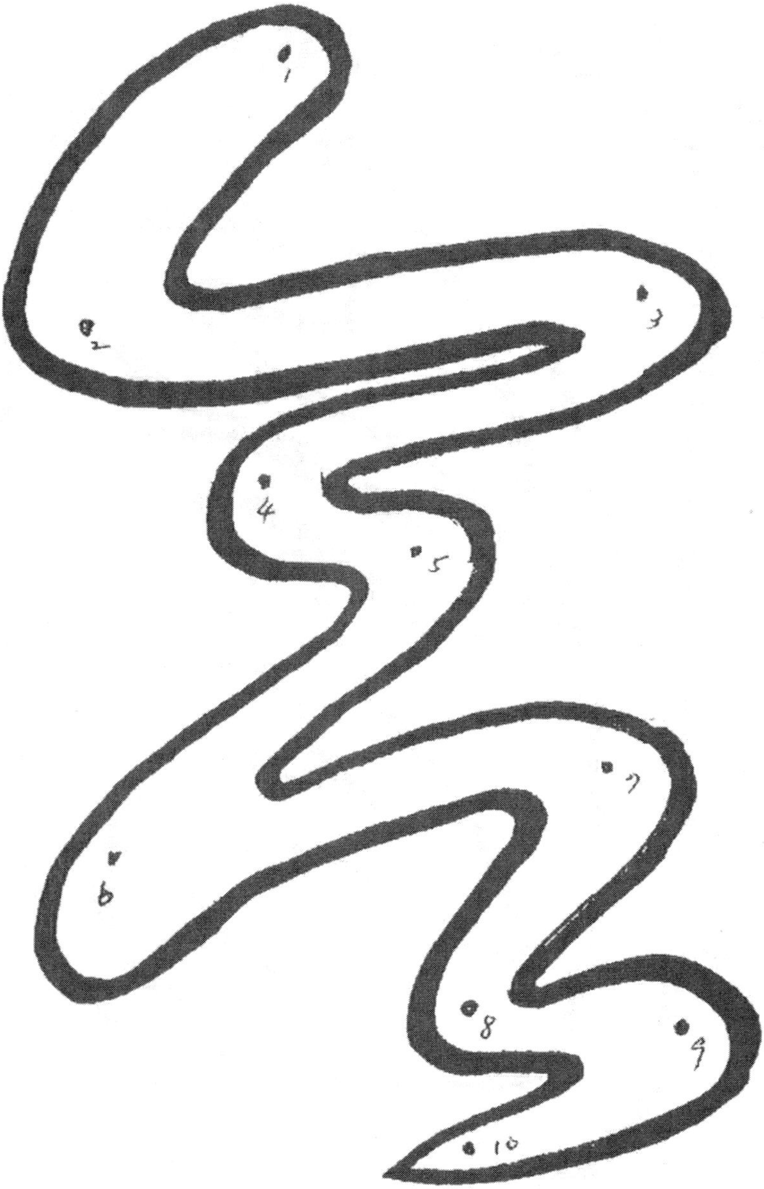

[그림6] 서법 컴퓨터게임 방안설계 실례 ~「舍」

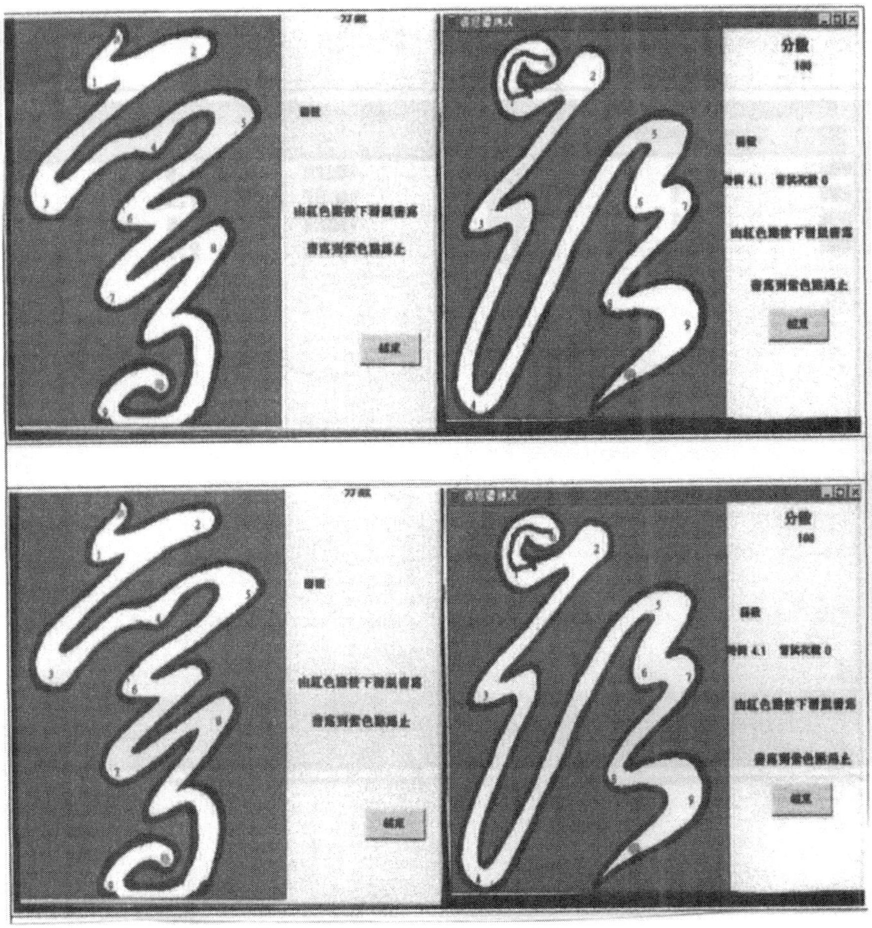

[그림7] 서법 컴퓨터게임 방안 컴퓨터게임 실례

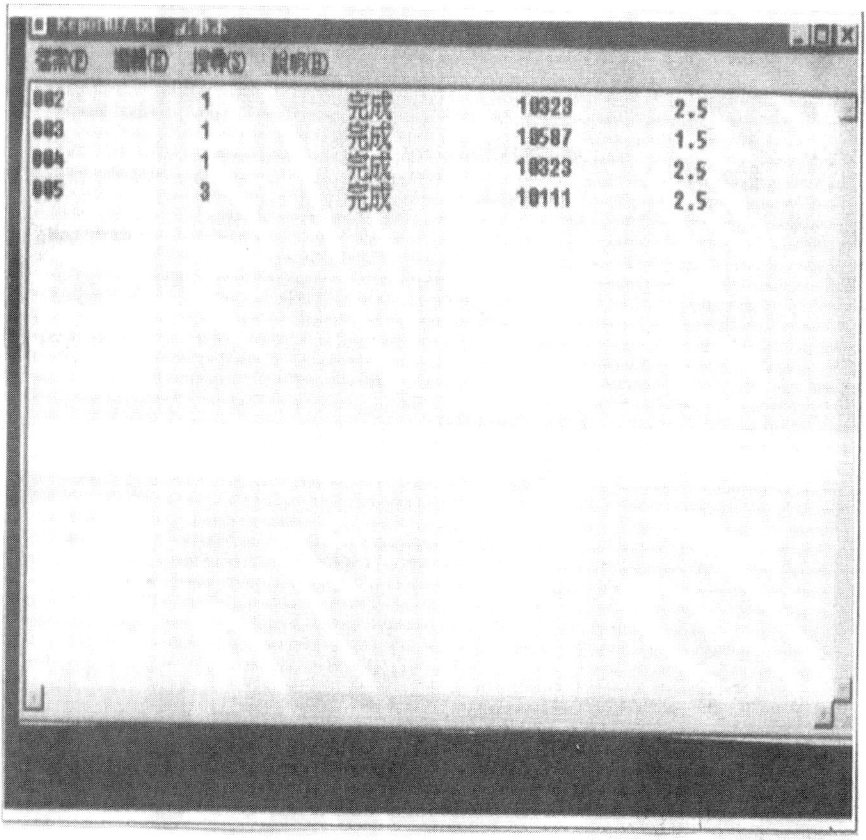

[그림8] 서법 컴퓨터게임 방안 컴퓨터게임 실례

제 7 장

서법 교학 위주로 한 치료 방안

서법 교학 위주로 서법 치료방안은 작가(진정견, 민85)가 설계한 것 위주로 그와 비슷한 교학 방안은 서법 교학 방안, 서법 영문교학방안, 서법창의 교학방안 등 세 가지로 파생되었다. 공통점은 모두 임모사 세 가지 서사 방식을 이용해서 교학 방안을 제작한 것이다. 매 방안 중 매 단원마다 교학 정서와 시간은 정확히 해서 서법 치료 효과 검증 방안으로 삼았고 아래에 각각 설명한다.

제 1절 서법 교학 방안

본 방안은 작가(민85)가 발안한 방안으로 원래 목적은 활동과량이 과다한 학생의 주의력, 자아개념, 인간관계, 고민행위를 처리하고자 하는 것이다. 본 방안은 고문예서, 초서 등 3종 서체를 방안설계의 주체로 삼아 서사 할 글자자체 특질에 근거하여 8종으로 나뉘어진다. ① 신체부위 ② 일상용품 ③ 가축 ④ 수중동물 ⑤ 자연현상 ⑥ 상견식물 ⑦ 교통공구 ⑧ 건축형태 매 형태마다 2종의 다른 서사체를 택하여 세 가지 서체로 모두 48자를 선택해서 서법 교학 처리 소재로 삼는다. 처리 시간은 매주 두 번, 매번 40분이다. 총 시간 통계는 640분이다. 아래는 본 방안의 설계 이론의 기초와 설계원칙, 설계내용, 실시 정서와 상관연구에 대해 설명한다.

1. 설계 이론 기초

본 방안은 초등학생의 활동 과다 행위에 대해 설계되어, 서법 교학 지도를 통해 학생의 주의력, 자아개념 및 인간관계의 개선 효과를 목적으로 한다. 설계 이론 기초는 서법 교학 본질에 근거하여 집필법· 서법· 운필· 간가구조· 배치· 운기 등 각종 연습 방식을 통해 서법 교학 활동의 주체로 삼아 서사 활동의 과정을 빌려 학생의 심신 건강을 추진하는 것을 목표로 삼는다. 서법은 개인의 품덕, 성격, 학문 등 독특한 풍모 특질을 나타내서, 작품의 표층으로 반응하여 글자 형태에 깊이 들어가는 것을 내함하고(윤지립. 민77) 「서중구서, 서외구서」하는 경계에 이르러야 한다. 고상인(민75), 역대 서론을 연구해서 4항의 결론을 얻었다.

(1) 서사행위는 서사자를 중심으로 삼아서(예: 윤필) 서사와 관련된 문제까지 확장한다. (예: 품성 수양)

(2) 서사행위는 생리 운작의 체계를 제공한다. (팔목에서 전신동태의 보량을 갖춤)

(3) 서사 「공효」(ergonomic)의 의미를 강조한다. 즉 개체 공구, 환경과 심리의 배합 서론의 주장은 주관적 경험이지만 연구자 계몽과 이론의 기초도 제공할 수 있는 것이다. 이것으로 서법 교학과 심리학의 관계가 매우 밀접하다고 볼 수 있다. 고상인(민846) 서법 실증 연구는 5개 영역 심리, 생리, 인격, 감정, 사회행위 등으로 나누어진다. 생리 부분은 생리 반응과 건강치료면 연구에 중심을 두고, 심리 부분은 서법 인지면 연구에 중심을 두고, 인격부분은 인격 발전과 서법 서사 행위 관련에 중심을

두고, 정의 부분은 서법 예술의 창작 과정에 중심을 두고, 사회 행위 부분은 서법이 사회 행위와 업무 능력에 대한 공헌도에 중심을 둔다.

황국언, 진정견(민 84) 이 활동 과대 특질로 활동량 평정 근거로 삼아 일부 학생 활동량과 서법 표현 형식 관계를 연구한 결과는

(1) 활동량이 다른 학생과 서법 표현 형식은 필획 굵기와 글체 크기가 크게 차이 난다. 특히 다 활동량 학생의 서법 표현 굵기 크기는 일반 학생(중저 활동량) 보다 크다. 소밀 부분에서는 아직 지지를 얻지 못했다.

(2) 활동량이 다른 학생이 서법 심향 측정(좋아하는 정도)에서는 큰 차이가 없다.

(3) 활동량 과다 3항 특질과 서법 표현 형식은 정비례가 된다. 특히 충동과 활동과량과 서법 굵기와 크기의 관계는 비교적 밀접하다. 충동 및 활동 과량 학생 서사시 필획이 비교적 크고 글자체도 관대하다.

(4) 서법 표현 형식으로 활동 과다 학생을 구분할 수 있다. 남학생을 대상으로 굵기와 크기를 예측 대상으로 삼으면 활동 과다 학생을 구분하는 정확도는 80% 좌우다. 고상인(민 75). 서법 서사시 생리현상에 대해 실험한 적이 있다. 임모사 3종 서사 환경의 인체 각 항 생리현상에 대한 변화의 여러 번 시험에서 얻은 결과를 종합하면 아래와 같은 연구 결과가 나타난다(고상인 민 75, 고상인 민 82).

① 서법 운작 행위 시 생리현상 변화 : 심율 폭도의 하강 심율 속도의 감환과 집단 맥동량의 증강, 호흡 시간의 변화, 심장 활동의 온화, 혈압 감소 현상 모두 신경을 편히 하고 푸는 효과

가 있다.

② 서법 글체간의 차이 : 중국 서법의 발전 과정에 따라 서법은 전· 예· 해· 행· 초 등으로 나누어지고, 전· 예· 해· 초 4체를 비교하면 서체가 다르면 호흡 비례에도 큰 차이가 있다는 것을 알 수 있다.

③ 서사 운작 방식이 다르면 생리 변화에도 분명한 차이가 있다. 기본상 학습 과정은 3종의 중요 방식이 포함된다. 임 · 모 · 사 스스로 쓸 때 호흡 주기는 임모사보다 크다는 연구 결과가 있다.

④ 서법 교학의 정신질환에 대한 연구 결과 : 정신 질환자 서법 시 심율 감환을 정상인보다 많이 크고 큰 차이가 있다는 통계 결과가 있다. 혈압과 뇌파의 감소정도도 정상인보다 많이 크고 차이가 크다는 연구 결과도 나타 났다.

이외에 심덕립, 백학군, 염국려(민 84) 안동기록기를 이용해서 서법 지식 경험이 다른 사람이 서법 심미 과정 중 눈의 움직임 특정 연구를 기록해서 경험의 다소는 작품의 심미 과정에 크게 영향을 준다는 것이 발견됐다. 경험이 적은 사람은 작품에 주목하는 시간이 짧고 경험이 많은 사람은 글자의 구조 복잡성에 따라 의식 있게 변화한다. 다 경험자의 동공 직격 변화는 경험이 적은 사람보다 많이 작다(곽가교 민82, 고정국 민82). 각각 서법 부하가 어린이 대뇌의 극활 반응을 연구해서 대뇌 양반구 반응에 모두 분명히 축단 효과가 있다는 것이 발견됐다. 위의 각 항 연구 결과와 발견이 바로 「글자는 사람과 같다.」는 과학증거이며, 서법 교학과 치료 활동을 빌려 사람의 생심리 건강과 개체 행위사상 인격 특질을 변화시키는 이론 기초이다.

2. 설계원칙

본 방안의 설계 원칙은 서체 선택 원칙과 서체 배열 원칙으로 나누어 각각 설명한다.

(1) 서체 선택 원칙 : 서체는 고문, 소전, 예서, 해서, 행서, 초서 6종 서체가 포함된다. 본 방안은 학생 특질과 학습 경험을 고려해서 단지 3종 서체를 본 방안의 교학 서체로 삼았다. 고문, 예서, 및 초서. 고문은 서체가 비슷한 고문, 소전, 대전, 석고문, 금문, 갑골문 등 문자 위주로 그 중에서 사물 형태에 가까운 고문과 주문을 선택해서 더 재미있게 학습 동기를 유발시켰다. 해, 예 두 종 자체는 변식도가 비슷하고 모두 비교적 느리게 운필하는 자체라 예전 학교 서법 수업을 받은 구 영향을 피하기 위해 예서를 교학 서체로 삼았다. 행초서는 운필이 비교적 빠르고 행서는 해서로부터 변해왔고 변화가 해서처럼 비교적 적다. 초서 변화는 비교적 크다. 초등학생에게는 글자 의미의 영향을 비교적 적게 받을 수 있고 본 방안은 순수 활동 과다 행위를 감소시키는 특징 위주로 하는 것이기 때문에 과거의 경험, 영향을 받지 않게 초서의 선조 변화를 내용으로 삼는다.

(2) 서체의 배열 원칙

① 영역류 별에 따라 가까운데서 먼 순서로 배열

② 필획의 다소는 적은 것에서 많은 것으로 배열

③ 서체 발전은 고문, 예서, 초서 순서로 배열

④ 서법 학습 단계는 우선 시범하고 본 대고 쓰고 마지막 임사

3. 방안내용

아래는 방안의 글자 수와 자원류별에 대해 각각 설명한다.

(1) 서체 글자 수 : 매 영역 각각 2종류 다른 글자를 선택(예: 신체부위 「目」, 「手」) 매자 고문, 예서, 초서 3종으로 모두 48자다.

(2) 자원류별 : 선택한 글은 어린이가 자주 접할 수 있는 사물 위주로 8류로 나누어진다.

① 신체부위 ; 「目」, 「手」

② 일상용품 ; 「刀」, 「皿」

③ 가축 ; 「鳥」, 「羊」

④ 수중동물 ; 「貝」, 「漁」

⑤ 자연현상 ; 「山」, 「雨」

⑥ 상견식물 ; 「禾」, 「竹」

⑦ 교통공구 ; 「舟」, 「車」

⑧ 건축형태 ; 「門」, 「室」

4. 실시순서

두 부분으로 나누어 설명한다. 제 1부분은 총체 교학정서의 개요이고 제 2부분은 매 단원의 교학 순서해설이다.

(1) 교학의 정서 : 본 교학정서는 고상인(80)이 제출한 「서법연구의 실험 표준정서」를 수정해낸 것이고 다섯 개 중요 순서가 있다. 시전정좌, 서사해설과 필순암기, 본 대고 쓰기, 임사 및 시후 정좌, 실시시간은 아래 표처럼 정리한다.

표 7-1 서법 교학 정시표

1	2	3	4	5
시전정좌	서사해설과 필순암기	본 대고 쓰기	임사	시후정좌
눈뜨고 1분 눈감고 2분	매자 3분 3자 9분	매자 2분 3자 6분	매자 3분 3자 9분	눈뜨고 1분 눈감고 2분

(2) 다원 교학 활동 설명 : 제 1단원「目」을 예로 들어 설명한다.

① 교학 전 각 피 실험자가 책상 앞에 정좌해서 교학자가 교학 내용을 설명하고 이「目」의 뜻을 설명한다.

② 정식 교학 시 피 실험자가 눈을 뜨고 깊이 호흡해서 정좌 1분 후 눈감고 심호흡 정좌 2분

③ 서사 해설 서사자가 미리 준비해 둔 시범 판에서「目」자의 서법과 필순을 시범한 후 피 실험자가 맨손으로 공중에 연습하면서 반복 읽는다.

④ 매번 해설과 반복 읽고 난 후 피 실험자가 본 대고 1번 쓰고 임사 1번한다. 서사 속도가 빠를 수도 있고 느릴 수도 있다. 만약 규정된 시간 내에 완성치 못한 사람은 실험 교학자나 조교가 심호흡 정좌 훈련을 하도록 한다.

⑤ 매 단원이 세 개의 다른 글자가 있기에 4번 순서를 다시 3번 진행한다.

⑥ 세 번째 글자 임사 시간이 되면 피 실험자에게 붓을 붓 받침대에 놓도록 요구하고 사후 정좌를 2번과 같이 진행한다.

⑦ 교학 후 학생들이 현장을 떠나도록 하고 조교가 공구를 정리한다.

(3) 단원 교학 과정의 예 : 1단원 「目」자를 예로 삼아 실제 순서를 설명한다.

① 연습 전 우선 피 실험자가 눈을 뜨고 정좌 1분 후 눈감고 정좌 2분, 심호흡 연습을 하도록 한다.(흡기 후 호기, 매번 약 5초)

※ 주: 여기서 말하는 정좌는 정좌로 치료하는 것이 아니라 단지 마음과 행위를 안정시키는 순서일 뿐이다. 잘 모르는 사람들은 효과가 서법 교학에서 온 것인지 정좌에서 온 것인지 의심할 수 있다. 만약 정심순서로 표현하면 오해를 피할 수 있다.

② 교학자가 피 실험자에게 「이 교시에서 우리가 써야하는 글은 「目」이다. 뜻은 눈이다.」라고 말한다.

③ 교학자가 시범 글 전서 「目」자를 짚으면서 묻는다. 「우리 친구들 이 글자가 무엇을 닮았어요?」(보통 어린이들은 눈이라고 대답한다. 눈이라고 대답하면 교학 자가 정답이라고 말하고 대답 안하면 교학자들은 우리의 눈과 닮았다고 말해준다.)

④ 교학자가 전서 「目」의 순서를 시범한다. 왼쪽 위의 첫 획 오른쪽 밑의 2번째 획, 눈동자 테두리 마지막으로 눈알을 찍는다. 피 실험자들은 손을 들고 공중에서 천천히 한 번 따라 쓴다. 서사 과정에서 교학자는 피 실험자가 필순에 따라 「1」, 「2」, 「3」, 「4」를 말하도록 요구한다.

⑤ 시범 글 완성 후 본을 대고 한 번 완성시킨 후 필순을 말하도록 한다. 시간은 2분 피 실험자가 미리 완성하면 교학자가 방해되지 않도록 계속해서 심호흡 연습하도록 한다. (시간은 많지 않을 것이다.)

⑥ 본 대고 쓰기 완성 후 교학자는 피 실험자에게 시범자의 지시에 따라 임사글에 임사 한 번 하도록 한다. 매 번 쓸 때마다 필순 숫자를 말하도록 하고, 시간은 3분, 교학자는 반드시 「시간

은 충분하니까 천천히 써라.」고 말해준다. 피 실험자가 방해하지 않도록 심호흡 시킨다.

⑦ 교학자는 시범자가 「目」자를 쓴 후 예서의 서법으로 왼쪽 첫 세로를 시범하고 중상에서 오른쪽 아래로 꺾어서 두 번째 획으로 하고 세 번째는 중간 위의 첫 가로를 네 번째는 중간 두 번째 가로를 다섯 번째는 마지막 가로를 쓴다. 피 실험자가 손을 들고 공중에서 천천히 한 번 따라 쓰고 순서에 따라 「1」, 「2」, 「3」, 「4」, 「5」를 말하게 한다.

⑧ 시범 글 완성 후 본 대고 한 번 쓰고 필순을 말하고 2분 시간으로 계산한다. 피 실험자가 미리 완성하면 방해하지 않도록 심호흡을 시킨다.

⑨ 본 대고 쓰고 난 후 임사 한 번 필순을 말하고 3분 시간, 「시간이 충분하니 천천히 써라.」고 지시하고 미리 완성하면 방해하지 않도록 지시한다.

⑩ 초서의 서법을 시범한다. 우선 왼쪽 첫 세로 다음 중사에서 오른쪽 아래로 꺾고 세 번째는 왼쪽 위로 돌리면서 아라비아 숫자 「2」처럼 쓴다. 공중에서 손을 들고 천천히 한 번 쓰고 순서에 따라 「1」, 「2」, 「3」, 「4」를 말한다.

⑪ 시범 글 완성 후 본 대고 한 번 쓰고 필순 말하고 2분 시간이고, 미리 완성하면 방해하지 않도록 심호흡을 시킨다 (시간은 길지 않다).

⑫ 본 대고 쓰고 난 후 임사를 한 번 한다. 필순 숫자를 말하고 시간은 3분 피 실험자에게 「시간은 충분하니 천천히 써라.」고 지시 후 미리 쓰면 방해하지 않도록 심호흡을 시킨다.

⑬ 연습 후 피 실험자를 사전 정좌 방법으로 눈을 감고 2분 후, 눈 뜨고 1분 심호흡 시킨다.(우선 흡기 후 호기 매번 5초)

⑭ 단원 끝. 교학자가 피 실험자를 지시하며 서사 공구는 정

리 청결히 하거나 조교가 도와서 한다.

5. 실증 연구 결과

본 연구는 실증 연구를 이미 진행했다(하동지 민 85, 진정견 민 85). 현재 본 방안의 연구 목적, 연구 대상, 실험 설계, 평량 연구, 연구 발견, 연구 건의를 아래와 같이 적용한다.

(1) 연구목적 : 본 방안의 사용으로 초등학교 고 활동량 학생 주의력 자아개념 및 인간관계의 개선 상황을 연구한다.

(2) 연구 대상

① 초등학교 4학년 고 활동량 학생 30명

② 주의력 부족 의심 학생 3명

(3) 연구설계 : 실험조 및 조절조 전후 측준 실험설계를 이용한다.

(4) 평량공구 : 「초등생 활동량 평량표」 주대걸 외(민82) 편제한 「다항도 주의력 측험」 이곤숭.구혜민(민82)이 편제한 「행위고민양표」및 곽위반(민76)이 편제한 자아 태도 설문지

(5) 연구발견 : 본 방안은 고 활동량 학생의 주의력(정이성, 분리성, 지소성, 주의력)에 대한 개선 효과, 인간관계 고민 개선, 자아능력과 성취감에도 증진 효과가 있다.

6. 미래 연구 건의

작가가 논문 연구에 근거하여 아래와 같이 건의한다.

(1) 서법 교학 방안의 개진 : 교학시간 분배에서 본 대고 쓰는 시간을 3분까지 증가시키고, 임사시간을 2분으로 줄이는 것이

실제 요구와 부합된다.

(2) 실험대상 : 주의력 부족, 과동정학생, 경도 지능장애 학생과 학습 장애 학생까지 확대시킨다.

(3) 연구변항 : 충동행위나 일에 태만한 행위를 처리하는 효과에 대한 연구

(4) 연구설계 : 실험조 및 조절조 전후 측준 실험설계를 이용한다.

(5) 평량공구 : 「초등생 활동량 평량표」 주대걸 외(민82) 편제한 「다향도 주의력 측험」 이곤숭.구혜민(민82)이 편제한 「행우고민양표」 및 곽위반(민76)이 편제한 자아 태도 설문지

(6) 연구발견 : 본 방안은 고 활동량 학생의 주의력(정이성, 분리성, 지소성, 주의력)에 대한 개선 효과. 인간관계 고민 개선, 자아능력과 성취감에도 증진 효과가 있다.

書法教學教材及用紙

書法教學教材		教材編號	001
教學內容	目	教學週次	第一週
字體類別	身體部位	教學時間	四十分鐘
古文	隸書	草書	

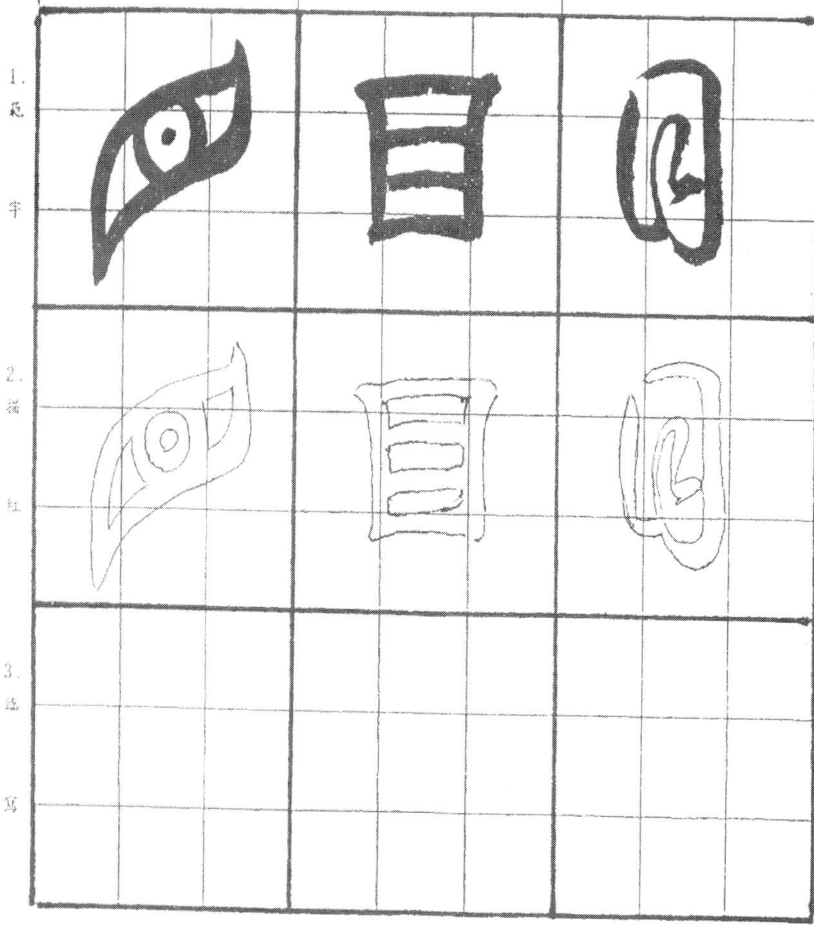

[그림9] 서법교학방안 교학단원 실례 ~「目」「목」

書法教學教材及用紙

書法教學教材		教材編號	008
教學內容	魚	教學週次	第四週
字體類別	水中動物	教學時間	四十分鐘

古文	隸書	草書

[그림10] 서법교학방안 교학단원실례 ~「漁」「이」

[그림11] 서법교학방안 교학실험사진

제 2절 서법 창의 교학 방안

서법 창의 교학 방안은 작가(진정견, 민90)가 심경향을 지도해서 진정견(민85)의 서법 교학 방안의 저작형식에 근거하여 더 상세하게 한 것이다. 「창의」라 일컫는 것은 서법의 소재로 백서, 예서를 택하고, 전통 서법과는 구분이 되기 때문이다. 학생들이 이 방안을 배워서 서사 창의력을 더 갖출 수 있는 것인지는 더 증명해 보여야 한다. 본 방안 설계 이론 기초, 설계원칙, 실시정서와 연구결과를 아래와 같이 서술한다.

1. 설계 이론 기초

본 방안 설계 이론 기초는 (1) 서체의 근거 (2) 서법 임모의 근거 3. 동작 발전의 이론 아래와 같이 세 면에서 설명한다.

(1) 서체의 근거 : 진정견(민85)이 편찬한 서법 교학 방안을 근거로 삼아 방서(시범 글), 본 대고 쓰기, 임사 세 부분으로 나누어진다. 다만 글체 선택에서 진정견이 편찬한 서법교학 방안은 서체 발전과정으로써 학생들이 평소 「서예수업」에서 자주 사용하는 「해서」 및 형체가 비슷한 행서를 제외하고 차이가 많이 나는 「고문자」 「예서」 「초서」를 택하는 것이다. 본 방안은 최근 출토된 한간문자를 기초로 삼아 예서를 배합해서 편찬한 것이다. 한간문자는 전서를 이은 것이기 때문에 해서와 행서 간에 중계를 한다(정혜미, 민73). 한자가 전서에서 예서로 변천한 급변동기다(두충고, 민80). 이런 필서 묵적은 간독문자이며 서사자가 마음대로 서사해서 자연스럽게 형성된 것이고 글자 형태와 필획은 개인 풍모를 갖춰서 작품의 서풍과 특색으로 형성된 것

이다(임진충, 민80). 1974~1990년간 대만과 중국 대륙 학자들이 연구해서 국내 각항 서법경기 대회가 열리고 주목받는 서체가 된 이유는 이런 서체가 소박성이 있기 때문이다. 선천적인 자연 창작 서가의 순박한 창작은 거칠지만 천진하고 귀엽다. 마음을 따라 서사하는 것은 감정을 나타내고, 자연을 숭상하며 억지추구가 아니고, 과장하지 않는 것이다. 또 괴담성이 있다. 대다수 한간백서중의 작품은 다소 괴담성질이 포함된다(정혜미, 민73). 그래서 이 서체를 창의 서법교학방안의 서체로 삼는 것은 초등학생 어린이들의 천진난만한 학습특징과 부합하는 것이다.

2. 설계의 원칙

본 방안은 아래 원칙에 근거하여 모두 16단원으로 나누어진다.

(1) A+B=C의 구조 정식이다. 본 방안은 A+B=C의 구조정식으로 매 방안의 조합원칙을 설계하는 것이다. 예) 人+二=仁, 日+月=明

(2) 구궁 격을 구조양식으로 삼는다. 본 방안은 구중격의 구조양식 위주로 매자 부수, 단자(시범 글), 본 대고 쓰기, 임사를 포함해서 모두 전통 구궁격을 서사참고 근거로 제공한다.

(3) 매 단원은 임모사 3종 연습방식을 포함. 매 단원 9자 대구궁격 양식으로 배열해서 시범 글 3자, 본 대고 쓰기 3자, 임모사 3자, 매자 모두 임모, 본 대고 쓰기, 임사 3종을 포함해서 3*3=9로 표시한다.

(4) 매 단원은 40분을 설계 원칙으로 삼는다. 초등학생 작시시간을 고려해서 매 단원 40분을 설계 원칙으로 삼는다. 하지만 실제 교학 중 여전히 학생들의 심신장해상황을 고려하여 개개인에 맞게 적당한 조절이 있어야 한다.

(5) 필획 배열원칙 : 필획배열 상에서는 적음→많음으로 배열하고, 서사에서는 용이→난이로 배열하고, 내용에서는 이미 배운 것에서 배우지 않은 것으로 배열한다.

3. 방안내용

본 방안은 편찬이론 기초에 근거하여 편찬했다. 세 번 수정 후 완성되었고, 모두 16단원이며 두 가지 부분으로 나누어진다. 1~7단원은 자형조합자고, A+B=C의 조합형식에 속하고 이 조합에서는 또 두 개의 차급 유형으로 나누어진다. 즉, 좌우 조합과 상하조합, 1~5단원은 좌우 조합이고, 6~7단원은 상하조합이다. 제 2부분 8~16단원은 자형으로 결합해서 형성된 것이다. 9단원에서는 연체아(몸이 붙어있는 기형하 상하 같은 조합), 쌍둥이(좌우 같은 조합), 다쌍둥이(品자 조형), 샌드위치(삼첩자, 삼병자)및 샌드쿠키(좌우 같고 중간이 다른 글)등 모두 단독으로 조합한 글자로 학생들이 글자 형태를 다양하고 재미있는 것으로 이해하도록 한다. 방안 명칭과 숫자는 아래 표로 표시한다.

표 7-2 서법 창의 교학 방안 내용 일람표

번호	단원 명칭	서사내용	번호	단원명칭	서사내용
01	좋은 친구 만나서 반가워	人二仁	09	연체아	圭錢爻
02	좋은 친구 만나서 반가워	日月明	10	쌍둥이	羽林絲
03	좋은 친구 만나서 반가워	女子好	11	쌍둥이	比孖竝
04	좋은 친구 만나서 반가워	木目相	12	다쌍둥이	염분묘
05	좋은 친구 만나서 반가워	羊羽翔	13	다쌍둥이	森晶轟
06	덤블링은 재미있다	木子李	14	샌드위치	崑莫意
07	덤블링은 재미있다	日生星	15	샌드위치	側濺廝
08	연체아	炎昌出	16	샌드위치	瓣嬲弼

4. 교학유정

본 방안 교학 유정은 진정견(민 85)의 서법 교학 방안 실험 격식, 편찬에 근거해서 완성하는 것이며 5개 중요 순서를 포함한다. 시전정좌, 서사해석과 반복 획순 익힘 본 대고 쓰기, 임사, 시후정좌, 실시시간은 아래 표와 같이 설명했다.

표 7-3 서법창의 교학 정시 일람표

1	2	3	4	5
시전정좌	서사해설 및 획순익힘	본 대고쓰기	임사	시후정좌
눈 감고 1분 눈 뜨고 2분	매자 3분 3자 9분	매자 2분 3자 6분	매자 3분 3자 9분	눈 뜨고 1분 눈 감고 2분

(1) 매 단원 연습 전 눈감고 2분 눈 뜨고 1분 후 정좌 후 심호흡 연습

(2) 글 형태 해석 및 글자 시범 후 어린이들에게 임모 한번 시키고 시간 2분

(3) 시범 후 시범글 필순에 따라 2분간 본 대고 쓰기

(4) 본 대고 쓰기 후 공백 칸에서 3분간 한 번 임모

(5) 나머지 2번은 순서 2.3.4 대로 다시 같은 시간으로 진행

(6) 연습 후 눈 감고 2분간 정좌 심호흡

(7) 매 단원 5분간 작품 감상과 평정

(8) 교사가 학생작품 평정. 원의 수로 열 개 우점을 누적해서 상품 바꿔 격려해 준다.

(9) 모든 단원은 상세한 실제 조작 순서가 있고 아래와 같다.

① 피 실험자에게 눈 감고 2분 정좌 후 심호흡 시킨다.(흡기

및 호기 매번 3~5초간)

② 피 실험자가 눈 뜨고 정좌 1분 심호흡(흡기 및 호기 매번 3~5초간)

③ 한자 구조 원리를 설명한다. 독체자와 조합물로 나누어지고 「日人住枝撒街靈蓋忠昌」등의 글을 예로 들고 어린이에게 분류하고 선택하도록 시킨다. 시간은 3분

④ 조합글에서는 상하좌우, 좌중우, 상중하등 조합형식으로 나누어지고 피실험자가 진일보 나눈 조합자를 다시 상세하게 좌우·상하, 좌중우, 상중하로 나누어 시범시간 3분

⑤ 교학자가 「어린이 친구들 오늘 우리 퍼즐게임 하는 게 어때?」라고 묻고 시범 글 「人」자와 「二」자를 지시하면서 묻는다. 「이 글자는 합쳐서 무슨 글자가 되나요? 아는 어린이 손을 들고 말해보세요.」정답 「仁」이 나올 때 전체 학생은 이 아이에게 사랑의 격려를 해주고 시간은 3분

⑥ 우리 「仁」의 좌부분 「人」을 배울 때 교학자는 우선 「人」의 서법 및 필순 「/」→ 「＼」을 시범하고 피 실험자가 공중에서 천천히 한번 따라 쓰게 하고 필순에 따라 「1」 「2」라 말하고 시간은 1분

⑦ 시범글을 시범 후 본 대고 쓰고 임사 한 번하고 필순마다 순서를 말하게 하고 시간은 2분

피 실험자가 미리 완성하면 심호흡시키고 방해하지 않도록 한다.

⑧ 본 대고 쓴 후 시범글 순서에 따라 임사 한 번 필순마다 숫자 말하고 임사 한번. 교학자는 반드시 「시간은 많으니 천천히 쓰세요.」라고 말하고 피 실험자가 미리 완성하면 방해하지 않도록 심호흡 시킨다.

⑨ 이어서 「仁」자의 글을 우반부 배우도록 한다. 「二」의 서법 및 필순 「一」→ 「二」공중에서 한번 따라 쓰고 필순에 따라 「1」

「2」를 말하고 시범시간 1분

⑩ 시범 글 환성 후 교학자 지시에 따라 순서대로 본 대고 임사 한 번 필획마다 필순을 말하고 시간 2분, 미리 완성 시 방해하지 않도록 심호흡시킨다.

⑪ 본 대고 쓰기 완성 후 순서에 따라 임사 한 번, 필획마다 필순을 말하고 시간 3분 교학자가 반드시 「시간은 많으니까 천천히 쓰세요.」라고 말하고 미리 완성하면 방해하지 않도록 심호흡 시킨다.

⑫ 교학자 : 우리 친구들 방금 「人」과 「二」를 썼지만 이 두 글자를 합할 때는 사람이 내밀은 오른발은 「亻」처럼 세워야 해요. 이 때 새로운 글 「仁」자로 변했어요. 재밌지요? 이제 우리 「仁」자의 필순과 서법을 배워봅시다. 「/」→ 「丨」→ 「一」→ 「一」의 순서로 공중에서 천천히 한 번 따라 쓰고 필순에 따라 「1」「2」「3」「4」라고 말하고 본 대고 한 번 묘사, 시간은 5분, 교학자는 반드시 「시간이 많으니 천천히 쓰세요.」라고 말하고 미리 쓰면 방해하지 않도록 심호흡을 시킨다.

⑬ 본 대고 쓰기 후 시범글의 순서에 따라 한 번 임사하고 필획에 따라 필순을 말하고 시간은 3분 교학자는 반드시 「시간이 많으니 천천히 쓰세요.」라고 말하고 미리 쓰면 방해하지 않도록 심호흡을 시킨다.

⑭ 끝난 후 눈 감고 정좌 2분, 피 실험자에게 심호흡 시킨다. (흡기 및 호기 매번 3~5초간)

⑮ 감상 및 평정, 시간 5분

⑯ 단원 끝, 서사 공구 정리, 청결 시간 3분

5. 연구 발견

작가가 본 방안에 대해 실증 연구를 진행했다(진정견, 민90). 아래는 연구목적, 연구대상, 실험설계, 평정공구, 연구발견, 연구건의에 대해 각각 적요한다.

(1) 연구목적 : 본 방안으로 초등학생 4·5학년 학습생활에 적응이 어려운 학생의 주의력 반영시간, 도형인지 및 서법 변별 능력을 개선시킨다.

(2) 연구대상 : 4명의 초등학생 4학년과 4명의 초등학생 5학년의 학습생활에 적응이 어려운 학생

(3) 연구설계 : 실험조와 통제조 전후 척준실험설계를 이용한다.

(4) 평정공구 : 연구 공구는 곽위반(민76)의 「자아태도설문」 주태걸, 구상진, 송숙혜(민82)의 「다향도 주의력 측정」. 오신화(민85)의 「행위 고민 양표」 자편(진정견, 민85)의 「초등학생 활동량 평량표」 자편 「도형 조합 측정」(진정견, 채명부, 민86), 자편(진정견, 채명부 민 86) 「서법 변동과 변이실험」(진정견, 채명부 민 86). 임부귀 기소안(민85)의 「아동 인지 발전 실험」이 포함된다.

(5) 연구발견 : 실험결과를 통해 본 방안을 학습 부적응 초등학생들이 ① 주의력(전이성, 분리성, 지속성주의력 포함)에 증진효과 ② 일부학생 도형 조합 반영시간에 대해 증진효과 ③ 도형인지 능력에 대해 증진효과 ④ 서법 변별 능력에 대해 증진효과

6. 미래 연구 건의

본 연구 논문의 결론과 건의는 아래와 같다.

(1) 서법 창의 교학 방안의 개진 : 교시 분배에서는 본 대고

쓰기 부분을 3부분으로 연장하고 임사사건을 2분으로 단축하는 것이 비교적 실제와 부합된다. 학생이 스스로 창의한 글자형태의 서사 활동단원도 첨부할 수 있다. 이것이 「서법창의 교학」본래 뜻과는 부합되는 것이다. 예를 들어 사자성어로 창의 조형의 근거로 삼아 스스로 글형을 창조하거나 글 뜻에 근거하여 다른 글자형을 창조한다. 이 외에도 모 부수로 자근을 삼아 변과 방을 첨부해서 다른 글 모양을 만들어 내고 간단히 해서 번잡한 학습자에게 자신감을 높인다(진정견, 민90).

(2) 실험대상 : 본 연구 대상은 학교의 「학생학습 기본자료」와 「생활지도기본자료」에서 선택하여 학교교감과 담임이 인정한 학습생활부적응학생에게 적당한 진단공구로 학생의 진정한 요구를 진단하고 본 방안 교학을 적용시킨다. 특수교육면에서는 연구대상은 감정지도회가 지정한 「학습 장애 학생」 「경도 지능 부족 학생」 「심한 정서장애학생」까지 포함한다.

(3) 연구방향 : 학습근면행위(on-task)와 태만행위(off-task)와 관련된 주제 처리 효과에 대한 연구

書法創意教學教材及用紙

主題名稱	好朋友相見歡	教材編號	01
組合形式	左右字形組合	教學週次	第　　週
教學內容	人+二=仁	教學時間	四十分鐘

左邊字形	右邊字形	組合字形

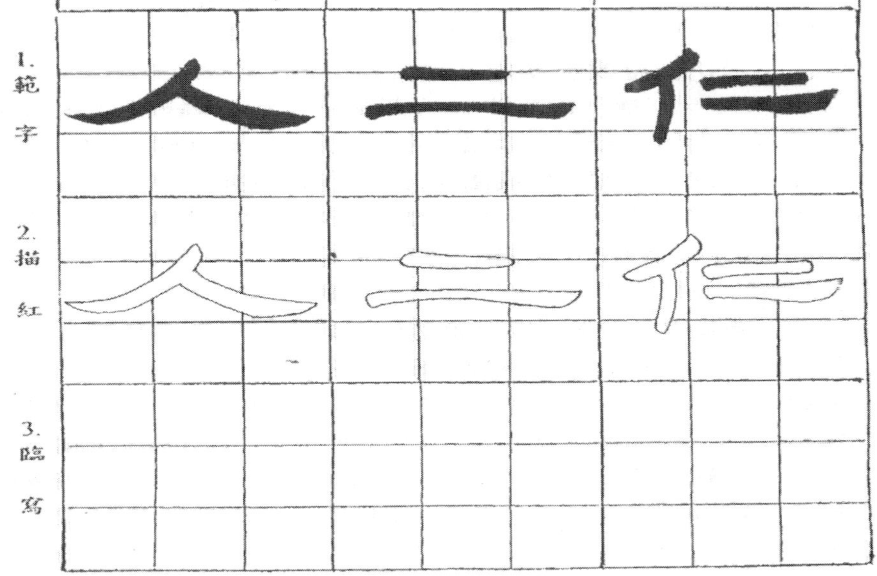

[그림12] 서법창의교학방안 교학단원실례 ~「仁」「인」

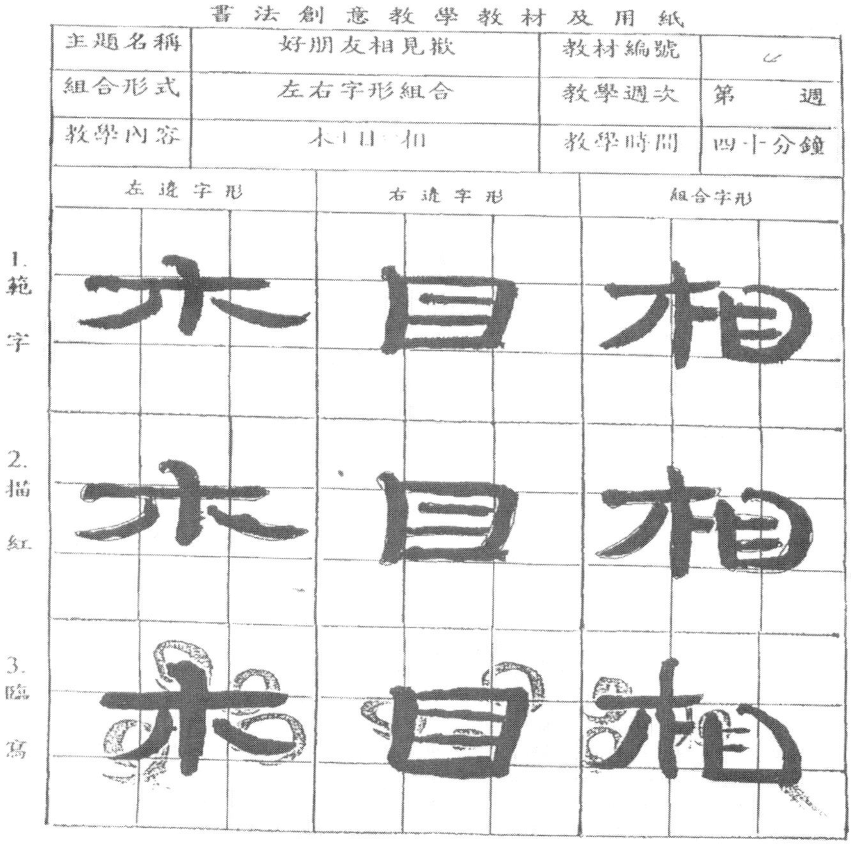

書法創意教學教材及用紙

主題名稱	好朋友相見歡	教材編號	4
組合形式	左右字形組合	教學週次	第　　週
教學內容	木+目=相	教學時間	四十分鐘

	左邊字形	右邊字形	組合字形
1. 範字			
2. 描紅			
3. 臨寫			

[그림13] 서법창의교학방안 학생의 학습작품실례 ~「相」「상」

[그림14] 서법창의교학방안 교학실험사진

제 3절 서법영문교학방안

서법을 잘 하는 사람은 늘 중국 서법이 서양서법과 다르다고 한다. 그 이유는 중국 글자는 한음, 한글이기 때문에 필획 다소에 상관없이 같은 공간을 차지하기 때문이다. 그래서 방형은 중국 서법의 독특한 풍모라고 여겨진다. 또 하나의 특색은 중국글의 조자원칙은 상형, 지사, 회의, 형성, 전주, 가차이며 원시때는 상형위주기 때문에 문자의 형성은 자연계의 현상과 물상을 간화 시킨 것이고 음은 문자 후에 덧붙이는 것이다. 서양 문자는 병음위주로 발음 시 나오는 성음으로 해설했기 때문에 발음이 중요하고 문자는 음을 배합하는 것이다. 그래서 중서 문자는 차이점이 있다. 중국 글자는 상형문자의 특색이 주어지고 서양문자는 병음 문자의 호칭이 주어진다. 이 때문에 우리는 서법이 독특한 문화 특색이 있다고 말한다. 이 점에서 개인적으로 꼭 옳다고 생각하지는 않는다. 병음 문자를 사용하는 서양에서도 서법가라는 호칭이 있다. 서법은 중국이 독점하는 것이 아니고 표현 형식상의 차이일 뿐이다. 그 중에서 제일 큰 차이는 중국 글자는 한자 한음이라서 세로로 쓸 수도 있고 가로로 쓸 수도 있고 단독단체로 쓰일 수도 있고 이어서 쓸 수도 있다. 또 하나의 차이는 중국서법은 부드러운 펜을 서사공구로 삼고 서양문자는 경필을 공구로 삼는 것이다. 필의 성질의 다름으로 자연적으로 서사재료도 다르다. 중국 서법은 흡수성이 강한 선지, 면지 위주로 하고 서양에는 경지 위주로 한다.

서양 문자와 서사공구가 어떤 차이가 있는지를 불문하고 서법치료를 국제적으로 발전시키기 위해 우리는 원래 문자의 차별을 개선해서 서법치료에 동참시켜야 한다. 이 꿈을 이루기 위해 작가는 1998년 국제 심리학자 협회가 오스트레일리아 멜버른 제56회 연회에서 서법치료의 이론과 추세에 관한 연구회(Workshop)에서 강의를 했다. 작가는 박사논문에서 연구한 「서법 교학 방안」을 특별 참조해서 「영문 서법치료 방안」을 편찬해서 연구회에 참가한 국외학자들이 참고할 수 있게 했다. 당시 워크숍에 참여한 외국 학자들은 모두 놀랐다. 서법치료에 대해 많은 흥미를 보였다(장재명, 민87). 처음으로 서법과 서법치료를 다른 언어로 국제 학술 무대에서 선보이는 성공적인 사례이고, 영문서법치료방안의 등장은 본 학술연구회의 성공관건이다. 그래서 본서는 특별히 영문서법 치료 방안을 서법을 좋아하고 서법치료에 관심 있는 교육종사자, 사회참여자, 지도자 내지 심리치료 관계자, 보건관계자들이 참고 할 수 있도록 추천하는 바이다.

1. 방안설계 이론기초

고상인(민75, 민89)의 서법실험에 관한 저서 중에 영문서사에 관한 문례가 적지 않게 있다. 아래 몇 항으로 귀납해보자.

(1) 영문 붓 서사 전후 좌우시야가 한자 명명임무실험에 대해 좌시의 점수는 높지만 현저한 차이는 없었다. 하지만 비서법의 도형을 그리는데 있어서는 자형 변식 반응 시(reaction time RT)의 단축에는 도움이 된다. 도상의 서사는 동작 조작 반응에 대해 유리한 것으로 나타났다.

(2) 서법 서사는 양반구 공능(특히 우반구 공능)에 대한 극활작용이 특히 효과적이다. 그 원인은 서법활동이 정보처리(information processing)단계의 독특성이 있어서 정보접수 단계에

서 서법의 정보접수를 공간 지각에 의지하고 결정단계에서 글의 전체 공간관계에 대해 인지분석한 후 마지막 인지 단계에서 시각-동작의 고도 협조의 단계에 이른다.

(3) 서법의 서사 운작 시 반드시 손가락, 손바닥, 손목과 팔간의 협응성을 잘 이용하게 하고 때에 따라 엄지와 다른 손가락의 굽히기를 조절(monitoring) 해야 한다. 서법 서사는 일종의 힘 조절하는 선조표현이다. Kao, Mak, &Lam(1986)각 서사 행위는 서사시간, 서사속도 및 용필, 압력을 변항으로 삼아 서법 운작 시 지동 협조는 시각, 인지, 동작 기능 등 기본 심리 과정을 통합한다는 것이 발견됐다. Kao(1982, 1984)가 영문서사시 다른 서체를 서사할 때 기전 활동과 호흡반응이 다르다는 것이 연구 발견 됐다. 즉 서체구조, 형상과 공간 관계는 서법 운작과 크게 관계있다. 그 중 공심자, 실심자와 골가자를 서사할 때 생리변화는 어른과 아이의 심율 변화가 다르다. 심율 변화 경향도 다르다. Kao, Lam, Robinson&Yen(1989) 경필과 붓 두 가지로 서사시 심·생리 반응도 차이가 있다. 붓을 사용할 때 감환정도는 경필을 사용할 때보다 크다. Kao, Lam, Robinson(1988). 붓 끝의 유연도와 심율 감환정도 차이를 검토한 결과는 붓끝이 비교적 부드럽거나 적정한 것이 경필을 사용할 때의 감환정도보다 크고, 붓 사이즈도 영향을 준다. 붓 사이즈가 클 때 심율 감환 정도는 감소된다.

(4) 고상인, 관경혜(민84b) 붓으로 영문을 묘사(인쇄체, 대소문자, 초체대소체)한 결과 묘사전과 묘사 후 붓으로 영문서사 한 것은 속도와 정확도를 높일 수 있다. 진보한 정도는 붓으로 중문 글을 쓰는 것 보다는 못하지만 그의 전후 측 향상 정도는 현

저한 차이가 있었다. 붓으로 중문을 서사하거나 영문을 서사하거나 인지공능에 대해 모두 촉진효과가 있다는 것이 증명되었다.

(5) 고상인, 관경혜(민84b). 다음 중영문서법 서사시 공간관계의 인지능력에 관한 영향을 연구한 결과는 피 실험자가 서사 후 그의 공간관계 측정의 성적이 각각 16.33%와 10.00%정도로 향상되었고 현저수준에 도달했다. 공간관계 측정은 주로 피 실험자의 공간지각과 공간표정능력을 측량하는데 있고, 처리 중 우반뇌의 비중이 크다고 추측된다.

(6) 고상인, 관경혜(민84b). 중영문 붓 서사의 추창추리실험에 대한 영향을 연구한 결과는 붓 중문 서사가 3.14%향상되었고 붓 영문서사는 3.12%향상되었고 모두 현저 수준에 도달했다. 이것은 중영문 붓 서사 추상추리능력에 모두 향상 작용이 있다는 것이 증명되었고 사인펜 서사는 영문서사에서는 별 차이가 없었다.

(7) 고상인, 관경혜(민84b). 붓으로 영문 알파벳 "z"와 한자 "子"를 서사시 서사 반응 시간은 영문이 오히려 중문보다 빠르다. 고·관 2사람의 해석에 근거하면 한자는 일종의 형부호문자고(logo-graphic system), 영문은 일종의 음부호 문자다. 그것들이 자형상의 차이이므로 어의 전달에서 (lexical access)는 다를 것이다. 이 차이점이 바로 서사 전 실험 때 한자 반응은 영문 알파벳보다 빠르지만 서사시에는 중문이 영문보다 느린 때문이다. Tseng, & Hung(1988)연구는 중영문이 정보처리 시 신경 언어역정(neurolinguistic pathways)이 다른점이 있기 때문에 영문 알파벳 처리는 일반 대뇌좌반구에서 진행한다.

중문 한자의 처리는 우반구에 있다. 한자서사시에 도형 특징이 있기 때문에 서사시간은 영문서사 시간보다 길다. 또 서사자체의 다름(직선형과 곡선형)으로 형성된 서사시간과 필압차이가 있다. 실험 결과는 곡선형 글체는 직선형글체를 쓸 때 소요시간보다 짧고 필압이 크다. 원주식 운동(circular movements)은 직선운동(linear movements)보다 더 원시적이다(Goodnow, & Levine, 1973). 그래서 이 두 종 운동 시의 동작조작 체계는 완전 같지는 않다. 이것이 원주 운동 시의 주의력 요구와 근육 조절 수준이 낮다는 것을 의미한다. 그래서 곡선형 글체를 서사할 때 소요된 시간이 비교적 낮고 필압도 직선형 서체보다 크다. 복잡도와도 관련이 있다. 한자 서사의 임무 복잡도(Task complexity)는 한자의 필획수에 달려있다. 필획이 많을수록 임무 복잡도가 크다. 영문단자의 임무 복잡도는 알파벳의 다소에 달려있다. 또 서사시 붓끝이 운행한 거리와 동작 회전 횟수에 달려있다.

(8) 복잡한 도형의 서사는 가벼운 필압과 관련이 있다. 임무복잡도와 필압도가 반비례되고 이외에 반응 시 서사시간과 필압 세 개의 지표 측정에서 볼펜과 붓을 사용하는 것은 큰 차이가 있다.

(9) 붓을 사용하는 것은 수직 동작이 있다(Vertical motion). 이런 수직 동작의 운작은 지각·인지 동작의 임모행위 중 더 주의해야 한다. 붓을 사용하는 반응 시와 서사시간이 비교적 긴 것은 바로 이런 더 높은 주의력 시간이 요구되기 때문이다.

(10) 영문 붓 서사는 자극 글형의 같고 다른 조건하에서 글자형을 판단하는 임무 정확 반응 시 서사 후 그가 정확히 반응하는 데는 시간이 단축된다. 이것은 붓 영문서사는 대뇌가 자형을

처리할 때 일정한 작용이 생성된다는 것을 증명하고 영문이나 중문서법 서사 모두 대뇌가 자형의 처리를 심화한다는 것을 말한다.

2. 설계원칙

본 방안은 될수록 한자의 서법 치료와 동등한 효과를 얻기 위해 설계원칙을 아래와 같이 제시한다.

(1) 구궁격을 기본 글자형으로 삼는다. 한자 기본 서사는 구궁격을 기본 글자형으로 삼는 것이지만 영문은 병음문자이며 일종의 가로로 쓰고 알파벳을 조합해서 형성된 것이므로 구궁격의 요구에 부합하기 위해 알파벳수를 3개 알파벳으로 유지하고 왼쪽에서 오른쪽으로 알파벳 마다 직행 3개 작은 궁격을 차지한다.

(2) 세 개 영문 알파벳을 선택원칙으로 삼는다. 영문은 병음문자이기 때문에 상형 문자를 찾는다는 것은 불가능한일이다. 그래서 세 개 알파벳의 영문 단자는 반드시 상형의 의미가 있어야 한다. 그런 후 세 개의 다른 알파벳을 뜻으로 다시 상형한 글로 조합하면 한자 중 대전과 비슷하다.

예) cup의 형성, 컵뚜껑은 눕힌 p, 컵모양은 u, 컵손잡이는 c다. (도15참조). 16개 서사 단원 중 각 상형자는 이 원칙에 따라 설계되었다.

(3) 전혜초 세 가지 서체를 설계자체로 삼는다. 본 방안의 설계는 작가(민85)의 서법 교학 방안의 양식을 이용하며 전서, 예서, 초서의 양식이 포함되고 전서는 제 2류 중 진술한 신조형 조합자고, 예서는 영문인쇄체 대문자를 이용하고, 행서는 영문소

문자를 이용한 것이다.

(4) 글 뜻은 구상과 추상 두 종류가 있다. 본 방안의 서사는 각종 구체물과 추상문자 조합이 포함되고 방안서사 문자 선택 근거를 삼는다. 구상은 13개 단원이 포함되고 추상은 4개 단원이 포함된다. 제 1단원은 교학 연습에 사용된다. 그래서 구체와 추상의 비례는 3:1이고, 구상이 추상보다 많다.

(5) 서사 연습 방식은 임모사 세 가지가 포함된다. 세 가지 서사 방식은 주체자 모사, 직접 글체에서 모양에 따라 서사하는 것이고. 다음은 공심자 묘모, 다음은 보면서 임모, 실체자를 따라 직접 공백 구궁격에서 모사한다.

3. 방안내용

본 방안은 모두 17개 단원이고 글자 특성에 근거하여 11개 영역(category)으로 나누어지고 ① 물건(object)은 4개 단원 ② 가구(Furniture)는 1개 단원 ③ 신체부위(body)는 2 개 단원 ④ 교통공구(Vehicle)는 1단원 ⑤ 동물(animal)은 3단원 ⑥ 인물(people)은 1단원 ⑦ 재무(Finance)는 1단원 ⑧ 감정(Feeling)은 1단원 ⑨ 언어(language)는 1단원 ⑩ 숫자(number)는 1단원 ⑪ 공간(space)1단원이 포함된다. 만약 구상(objective)과 추상(abstratine)으로 나누어지면 구상은 13단원, 추상은 4단원이 된다. 1단원은 교학 연습으로 사용되고 그래서 구체와 추상의 비율은 3:1이고 구상이 추상보다 많다. 서법 서사 내용과 교학 순서는 CD에 첨부돼 있다.

4. 교학 과정

본 방안 교학 과정과 시간 분배는 작가(민85)서법 교학 방안과 같다. 사전정좌: 호흡연습, 실체모사: 교학자 해석, 피실험자가 모양대로 모사, 본 대고 쓰기: 피실험자가 공심자 모사, 임사: 피실험자가 공백 구궁격의 실체자를 임사, 사후정좌: 호흡 연습 등 각항의 설명을 특별히 첨부했다. 아래 표와 같다.

표 7-4 서법 영문 교학 방안 시간분배 적요표

1	2	3	4	5
사전정좌	실체모사	본대고 쓰기	임사	사후정좌
눈 감고 1분 눈 뜨고 2분	매자 3분 3자 9분	매자 3분 3자 9분	매자 3분 3자 9분	눈 감고 1분 눈 뜨고 2분
호흡 연습	교학자해설 피실험자 모양대로 모사	피실험자 공심자 모사	피실험자 공백구궁격 실체자임사	호흡연습

매 단원 교학과정은 서법 교학 방안 양식과 필요한 교학 공구와 같다. 「CUP」을 예로 들어 실제 교학 순서를 아래와 같이 설명한다.

(1) 연습 전 우선 피실험자에게 눈뜨고 1분 정좌 후 눈 감고 2분 정좌하고 심호흡 연습하도록 한다. (먼저 흡기 후 호기, 매번 각 5초)

주의: 여기서 말하는 정좌는 치료법으로 삼는 것이 아니고 서사 전 학생의 마음과 행위를 안정시키는 처리 순서일 뿐이다. 처리 효과가 서법 교학에서 왔는지 정좌에서 왔는지 잘 모르는 사람은 의아할 것이다. 만약 정심 순서

로 사용하면 오해를 피할 수 있을 것이다.

(2) 교학자가 피 실험자에게 「이 교실에서 우리가 써야할 글은 [CUP]이예요. [CUP]이란 뜻은 컵이에요.」라고 말한다.

(3) 교학자가 전서와 비슷한 시범자 영문상형자 [CUP]을 짚으면서 말한다. 「친구들, 이 글자가 뭐처럼 보여요. 무엇이랑 닮았죠?」(통상 어린이들은 컵 닮았다고 답한다. 답이 맞으면 교학자가 「정답이에요.」라고 말하고 아무도 답하지 않으면 「교학자는 이것의 모양이 컵 같지 않아요?」라고 다시 말한다.)

(4) 이어서 교학자는 먼저 전서를 닮은 영문상형자 [CUP]의 서법을 시범하고 위의 반원형을 첫 획으로 왼쪽 세로획이 그 다음이고 오른쪽 세로가 세 번째고 컵 밑 부분 한 획은 네 번째고 5획은 반원형 아래의 횡획을 쓰고 마지막 위에서 왼쪽으로 굽히면서 컵 손잡이를 그린다. 수실험자에게 손들고 공중에서 한 번 천천히 쓰게 하고 서사 과정에서 필순에 따라 「1」「2」「3」「4」「5」「6」을 말하게 한다.

(5) 시범 글 완성 후 피 실험자가 본 대고 한 번 쓰도록 하고 획수마다 화순을 말하게 하고 시간은 2분 피실험자가 미리 완성하면 방해하지 않도록 심호흡을 시킨다. (시간은 길지 않다.)

(6) 본 대고 쓰기 완성 후 시범자 순서에 따라 임사 1번 필획마다 필순 말하고 시간은 3분 피실험자에게 「시간은 많으니까 천천히 쓰세요.」라고 말하고 미리 완성하면 방해하지 않도록 심호흡을 시킨다.

(7) 교학자가 [CUP]을 시범한 후 영문해서의 서법을 시범한다. 왼쪽 첫 알파벳 C 두 번째는 U를 쓰고 세 번째는 P의 세로획, 마지막으로 P의 두 번째 획을 쓴다. 피실험자에게 손을 들고 공중에서 한 번 천천히 쓰도록 한다. 서사과정에서 필순에 따라 「1」「2」「3」「4」라고 말하게 한다.

(8) 시범 글 완성 후 본 대고 한 번 쓰고 나서 필획마다 필순을 말하고 시간은 2분 미리 완성하면 방해하지 않도록 심호흡을 시킨다. (시간은 길지 않다.)

(9) 본 대고 완성 후 임사 한 번 하고 필순마다 획순을 말하고 시간은 3분 교학자는 반드시 「시간은 많으니까 천천히 쓰세요.」라고 말하고 미리 완성하면 방해하지 않도록 심호흡을 시킨다.

(10) 이어서 영문초서 [CUP]자의 서법을 시범한다. 먼저 첫 획 C자. 다음 U의 좌편 l을 쓰고 세 번째는 우편 위로 올리고 네 번째는 p의 세로획 마지막은 p의 오른쪽과 닮은 아라비아 「2」처럼 생긴 획을 쓰고 피실험자가 손들고 공중에서 천천히 한 번 쓰도록 하고 순서에 따라 「1」「2」「3」「4」「5」를 말하게 한다.

(11) 시범 글 완성 후 본 대고 쓰기 한 번 하고 획수마다 필순을 말하게 하고 시간은 2분 피실험자가 미리 완성하면 방해하지 않도록 심호흡을 시킨다. (시간은 길지 않다.)

(12) 본 대고 쓰기 완성 후 임사 한 번 하고 필순마다 획순을 말하고 시간은 3분 교학자는 반드시 「시간은 많으니까 천천히 쓰세요.」라고 말하고 미리 완성하면 방해하지 않도록 심호흡을

시킨다.

(13) 연습 후 피실험자에게 사전 정좌방법으로 눈 감고 정좌 2분 후 눈 뜨고 정좌 2분 피실험자에게 심호흡 연습을 하도록 한다. (먼저 흡기 후 호기 매번 각 5초)

(14) 단원 끝 교학자가 피실험자를 지도해서 서사공구를 정리 청결히 하든지 조수에게 협조를 요청한다.

5. 연구건의

본 방안은 앞에서와 같이 작가가 1998년 국제 심리학자 협회 오스트레일리아 멜버른에서 거행한 제 56회 연회에서 「서법 치료의 이론과 추세」라는 연구회를 강의하고 세미나에 참석한 국외 학자들이 참고로 사용할 수 있게 제공하는 것이다. 당시 세미나에 참가한 외국 학자들은 본 방안의 설계에 대해 모두 특별히 놀라고 큰 관심을 기울였다(장재명 민87). 다만 실제 정서 처리나 행위 학생처리 효과에 대한 실제 응용은 현재 작가가 실증 연구를 진행하지 않았다. 그것의 효과는 동호자가 공동으로 더 깊이 연구할 것이 기대되고 이에 관한 문제는 제 10장의 미래 전망부분에서 건의를 제출할 것이다.

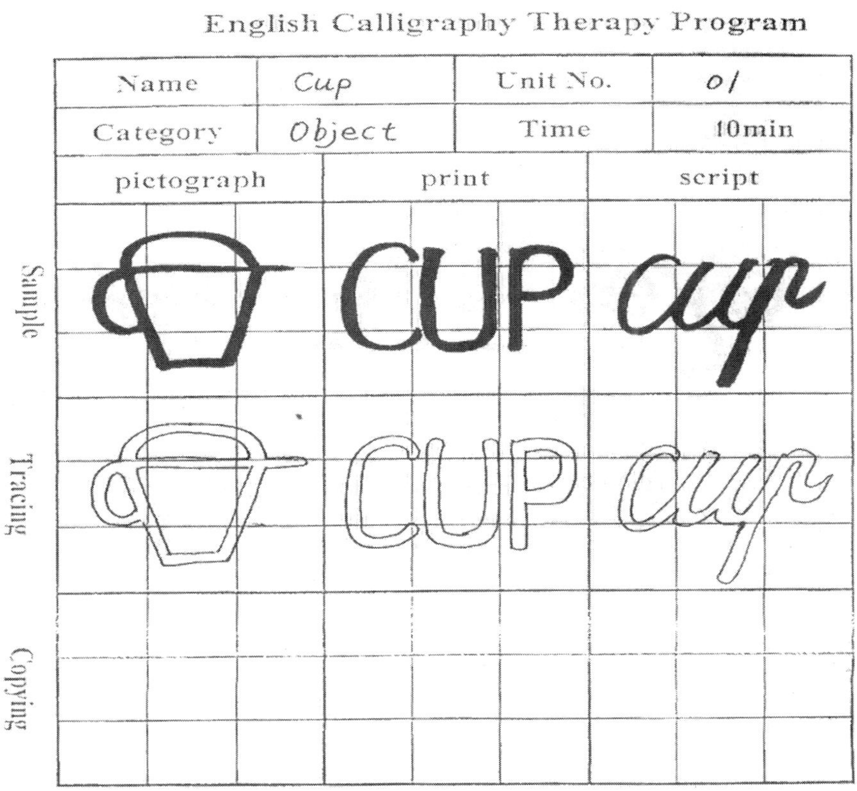

[그림15] 영문서법교학방안 교학단원실례 ~「cup」

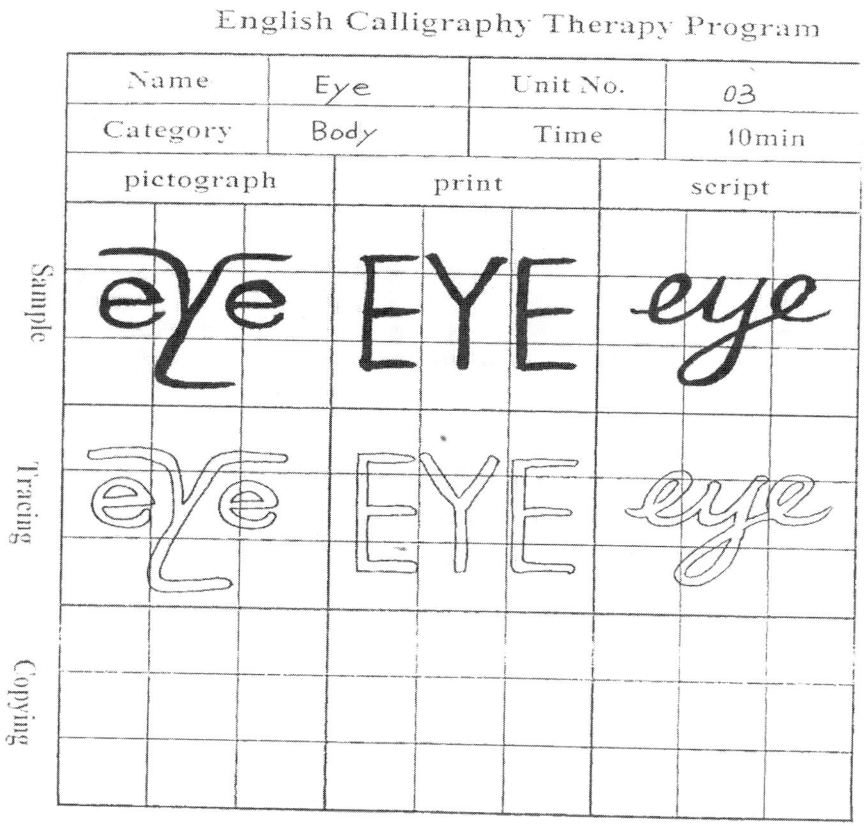

English Calligraphy Therapy Program

Name	Eye	Unit No.	03
Category	Body	Time	10min

	pictograph	print	script
Sample	eye	EYE	eye
Tracing	eye	EYE	eye
Copying			

[그림16] 영문서법교학방안 교학단원실례 ~「eye」

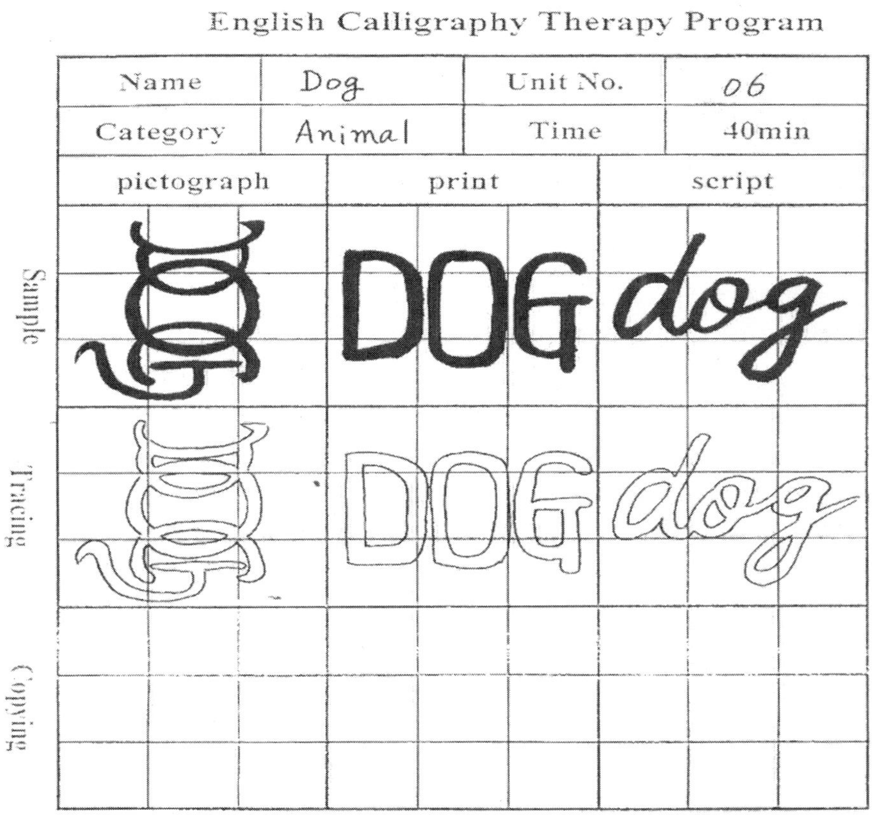

[그림17] 영문서법교학방안 교학단원실례 ~ 「dog」

제 8 장

서법 녹색화 방안

「녹」은 대지의 원색이며 「녹색」은 사람에게 안정, 진정, 평온한 심리반응을 준다. 녹색 식물은 생명이 있기 때문에 사람에게 각종 영향을 공급하고 사람에게 친화적인 감각을 준다. 하지만 인구의 급증과 도시화에 따라 녹지는 한조각 조각씩 높은 빌딩으로 덮여지고 낮은 지면은 대조가 되거나 시멘트로 덮여졌다. 도시인들은 자연을 갈망하여 기회가 있으면 휴가를 이용해서 유람지에 관광을 간다. 도시에 처신하는 사람들도 인공적인 교묘배치를 통해 건축물 내외에 더 많은 녹색화 배치를 해서 온도를 조절하고 소음방지해서 환경 미화를 바란다. 본 방안은 실증성 연구요구에 근거하여 두 가지 다른 방식으로 설계해서 각각 단체식 서법 녹색화 방안과 개별식 서법 녹색화 방안으로 명명해서 아래에 각각 설명한다.

제 1절 단체식 서법 녹색화 방안

1. 설계의 이론 기초

녹화방안 설계이론 기초는 녹화 예술의 공능, 녹화 예술의 유형과 녹화예술의 연구 면에서 각각 토론한다.

(1) 녹화 예술의 공능 : 녹색 식물은 환경정화, 인체보건 공능이 있다. 환경정화 면에서 건축물 내외 환경개선, 공기정화 공능이 있고 특히 녹색 식물은 여과 작용으로 먼지를 식물 잎에 흡수 시켜서 공기 오염을 방지할 수 있다. 또 수분함량수토 유지하고 공기 조절을 할 수 있다. 도시 중 차량 소음에 처하면 사람이 쉽게 피곤하고 머리가 아프다. 실내외에서 녹색 식물을 심으면 소음을 낮출 수 있고 인체 건강에도 좋다. 그 다음에 녹색 식물은 관상도 할 수 있다. 빌딩, 주택, 실내외에 관상식물을 심으면 건축물의 메마른 감각을 유연하게 할 수 있고 시각의 스트레스도 감소시킬 수 있다. 사람들이 꽃, 나무를 심는 것은 눈으로 즐기고 마음을 즐겁게 하고 심성을 곱게 하고, 심령을 정화시키기 위한 것이다. 가정 내 녹화는 하루의 피로를 완화시키고 직장 환경 녹화는 긴장된 정신을 풀 수 있기 때문이다. 풍부한 건축 표현 면에서는 건축의 표현력을 주로 내외공간과 형상 특징에 준다. 녹색화하면 건축물의 표현력을 더 풍부화시킨다.

(2) 녹화예술의 유형 : 녹화예술의 유형은 식물의 분류와 녹화 형식에 근거하여 귀납한다. 우선 식물의 분류로 말하면 환경 녹화에 응용된 식물은 종류가 많다. 식물 외형의 차이로 나눈다면 ① 교목 ② 관목 ③ 등류 ④ 죽류 ⑤ 화훼, 장식에 많이 사용 ⑥ 잔디, 지면을 덮는데 사용으로 나뉜다. 식물의 녹화 형식으로 나누면 ① 자연식 녹화 : 식목이나 초화를 심거나 식물의 원형 자태를 취하고 인공장식이 들어있지 않아 자연미가 있고 마치 자연의 일부분처럼 가끔 사람들에게 어지럽다는 느낌도 준다. ② 규칙식 녹화 : 평면에서나 입체 중 식물이 기하형태를 나타내고 인공수정을 통해 식물이 규칙, 질서 감을 나타내고 각종 조형동물 경관으로도 조각한다. 사람들에게 딱딱한 감을 준다.

③ 혼합식 녹화 : 앞 두 종의 녹화 방법을 겸용해서 두 가지의 좋은 점을 동시에 가지고 있다.

(3) 녹화 예술의 연구: 서법 필획은 점, 선, 면의 구성이 있고, 구조는 소밀, 승양, 주종 관계가 요구되고 작품 전체가 장법 공간 배치 등등이 요구된다. 환경 녹화의 형태도 이와 같이 수목, 화훼, 잔디 등 모두 점, 선, 면 세종 형식이 존재한다. 한 그루의 나무, 한 송이의 꽃만으로도 한 개의 시점이 된다. 전체 환경 구조의 중점이 될 수 있고 사람의 시각 중심, 휴식 공간에도 친근하면서도 여유로움을 준다. 선 형태로 나타나는 식물은 흔히 볼 수 있는 것이 나무벽, 나무 울타리, 연속적인 점식 녹화와 드리워진 등유 식물도 선 모양을 나타낼 수 있다. 선 모양의 녹화는 더 강한 공간의 통합 분리 효과가 있다. 직선 녹화는 역동과 속도감이 있어 사람에게 긴박감을 가져다준다. 곡선 녹화는 여유로운 자율감을 주고 면 형태로 존재하는 녹화는 가장 보편적인 것이다. 예를 들어 잔디, 화단, 넝쿨 등 면적이 클수록 사람에게 전달되는 감각도 크고, 인상도 깊다.

2. 설계원칙

본 방안의 설계 원칙은 과거에 자편한 서법교학처리방안(진정견, 민85), 서법학습지도방안(임병무, 민 85)을 참고해서 서법 서사와 한자 시작 공간의 특성을 이용해서 문헌 연구를 통해 학습생활에 부적응 학생에게 이들에게 맞는 교학 양식에 적합하게 전통 서법 서사과정과 내용을 설계하고 개변시켜서 글자체 녹화 활동의 실제 조작을 첨부하여 서법 서사의 내함을 더 깊고 넓게 해서 학생 주의력을 양성시키는 목적으로 설계한 것이다. 과거의 서법 심리치료가 특수아동의 주의력을 향상시키는 것과 관련된 연구를 종합해서 서법 방안의 경험을 편사해서 그것을 서체의 재미있는 녹화활동설계에 응용해서 학생주의력을 향상시킨다. 설계원칙은 아래와 같다.

(1) 안전원칙(재료는 위험성이 없다) : 본 방안은 서법 용품 외에 사용되는 녹화재료와 간단한 공구를 두류, 초류 등 아주 쉽게 얻을 수 있는 것이며 위험성이 없다

(2) 간이원칙(조작이 간단하고 쉽게 완성된다) : 흔히 볼 수 있는 간단하고 식물과 관련된 문자를 주제로 삼아 녹화 과정을 쉽게 완성시킬 수 있다.

(3) 연관원칙(문자와 활동내용 결합) : 문자의 시각 인상을 생명현상이 있는 녹색식물로 녹색화하고 조형하는 것은 학생의 생명존중, 생명을 돌보는 습성을 양성시키는 것이다. 본 방안이 사용하는 문자는 : 豆, 果, 苗 등등이다.

(4) 흥미원칙(주제 취미성) : 학생 스스로 같지 않는 서체 작품을 서사하는 것을 통해 자신이 좋아하는 서체 형태를 선택해서 같지 않는 조형 녹화 재질의 서법 녹화 시각 감각을 전환시켜서 신선감도 있고 흥미도 있다. 서법 학습의 흥미를 높일 수 있다.

(5) 점진원칙(필획을 간단에서 복잡, 먼저 서사 후 녹화) : 붓으로 서사하는 것을 빌려서 서법필획, 구조의 특징, 점・선・면 구성의 관계를 체험하고 인식한다.

3. 방안내용

녹화 활동의 설계, 문자 필획, 가로•세로•즉각성 조작 회귀의 주의에서 1~2주 식물 성장에 대한 장기 관찰 주의 까지 포함한다. 서사 활동 부분은 고상인(민75)의 서법 실험 표준정서를 참고해서 간단하고 익숙한 해서에서 비교적 생소한 전서까지 학생 흥미를 유발시킨다. 지도방안의 구조를 아래 도표가 지시한 것처럼 귀납한다.

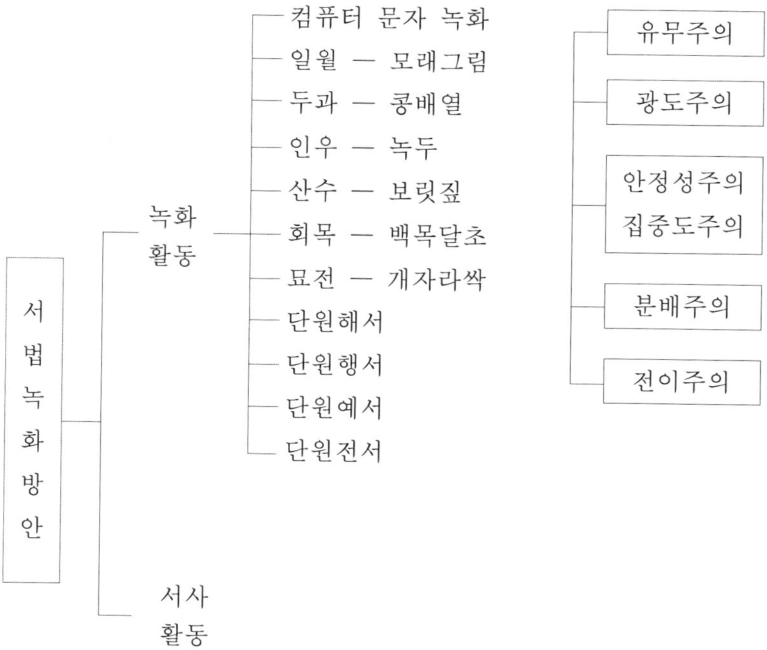

[그림18] 서법 녹화 활동 방안 설계 구조도

이 구조도에 근거하여 본 방안은 모두 16개 단원이 설계되고 매주 2단원, 매 단원 40분, 모두 8주간 실시한다. 처음 난신과 마지막 종결 외에 서법 서사 단원 주제를 중심으로 서법 서사와 주제 심상을 빌려 다른 서법 녹화 소재를 첨부해서 교재를 더 풍부화시켜 학습동기를 향상시킨다.

내용 개요는 표 8-1에서 열거한다.

표 8-1 서법 녹화 방안 내용 개요

차례	활동명칭	시간	활동항목	차례	활동명칭	시간	활동항목
1	내가 누군지 알아 맞춰봐	40분	난신활동	9	녹화주제4: 花, 木	40분	서법서사 활동
2	녹미화 고수 -소선녀	40분	상황유도 활동	10	백목달초의 녹화	40분	서법녹화 활동
3	녹화주제1: 日, 月.	40분	서법서사 활동	11	녹화주제5: 人, 牛	40분	서법서사 활동
4	모래그림의 녹화	40분	서법녹화 활동	12	녹두 녹화	40분	서법녹화 활동
5	녹화주제2: 豆, 果.	40분	서법서사 활동	13	녹화주제6: 田, 苗	40분	서법녹화 활동
6	콩배열의 녹화	40분	서법녹화 활동	14	개자라의 녹화	40분	서법녹화 활동
7	녹화주제3: 山, 水.	40분	서법서사 활동	15	즐거운 꼬마 원예사	40분	녹화확장 활동
8	보리짚의 녹화	40분	서법녹화 활동	16	회귀와 즐거움 나누어 누리기	40분	종결활동

4. 치료과정

본 방안은 16단원 주제에 근거하여 활동 목표, 활동 방식, 활동 기구, 활동정서, 시간분배와 교학활동 순서에 따라 처리 유정을 하나하나 서술한다. 지면의 제한 관계로 단지 1단원 「내가 누군지 알아 맞춰봐.」를 선택한 것은 난신활동에 속하고, 2단원 「녹미화 고수 - 소선녀」는 멀티 컴퓨터 CD의 회화효과에 속하는 것이며 서법 녹화 작품을 소개하고, 15단원 「즐거운 꼬마 원예사」는 서법 녹화 표현 검토와 일상 생활응용을 귀납적으로 탐구하는 것이고, 16단원 「회귀와 즐거움 나누어 누리기」는 본 방안 종결 후 작품 감상과 공감하는 것이고, 제 3단원~14단원의 과정은 제3, 제4 단원과 비슷하기에 다만 제1, 제2, 제3, 제4, 제15, 제16 등 단원활동을 소개하고, 나머지는 CD의 자료를 참고로 하세요.

[단원번호 1] 첫 주 첫 교시; 활동명칭 : 내가 누군지 알아 맞춰봐

1. 활동목표

(1) 구성원의 단체 참여 취미로 인도
(2) 단체 활동을 통해 구성원들이 서로 알게 한다.
(3) 단체 진행 방식, 활동내용과 규칙을 이해하고 지킨다.
(4) 구성원이 서법 녹화를 배우려는 취미와 의향을 유발시킨다.

2. 활동방식

(1) 강술 : 본 활동방안 각 항 내용소개
(2) 게임 : 화목 인식 게임을 통해 상호 인식
(3) 실례 설명 : 문자그림, 작품 감상 설명
(4) 경험나누기 : 본인 생활 속에서 봤던 녹화에 관한 실례
(5) 귀납성 설명 : 구성원 자신의 느낌을 즐긴 후 귀납설명

3. 활동기구

포스터, 종이, 도화지, 영사기, 영사프로그램

4. 활동순서와 시간분배

(1) 진행사회(3분)
(2) 상호인사(15분)
(3) 16차 활동 내용 개요와 단체 규칙을 설명(5분)
(4) 서법 녹화 영상 내용 감상. 경험한 서법 녹화 실례 발표(7분)
(5) 자신이 가장 좋아하는 문자 녹화 감상, 토론(10분)

5. 교학 활동 순서

(1) 각 구성원에게 도화지(10 X 10㎝) 나누어 주고 구성원에게 사인펜으로 자신의 이름을 쓰도록 한다. 뒷면은 교원에서 흔히 볼 수 있는 아이들이 가장 좋아하고 자신을 대표할 수 있는 화목을 쓰도록 한다. 구성원이 자신소개와 자신이 가장 좋아하는 화목을 소개한 후 교학자가 종이를 거두고 뒷면의 화목 명칭을 펼치면 참여자가 자신이 쓴 화목 이름을 말하게 한다. 누구의 기억력이 가장 좋은지 보고 구성원 이름을 알아맞히게 한다.

(2) 중국 문자는 도상식의 상형문자로부터 시작한 것이며 교사가 투사한 이런 작품들은 어린이들이 고대의 상형문자를 근거하여 만든 문자그림이다. 이 문자 그림 중에서 본인이 아는 한자를 골라서 감상하고 토론한다.

(3) 교사가 투사한 쌍동화원, 서호리조트, 중앙대학, 가의대학, 서라용, 문사녹정 등 여섯 그림의 해설 소개를 통해 참여자가 자신이 가장 좋아하는 그림을 고르게 하여 원인을 설명하게 한다.

(4) 교사가 투사해서 나타난 도안이나 문자 녹화 실례 중에서 자신이 가장 좋아하는 실례를 찾아 이유를 설명한다.

[단원번호 2] 첫 주 2교시; 활동명칭 : 녹미화 고수 - 소선녀

1. 활동목표

(1) 멀티 컴퓨터 CD의 회화 효과를 통해 서법 녹화 작품을 무작위 제작해서 구성원이 서법 녹화 방안의 감상과 인식을 유발한다.

(2) 마우스를 자유롭게 조작하고 자신이 찾고 싶은 작품을 검색한다.

(3) 컴퓨터 모의 문자 녹화 활동을 통해 간단 서법 녹화 과정을 이해한다.

(4) 서법 녹화 활동에 대한 취미 유발.

2. 활동방식

(1) 컴퓨터조작 : 컴퓨터 작업 환경을 익숙한 과정을 통해 멀티를 운용해서 학습취미를 유발시킨다.

(2) 작품 감상 : 실물의 근, 경, 잎, 꽃, 과와 다양한 종류를 이해해서 서법 녹화의 취미를 유발한다.

(3) 실례 설명 : 장미꽃으로 「생일축하」작품을 장식하면서 설명한다.

(4) 강술 지도 : 어떻게 「다다필」CD의 칼라 회화 원지부분에 들어가고 어떻게 자료를 검색하는지 지도한다.

(5) 실제 느낌 : 자신의 서사 경험을 통해 자신이 가장 관심 있는 작품을 말한다.

3. 활동기구

컴퓨터 교실, 컴퓨터, 「다다필 삼림유원지」CD룸CD(기본 정보

통신출판 486이상 개인컴퓨터에 적용)

4. 활동순서와 시간분배

(1) 간이 컴퓨터 인터넷 접속 방법 설명(5분)
(2) 「다다필」주소검색과 접속방법을 소개(5분)
(3) 칼라회화 원지 주제에 들어가는 방법을 설명하고 권장한다(7분)
(4) 구성원이 선녀봉으로 설계녹화 작품을 자유 창작하게 지도한다(15분)
(5) 작품 감상 : 자신의 작품에 대한 느낌을 말하게 한다(8분)

5. 교학 활동 순서

(1) 간이 컴퓨터 접속 설명(생략)
(2) 「다다필」창으로 들어가면 초록색이 가득한 삼림 낙원에서 먼 곳은 청산기복, 가까운 곳은 흘러가는 물소리와 개구리 소리가 들리고, 화면의 몇 가지 귀여운 동물들은 때때로 사람들과 인사한다. 우리가 들어갈 곳은 다람쥐의 그림 세계다. 화폭에서 사용되는 것은 선녀가 사용한 선녀봉이고 선녀봉을 사용해서 자유자재로 문자 녹화가 필요한 화목을 선택해서 녹화해야 할 주제를 진행한다.
(3) 해설 시범 후 참여자 스스로 조작하도록 시도하고 자신의 서법 녹화 작품을 그린다.
(4) 「다다필」칼라 회화 단원에서 선녀봉으로 그린 서법 녹화 작품 중에서 자신이 가장 만족하는 작품을 뽑아서 기타 구성원과 함께 즐거움을 나눈다.

숙제 : 서법 녹화 활동 인식

반 : ________ 번호 : ________ 성명 : ________

일시 : ________ 년 ________ 월 ________ 일

1. 서법 녹화 활동에서 아래 어떤 서법 용품들이 사용되나요?

(1) 붓 (2) 종이 (3) 연대 (4) 먹물 (5) 붓받침 (6) 먹 (7) 시범대본

2. 서법 녹화 진행전 어떤 준비를 해야 하나요?

(1)________________________________

(2)________________________________

(3)________________________________

(4)________________________________

3. 서법 용품 외에 어떤 꽃과 식물로 서법 녹화 활동을 할 수 있나요?

예) 팥, 콩, ______, ______, ______, ______, ______, ______,

______, ______, ______, ______, ______, ______.

[단원번호 3] 제 2주 1교시; 활동명칭 : 녹화주제1. 「日」, 「月」

1. 활동목표

(1) 서법서사 활동 시 집중 태도 키우기
(2) 「日」, 「月」두 글자의 상징의미 이해
(3) 「日」, 「月」두 글자 필획 서사와 구조 배치
(4) 필획 운필의 쾌만 동작 이용해서 호흡방법 배합해서 심신 푸는 효과

2. 활동방식

(1) 자아감각 : 묵가는 것과 정좌 방법을 통해 양호한 서사 환경을 만든다.
(2) 강술설명 : 4종 글체의 필획특징과 필획을 일일이 설명
(3) 서사연습 : 교사시범과 피실험자 실제 연습 포함
(4) 귀납설명 : 「日」, 「月」의 상징의미

3. 활동기구

대해붓, 영사지(연습 및 시범용), 먹과 먹물, 라계연,
칠판(60cm X 80cm)

4. 활동순서

(1) 3분간 「먹 갈기」활동(3분)
(2) 정좌 및 호흡(3분)
(3) 내용 해설, 필순익힘(7분)
(4) 녹화 자체 「日」, 「月」의 서사(24분)

(5) 서사 완성 후 서사 공구의 지도(3분)

5. 서사활동 순서

(1) 「日」, 「月」해서 시범(3분) 연습(3분)
(2) 「日」, 「月」예서 시범(3분) 연습(3분)
(3) 「日」, 「月」전서 시범(3분) 연습(3분)
(4) 「日」, 「月」행서 시범(3분) 연습(3분)

숙제 : 반대말 찾기
반 : ________ 번호 : ________ 성명 : ____________ 일시 : ________ 년 ________ 월 ________ 일
「日」, 「月」은 우리와 가까운 행성이다. 모든 녹색식물이 광합작용을 하려면 햇빛이 필요하다. 그것은 각각 낮과 밤을 대표한다. 이런 대응 관계에 근거하여 다음 각 글의 대응자를 찾고 대응단어를 생각한다.(필요시 뜻 해석) 예) 高 ---[低] 南 ---[ ] 天 ---[ ] 女 ---[ ] 手 ---[ ] 陰 ---[ ] 黑 ---[ ]

[단원번호 4] 제 2주 2교시; 활동명칭 : 모래 그림 녹화

1. 활동목표

(1) 서법자형의 본 대고 쓰기를 통해 구성원이 녹화자형 필획 구조를 파악하게 한다.
(2) 모래의 색깔과 배경 대비를 이해해서 자형 녹화 효과를 얻는다.
(3) 모래 배치와 색깔 선택을 통해 자형 녹화 효과를 이해한다.
(4) 서법 녹화 활동에 대한 흥미를 유발한다.

2. 활동방식

(1) 공동 감상 : 구성원이 찾아낸 반대 단어를 나누어 즐긴다.
(2) 투사영상 감상 : 서법 녹화 실례 감상
(3) 실례 설명 : 서법 녹화 실례 설명
(4) 강술 지도 : 서법 자형 본대고 쓰기와 녹화 방법
(5) 실제 감각 : 자신 작품에 대한 느낌을 즐긴다.

3. 활동기구

칼라모래, 풀, 종이, 투사기

4. 활동순서

(1) 자신이 좋아하는 「日」, 「月」주제에 관한 서체를 즐긴다.(5분)
(2) 서법 녹화 실례를 소개 감상(5분)
(3) 서법 자형 본대고 쓰기 방법 설명과 실작(5분)
(4) 서법 자형 녹화 방법 설명과 실작(5분)

(5) 종이와 모래의 칼라를 바꿔서 다른 시각 감각을 느낀다.(8분)
(6) 자신의 작품의 느낌을 말한다(5분)

5. 교학 활동 순서

(1) 구성원이 위에서 속한 4종 서체를 선택, 비교해서 기타 구성원과 나누어 즐기며 좋은 이유를 설명한다.
(2) 교학자가 검호산의 녹화 주제를 소개하고 그 중에는 조형 닭의 그림과 투사 영상이 있다.「검호산」세 글자의 녹화 효과의 조형 그림과 투사 영상이 있다.
(3) 교학자가 우선 본 대고 쓰는 의미를 소개하고 서법을 시범하고 참여자에게 대고 쓰는 종이를 나누어주고 참여자에게「日」,「月」을 본 대고 쓰게 한다.
(4) 교학자가 참여자에게 칼라 모래를 주고 앞에서 본 대고 쓴「日」,「月」두 글자의 서체 표본을 따라 모래 그림 녹화 실작을 연습 하도록 한다.
(5) 모래 그림 녹화 완성 후 모래 색깔 변화를 인도해서 시각 효과를 느끼도록 한다.
(6) 마지막 학생이 자신의 작품에 대해 스스로 평가하고 서로 평가한다.

숙제)- 학교 내의 서법 녹화 화목을 조사해서 명명하고 어떤 배치에 맞는지 어떤 효과를 얻을 수 있는지를 생각하며 아래 도표 완성

<교원 화목 조사표>

반 : ________ 번호 : ________ 성명 : ____________

일시 : ________ 년 ________ 월 ________ 일

번호	화목명칭	서식처	꽃색	잎색
1				
2				
3				
4				
5				
6				
7				
8				
9				

[단원번호 15]　제 8주 1교시; 활동명칭 : 즐거운 꼬마원예사

1. 활동목표

(1) 서법 녹화의 의미와 목적 연구
(2) 인상 깊은 심상 단어
(3) 적합한 실물을 이용해서 마음속의 심상 단어를 녹화식으로 표현
(4) 일상생활 중 가지치기와 화목 돌보기를 배운다.

2. 활동방식

(1) 공동즐김 : 구성원의 숙제와 서사 경험
(2) 실례설명 : 서법녹화 실례 설명
(3) 강술지도 : 서법자형 본 대고 쓰기와 서사활동
(4) 실제감각 : 자신작품의 느낌을 즐긴다

3. 활동기구

해서용 모필, 영인지(연습 및 시험용), 먹과 먹물, 벼루, 녹화공구재료

4. 활동순서

(1) 녹화를 추구하는 의의와 목적(5분)
(2) 호필을 이용해서 자신이 쓰고자 하는 단어 심상을 쓴다.(5분)
(3) 자신의 심상단어 중 식물로 만들 단어를 생각(8분)
(4) 자신이 선택한 식물을 이용해 녹화 단어 만듦.(15분)
(5) 자기 작품 설명(7분)

5. 교학 활동 순서(제 8주 1교시)

(1) 녹화의의와 목적 설명

(2) 자신의 심상 단어 모필로 쓰기

(3) 모필로 쓴 글씨가 마를 때 까지 기다림 식물 옆에 둠.

(4) 자신이 선택한 식물을 이용해 자신의 심상을 녹화한다.

(5) 작품 완성 후 자신의 작품 감각을 설명

<table>
<tr><td>숙　제 : 서 법 녹 화</td></tr>
<tr><td>반 : __________　번호 : __________　성명 : ______________
일시 : __________ 년 __________ 월 __________ 일</td></tr>
<tr><td>서법 녹화 작품은 문자가 생명, 생장, 또래 친구와의 기록관찰과 마음 및 기르는 것, 미관 등에 주의. 8주간의 서법 녹화 활동이 경과되면 당신은 매우 좋은 심성의 서법이 쓰게 되겠지요?

1.당신의 신체 상황은 어떻습니까?
(1) ______________________________
(2) ______________________________
(3) ______________________________

2. 서법 녹화 활동 중 주의사항은 어떤 것이 있나요?
(1) ______________________________
(2) ______________________________
(3) ______________________________
(4) ______________________________
(5) ______________________________</td></tr>
</table>

[단원번호 16] 제 8주 2교시; 활동명칭 : 감상나누기

1. 활동목표

(1) 작품전시

(2) 작품성과 감상

(3) 녹화 심상 실천 변화

(4) 서법 녹화 활동에 대해 즐기고 쓰는 방법 변화

2. 활동방식

(1) 경험 나누기 : 서로의 작품 제작 경험 나누기

(2) 작품 감상 : 상호 작품 감상

(3) 실례 설명 : 서법 녹화 실례 설명

(4) 강술 지도 : 서법 글자 형과 녹화의 방법

(5) 실제 감각 : 자신의 작품에 대한 감각을 나누기

3. 활동기구 : 투영기 (슬라이드)

4. 활동순서

(1) 자신이 가장 만족하는 녹화작품 감상(5분)

(2) 작품 전시 감상(10분)

(3) 다른 사람 것을 칭찬(15분)

(4) 활동 회귀 조사표(5분)

(5) 종결느낌(5분)

5. 교학 활동 순서(제 8주 2교시)

(1) 자신이 가장 만족한 녹화 작품의 특징과 창조한 과정을 소개한다.

(2) 설명 후 서로 감상

(3) 구성원에게 붓과 종이를 주고 다른 사람 작품을 평가하고 다 쓴 후 준다.

(4) 활동 회귀 조사표

(5) 종결느낌

서법녹화 활동 회귀 조사표

반 : __________ 번호 : __________ 성명 : ______________

일시 : __________ 년 __________ 월 __________ 일

1. 모래그림 녹화	□매우 흥미있다	□매우 재미있다	□매우 예쁘다	□소감이 없다
2. 콩배열 녹화	□매우 흥미있다	□매우 재미있다	□매우 예쁘다	□소감이 없다
3. 보리짚의 녹화	□매우 흥미있다	□매우 재미있다	□매우 예쁘다	□소감이 없다
4. 백모달초 녹화	□매우 흥미있다	□매우 재미있다	□매우 예쁘다	□소감이 없다
5. 녹두 녹화	□매우 흥미있다	□매우 재미있다	□매우 예쁘다	□소감이 없다
6. 개자라 녹화	□매우 흥미있다	□매우 재미있다	□매우 예쁘다	□소감이 없다

오른쪽 얼굴에 눈과 입을 그려서 서법 녹화 활동 소감을 대표한다.

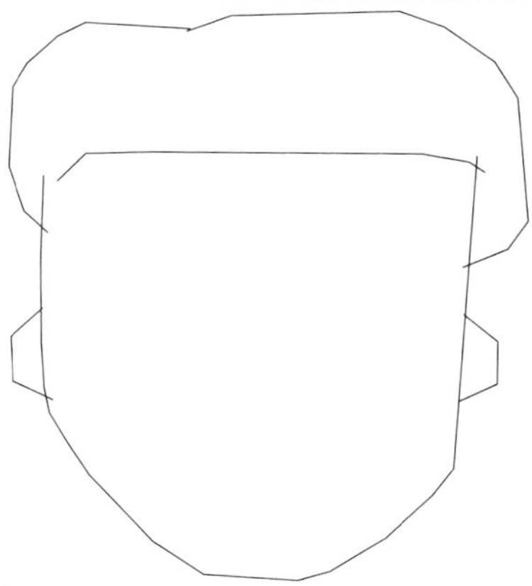

5. 연구결과

본 연구는 초등학교 저성취학생 주의력 증진 효과에 응용한 연구이며(진정견, 임병무. 민91) 연구결과는 아래와 같이 적용한다.

(1) 연구대상 : 본 연구의 실험 대상은 운림현 모 초등학교 중학년 보통 반 학생 127명을 표본 모군체로 삼았다. 우선 89년도 상반기 국어 학업 성적이 백분등급 30이하 38명 학생을 선발하여 교사들에게 이 학생들의 「학습특질검핵표」를 작성하게하고 지력, 감관, 건강, 정서, 환경 등 뿌리요소 때문에 학습 성적이 저하한 7명 학생을 선별했다. 위 요소를 제외 후 남은 31명 저성취학생 중 무작위 표본추출 24명, 무작위 저성취 실험조와 통제조 각 12인으로 나누어 실험대상으로 삼았다.

(2) 연구변항 : ① 본 연구 자변항은 단체식 서법녹화 방안의 교학 활동이고 ② 본 연구의 변항은 ㉠ 분리성, 자동성, 지속성, 주의력 개선 효과 ㉡ 서체를 좋아하는 정도 개인 상황 ③학습 행위 개선 상황이다.

(3) 연구설계 : 본 연구는 「등조 전후 측 설계」실험법을 사용해서 진행한다.

X는 저성취 실험조이며 본 실험방안을 접수한다. C는 저성취 통제조이며 어떤 실험처리도 접수하지 않는다. 모든 학생은 「다향도 주의력 측정」을 전측정으로 삼고 임시사건과 성숙요소를 조절한다.

(4) 연구 공구 : 본 연구가 사용하는 공구는 서법 녹화 방안 외에 평량 공구로도 사용한다. ① 주태글 등(민 82) 편찬한 「다

양도 주의력 측험」 ② 진정견이 편찬한 「서법심향측정」(진정견, 채명부. 민86) ③ 연구자 스스로 편찬한 (진정견, 임병무. 민91) 「학습행위 반응 설문」

(5) 연구결과 : ① 전체적으로 서법 녹화 방안은 저성취도 학생 주의력에 대해 분명한 개선효과를 미쳤다. 저성취 학생은 「다향도 주의력 측정」 3개의 분측정 중 분리성, 자동성, 지속성 등항의 주의력 계산은 가장 선명하고 선택성과 전이성 주의력에는 개선효과가 있지만 현저한 수준은 아니다. ② 서법 녹화 교학 방안 중 해서, 행서, 예서, 전서 등 4종 서체의 소개와 서사는 저 학년생에게 서체를 완전히 익히는 데는 분명한 개선이 되지 않았다. ③ 관찰, 숙제, 방문 자료 분석을 통해 서법 녹화 교학 방안을 저성취학생의 학습취미와 의향을 일으켜서 주의력 양성 등에는 효과가 있었다. 담임 선생님이 학생의 학습 행위 반응에 대해서는 긍정태도를 가지고 있었다.

[그림19] 녹화모양 실경사진

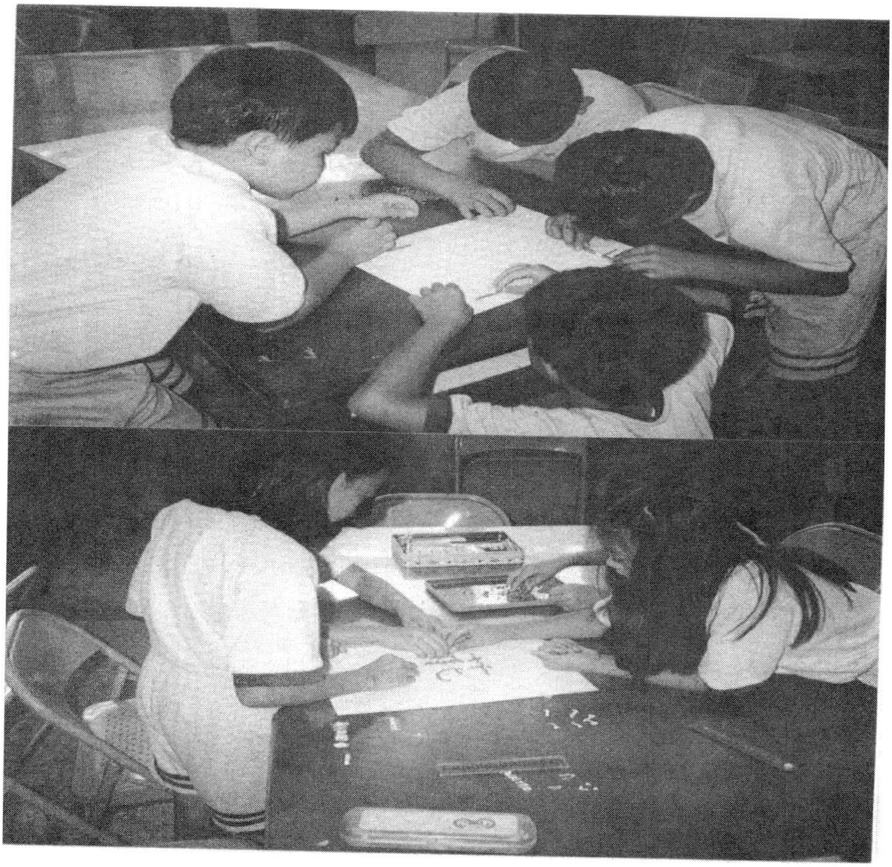

[그림20] 단체서법 녹화방안 실작사진

[그림21] 단체녹화방안 녹화작품사진

제 2절 개별식 서법 녹화 방안

단체식 서법 녹화방안 실험 연구 후 교학 과정과 실제작업에서 피실험자의 요구에 부합하지 않은 것이 있다는 것이 발견되었다. 특히 숙제면에서 실험연구자가 관찰할 수 없는 상황이고 녹화 활동 면에서는 활동과정이 지나치게 번잡하기 때문에 시간조절 면에서 원래보다 많이 걸렸다. 그래서 단체식 서법 녹화 방안을 위주로 한층 더 개별식 서법 녹화 방안을 설계해서 고등학생 취업반 경중도 개지반 학생 실험 교학을 진행하게 하였다. (국과회 전문 주제 연구 방안) 본 방안의 주요내용은 현저설계 이론 기초, 설계 원칙, 방안내용, 치료과정, 연구 발현 등 다섯 부분으로 나누어 아래와 같이 서술한다.

1. 설계이론 기초

단체식 녹화 방안 중 이미 녹화 예술의 공능과 유형을 토론했지만 그중에 콩류와 관련된 식물 녹화는 언급하지 않았다. 그래서 본 방안은 콩류를 실제 녹화에서 설계재료로 삼는 것이다. 콩과와 콩류식물은 일상 속에서 흔히 볼 수 있는 식물이고 장점은 화본과 식물과 비견할 수 있는 것이고 각종 콩류 야채, 콩류 제품은 시장에서 흔히 볼 수 있다. 콩류 식물이 원예와 관상 면에서 아주 중요한 위치를 차지하고 있다. 유명한 봉황목, 아백락, 참등 및 각종 자귀나무 등은 모두 본과 식물 중 뛰어난 존재다. 콩과 식물은 목초와 비료로써 중요한 역할을 담당하고 있고, 의학상에서도 치료효과가 있다(정원춘, 민75). 아래는 콩류의 특성과 종류별 및 녹화 효과면에서 연구한 것이다.

(1) 콩류의 의미와 특성 : 콩류 식물은 식물학상 분류와 농작물의 분류가 있다. 식물학상 분류는 화본과 식물; 콩과식물, 백합과 식물로 나누어지고, 농작물상 분류는 식용작물, 공예작물, 비료 및 사료 작물로 나누어진다. 콩류작물은 식용작물 하에 차급종류에 속한다(노영권, 민83). 「콩과작물」은 모든 수확과 열매맺기 목적으로 재배한 작물에 속한다. 콩류식물은 공예 면에서 아래의 주요 몇 항으로 나누어진다. ① 씨앗과 열매는 건조 후 장기보존 ② 뿌리가 깊어 대량 수분을 흡수할 수 있어 가뭄을 이겨낼 수 있다. ③ 생육이 짧다(반사소, 민69). 일반적으로 작물 재배 조건은 온도, 빛, 물, 흙, 양분이 포함되지만 콩류는 습한 지면에서도 생존할 수 있다. 흙과 양분이 없어도 단기 녹화 효과를 얻을 수 있다.

(2) 콩류의 종류별 : 반사소(민69)가 콩과작물이 분류상에서 접형화과에 속한다는 것에 근거하여 실용면에서 두후류와 두소류 두 종류로 나누어진다. 흔히 볼 수 있는 것은 완두속(Pisum)의 완두, 작두속(Vicia)의 작두, 강낭콩(Phaseolus)의 강낭콩, 대두속(Glycine)의 대두, 낙화생속(Arachis)의 땅콩 및 홍두속(Vigna)의 팥과 녹두이다. 그중 대두는 다시 풋콩, 누런콩, 검은콩, 푸른콩으로 나눈다. 본 방안은 편리하게 각류대두, 땅콩, 팥, 녹두, 옥수수를 녹화재료로 삼았다.

(3) 두류녹화 효과 : 녹화 식물이 가장 좋은 효과를 얻을 수 있는지는 식물의 형태, 나무, 색깔, 냄새, 질감, 계절현상(맹아, 신록, 개화, 홍엽, 낙엽, 결과), 수세(성장도, 맹아성, 이식 난이

도)의 영향을 받는다(新田伸三 원작 허천수, 임준관 번역. 민74). 녹화효과는 물리(physical)효과와 심리(mental)효과로 나누어 물리효과는 기후조절, 공기정화, 소음방지, 방풍방재 등의 효과가 포함되고 주로 물리 환경과 재해방재 기능을 조절한다. 심리 효과는 사람의 오감이 녹색을 접촉할 때 심리상 생긴 느낌효과를 말하는 것이다. 특히 우울한 기분을 편안히 전환시키는 편안감과 녹색에 대한 감동, 일종의 활력(Vitality)의 유발, 인성을 회복하는 효력이 있다(新田伸三 원작 허천수, 임준관 번역. 민74). 유완위, 임안주(민87)는 식목이 우울한 정서를 감환시키는 효과를 연구한 결과 우울함을 감환시키는 효과는 남녀노소를 불문하고 상당히 현저하다. 하지만 그는 단지 실외에 식목해서 관찰자의 스트레스 상태효과를 파악했는데, 실내에서도 많이 활동하기 때문에 실내의 녹화가 관건일 수 있다고 건의한다. 콩류 녹화활동은 아마 실내녹화에 더 합당한 재료일 수 있다는 것이 본 방안 설계의 가장 설득력있는 지지점이다. 이 외에 구성령(민87)도 식목공간요소의 정서체험에 대한 영향을 연구한 결과는 식목 공간 중 식목공간유형, 지반의 경사도, 지반의 파상은 피실험자의 즐거운 친절, 당황, 안정, 여유로움, 공포, 긴장 등 각종 정서체험 정도에 영향을 줄 수 있다. 이런 연구 결과에 관해 콩 심는 서법 활동 때의 공간 배치를 반드시 고려해야 한다.

2. 설계원칙

(1) 서체 선택 원칙 : 본 방안이 선택한 서체는 전, 예, 해, 행 4종류이고, 주로 자체를 학생 지각 경험과 연결해서 2중초서가 원래 글보다 변화가 커서 학생 경험으로는 쉽게 받아들일 수 없어서 선택하지 않았다. 이 외에 활동 진행 시간을 배합해서 서

체 해설 모사, 임사를 서사 교학 내용으로 삼아 녹화 콩심기 활동시 선택한 서체는 전서, 예서, 행초 각 2글자이며, 활동시간을 조절하기 위해 콩심기 활동을 직접 진행할 수 있도록 교학자가 미리 글자를 선택해서 조각하고 새긴다.

(2) 서체의 배열 원칙 : 서체 서사 활동은 아래 원칙대로 배열한다.

① 글자체는 학생 생활 경험으로 가까운 곳부터 먼 곳까지 순서대로 배열한다.

② 글자형 필획에 따라 적은 것부터 많은 것으로 배열한다.

③ 서체 발전은 학생 경험으로 해서 예서, 전서, 행서로 배열한다.

④ 서법 학습은 먼저 해설하고 시범한 후 학생이 임사한다.

3. 방안내용

본 방안은 8개 단원으로 나누고 16단원으로 상세히 나눈다. 즉 한 개 단원 중에 2개의 소단원이 있고 작은 단원마다 시간은 40분이고 내용은 아래와 같다.

번호	활동명칭	시간	활동항목	번호	활동명칭	시간	활동항목
01	자아인식	40분	서사전예해행 「名字」 2자 4체서	02	천구유명	40분	해서로 「字」자형으로 팥심기 녹화 활동
03	산수전정	40분	서사전예해행 「山水」 2자 4체서	04	산중전기	40분	전서로 「山」자형으로 녹두심기 녹화활동
05	일월정화	40분	서사전예해행 「日月」 2자 4체서	06	수중로월	40분	예서로 「月」자형으로 녹두심기 녹화활동
07	상견여빈	40분	서사전예해행 「目木」 2자 4체서	08	이화접목	40분	해서로 「木」자형으로 대두 심기 녹화활동
09	두과동견	40분	서사전예해행 「豆羊」 2자 4체서	10	석과근존	40분	해서로 「果」자형으로 옥수수 심기 녹화활동
11	우양동조	40분	서사전예해행 「牛羊」 2자 4체서	12	길상여의	40분	전서로 「苗」자형으로 완두콩 심기 녹화활동
13	묘전생기	40분	서사전예해행 「苗田」 2자 4체서	14	알묘조장	40분	예서로 「苗」자형으로 완두콩 심기 녹화활동
15	도미화향	40분	서사전예해행 「米禾」 2자 4체서	16	흘미지가	40분	행서로 「米」자형 쌀알 심기 녹화활동

4. 치료과정

본 방안의 치료과정은 일정한 규칙이 있다. 주로 서법 교학 방안과 단체식 서법 녹화 방안을 근거로 하여 개편해서 편찬한 것이다. 교학 양식은 한 개의 큰 단원 위주로 아래는 「산중전정」 「산중전기」 두 단원을 예로 들어 설명한다.

[단원번호 03] 제 2주 제 1절 1교시; 활동시간 40분, 활동주제 : 서사 「山」「水」

1. 활동목표

(1) 서법 서사 활동시 집중 태도를 기른다.
(2) 「山」「水」가 상징한 의미를 이해한다.
(3) 「山」「水」 두 글자 4체 서법의 서사와 구조 배치를 이해한다.
(4) 필획 운필의 쾌만 동작을 이용하여 호흡 방법을 배합해서 심신의 긴장을 풀게 한다.

2. 활동방식

(1) 자아감각 : 서사와 정좌 방식을 통해 양호한 서사 환경을 만든다.
(2) 강설설명 : 4자체의 필획 특징과 필획에 대해 일일이 설명한다.
(3) 서사연습 : 교사 시범 후 피실험자의 실제 연습
(4) 어의설명 : 「山」「水」가 상징하는 의미를 설명한다.

3. 활동기구

중형 대해 붓 서법 연습지(연습 및 시범용), 먹과 먹물, 라게연, 칠판

4. 실시순서

(1) 3분간 「먹갈기」활동 (3분)
(2) 정화 및 호흡 (3분)
(3) 내용 해설 및 필순 반복 익힘 (7분)

(4)「山」「水」두 글자를 녹화 (24분)

(5) 서사 완성 후 학생들에게 서사공구정리지도 (3분)

5. 교학 활동 순서

(1)「山」「水」두 글자 해서 시범 3분, 서사 3분

(2)「山」「水」두 글자 예서 시범 3분, 서사 3분

(3)「山」「水」두 글자 전서 시범 3분, 서사 3분

(4)「山」「水」두 글자 행서 시범 3분, 서사 3분

[단원번호 4] 제 2주 2교시; 활동 명칭 : 산중전기

1. 활동목표

(1) 서법 글자형에 대한 서사 경험을 통해 구성원이 글자형 녹화 시도

(2) 녹두 색과 배경을 대비해서 나타난 글자형 녹화의 효과를 이해한다.

(3) 녹두 심기 경험을 통해 녹화 효과를 이해한다.

(4) 서법 녹화 활동 취미 유발

2. 활동방식

(1) 학습자와 함께 앞 단원 서사 경험을 즐긴다.

(2) 실례 설명 : 서법 녹화 실례 설명

(3) 강설지도 : 서법 글자형 녹화 방법

(4) 실제감각 : 자신 작품에 대한 느낌을 즐긴다.

3. 활동기구

녹두 1포, A4 용지에 새겨진 전서 글자형, 솜 1포, 접시 한 개, 작은 물통 1개

4. 교학 활동 과정

(1) 학습자와 함께 자신이 두 글자 「山」「水」를 쓸 때의 체험과 낙을 즐긴다. (3분)

(2) 솜을 꺼내 접시에 깔고 물을 부어 적신다. (5분)

(3) 미리 준비해둔 새겨진 글자형을 학습자에게 나누어주고 조

심스럽게 솜 위에 평평히 깐다.(필요시 교학자의 도움을 받는다) (5분)

(4) 또 다른 빈 접시에 준비된 녹두를 담고 학습자에게 나눠준 후 새겨진 글형에 따라 콩 심기를 진행한다. (20분)

(5) 전체 글자에 녹두를 다 심은 후 새겨진 A4 용지를 살살 떼서 고정 위치에 둔다. (4분)

(6) 자신의 작품에 대한 느낌을 말한다. (3분)

5. 연구 발견

본 연구는 고직 경도 지능 장애 학생의 주의력 증진 효과 연구에 응용하며(진정견 민92a) 단일 피 실험에서 피 실험설계 연구를 거쳐서 이미 초보 연구 성과를 얻었다. 연구 성과는 아래와 같이 적용한다.

(1) 연구대상 : 본 연구가 선택한 실험대상은 국립 민웅 농공 2학년 종합 2갑반 학생 15명을 표본 모군체로 삼은 것이다. 우선 학교 특수 교육 팀장이 학생 학습 기본 자료를 제공하고 지체 장애와 청각 중도 장애 학생 등 기타 장애가 있는 학생은 제외하고 위씨 지력 측정의 부호로 분 측정과 종합 심리 인지능력 병식의 시각 검색 분 측정을 찾아서 세 명의 주의력에서 명확히 장애가 있는 학생을 선별해서 실험 연구 대상으로 삼는다.

(2) 연구 변항

① 본 연구 주변항은 개별식 서법 녹화 방안의 교학 활동이다.

② 본 연구 부변항 : ㉠ 주의력 개선효과 ㉡ 수업 비집중 행위 개선 상황

③ 본 연구는 단일 피 실험 다기선에서 피 실험 설계를 거쳐서 12주간 실천한다. 1주에 4개 교학 단원 활동이다. 단원

활동마다 40분의 주의력 행위 관찰 자료점과 주의력 측정이 있다.

④ 연구 공구 : ㉠ 주의력 행위 관찰 기록표 ㉡ 도형 변동 실험 ㉢ 글자형 변별 선정 실험 ㉣ 주의력 변동 실험 ㉤ 서법 소믹과 크기 실험

⑤ 연구 발견 : ㉠ 교실 주의력 행위는 순간적인 효과는 있지만 유지 효과는 없다.

㉡ 도형 변동능력은 분명히 증진했고 양호한 유지효과도 있다.

㉢ 글자형 변별 설정 능력은 증진효과와 유지효과도 있다.

㉣ 주의력 변동 실험은 실험 단계에서 분명한 증진효과도 있고 유지 효과도 있다.

㉤ 서법 소일과 크기는 느슨한 것에서부터 조밀한 것으로 향한다(전정견. 민92a).

[그림22] 개별서법녹화방안 서법교학부분 학생작품실례 1

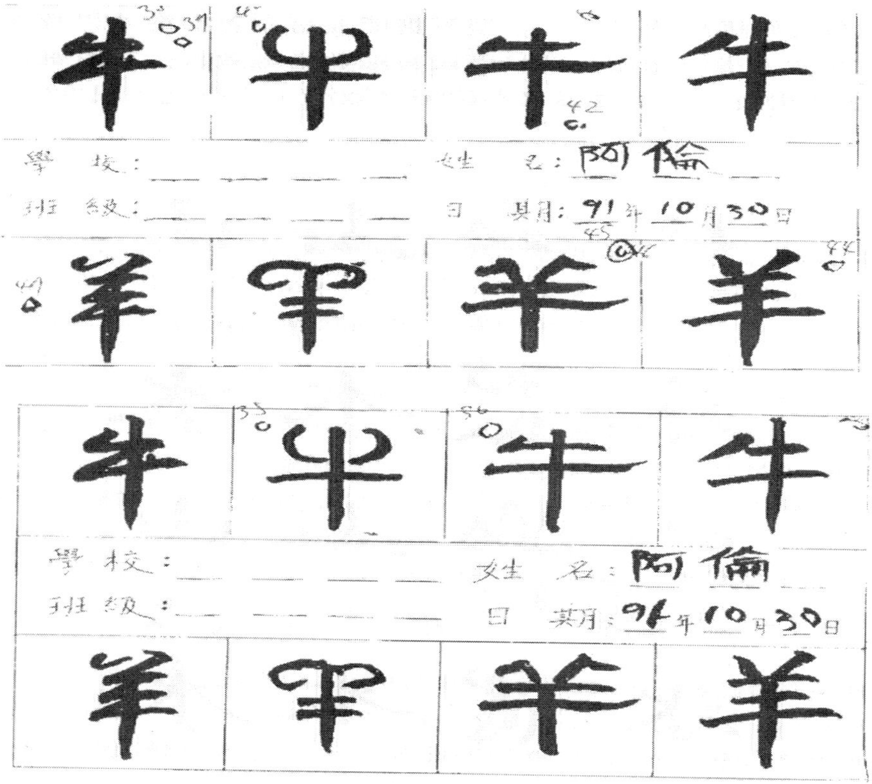

[그림23] 개별서법녹화방안 녹화교학부분 학생작품실례 2

[그림24] 개별서법녹화방안 녹화교학부분 학생작품실례 1

[그림25] 개별서법녹화방안 서법교학부분 학생작품실례 2

제 9 장

서법 공예 치료 방안

서법 공예 치료 방안은 주로 미술 공예의 활동 개념이 파생된 서법 치료 활동 설계 개념을 배합한 것이다. 제 8장은 녹화 활동을 해서 각종 방안을 진행한 것이고 본 방안은 조각 새기기와 오려붙이기, 끼워 맞추기의 교학 활동으로 설계한 것이다. 아래는 2종 방안으로 나누어서 각각 설명한다. 첫 방안은 「서법 새기기 방안」으로 칭하고 두 번째 방안은 「서법 퍼즐 방안」으로 칭한다.

제 1절 서법 새기기 방안

1. 설계의 이론 근거

중국 서법은 상당한 실용성과 예술성이 갖춰져 있고 지면상에 서사하는 것 외에 다른 재료에 다른 표현방식으로 서법의 풍모를 표현할 수 있다. 예를 들면 목재로 푯말을 제작, 대나무 재료로 시구를 조각하고 금속으로 금문 제작 석재로 석고문 및 각종 도장 새김, 비석 비문, 현재에는 압력으로 건물 간판 제작, 전조각 휘장에 축하말 쓰기이다. 서법 조각 예술 역사는 상당히 오래되어 현재 출토유물 중에 기적된 것은 신석기 말기까지 거슬

러 올라간다. 사용된 재료는 매우 풍부하다. 옥, 돌, 상아, 죽편, 목판, 견과 등 각종 재료의 운용을 예로 들면 매우 아름답고 풍부하다고 말할 수 있다. 역사 기록에 보면 수 만년 인류가 남긴 조각 조형은 중국이나 그리스나 이집트, 로마 등 지역에서도 현재 발견된 원시 예술은 바로 조각이다. 우리는 조각이 바로 최고로 오래된 예술이라 볼 수 있다. 중국 조기 사회는 귀신을 경중하기 때문에 많은 환상 속에 신수괴담이 생겨서 그것의 영향을 많이 받았다. 중국 서법의 조각식으로 남긴 골문자 소재의 작품은 대다수 실용과 장식성 및 추상적이고 형이상학적인 철학이 담겨져 있다. 단지 당시 서법 조각의 목적은 사건의 과정을 남기기 위한 것이거나 공덕을 찬양하는 용도였기 때문에 사용되는 재료는 내구성, 방부성이 강한 석재, 철재, 갑골 같은 종류를 재료로 삼았다. 서법 조각을 치료 소재로 삼는 것은 역사에 기록되지 않았다. 옥, 돌, 상아, 죽편, 목판, 견과 등이 재료로 이용되는 것 외에 소재가 비교적 유연한 석고, 마분지와 흙은 조각에 사용될 수 있다. 조각 예술의 기능은 환경을 미화하고 주제를 돌출시키는데 있고 목적은 조형을 미화시키고 수식 후에 작품이 시각언어상에서 더 풍부화 시키는 것이고 조각 예술의 유형에서 흔히 볼 수 있는 것은 목조와 석조다. 서법 자체 구성요소는 점, 선, 면 3도 공간의 배치가 있다. 그 중 전각 예술과 비각 예술은 가장 대표적이고, 중국 서체 서법 소재는 목재, 옥석, 청동기 위에 조각하는 것이다. 서법 비석 조각 예술이 가장 풍부하고 중국과 외국에 널리 알려진 지명은 서안 비림이 대표적이다. 본 방안은 전서 조각과 비석문 조각을 설계의 참고 소재로 설계한 것이다.

2. 설계원칙

본 방안의 설계 과정에서 주로 학생 요구를 고려해서 예리한 칼과 견고하고 단단한 기구를 사용해야 되기 때문에 아래에 다섯 개항 원칙을 고려해서 설계했다.

(1) 안전원칙 : 붓으로 먹을 묻혀서 서사하는 일반 느낌 외에 다원화 조각 창작 소재를 제공해서 다양한 상상공간을 준다. 하얀 종이에 검은 글씨를 쓰는 단조로운 인상을 없애고 직접 만드는 과정을 통해 적극적인 심상을 증진시키고 작품 완성 후의 성취감을 느낀다.

(2) 간이원칙 : 쉽고 간단하게 이해하는 한 단어를 쉽게 완성할 수 있는 재료에 조각해서 쉽게 성취감을 얻어 바로 보람을 느낄 수 있다.

(3) 연관원칙 : 본 방안은 행복, 미소, 환희, 낙관, 만족, 향상 등 적극적이고 긍정적인 단어를 심상의 궁극목표로 삼아 적극적인 정서 개념을 세운다. 자신이 완성한 작품으로 항상 더 깊게 자신을 깨우친다.

(4) 흥미원칙 : 학생 스스로 서사한 작품을 전환해서 다른 재료로 이용해서 다른 시각적인 느낌을 느낄 수 있게 하고 신선하고 취미성도 있어서 학습 동기를 증진시킨다.

(5) 점진원칙 : 붓 서사를 통해 서법 필획, 구조 특색, 점선면 구성관계를 체험하고 인식한다.

3. 방안내용

본 방안은 미래의 초등학교 보통반이나 특수 교육반 특수요구

학생의 요구에 적용시키기 위해 매 교시 40분 한 학기 서예반을 기본으로 해서 설계된다. 1학기 20주로 계산해서 시험, 개학, 종강 주를 빼고 실제 수업은 약 16주다. 하지만 실험시간 효율성을 고려해서 본 방안을 주로 두 단원 위주로 단원명칭은 표 9-1 처럼 일컫는다.

표 9-1 조각 방안 활동 단원 일람표

단원	활동명칭	시간	주요활동	단원	활동명칭	시간	주요활동
01	자신인식	40분	시필난신	02	서법비각	40분	비첩분재
03	습사의 쾌락	40분	서법교사	04	풀 조형 쾌락	40분	풀조형
05	서사 기쁨	40분	서법교사	06	도토기쁨	40분	도토조형
07	서사 즐거움	40분	서법교사	08	굽는 즐거움	40분	굽는조형
09	서사 편안함	40분	서법교사	10	석고 편안함	40분	석고조형
11	서사 상쾌함	40분	서법교사	12	목판 상쾌함	40분	목판조각
13	서사 양광	40분	서법교사	14	지판양광	40분	지판조각
15	서사 성공	40분	서법교사	16	감상성공	40분	작품감상

4. 실시순서

위 방안 단원 활동 중 자신 인식- 시필난신, 서법비각- 비첩분개 두 단원을 빼고는 모두 단독 단원이다. 3단원에서 15단원까지는「먼저 서법 서사 후 서사한 서법 자형을 다른 공예 활동 재료로 조각하는 것이다.」폰, 도토, 지장, 석고, 목판, 지판 등이 포함된다. 이런 재료를 선택한 이유는 재료를 손쉽게 구할 수 있고 비교적 안전적이고, 보편적이기 때문이다. 매 단원 모두 상세한 활동 내용과 순서가 있다. 5~15단원 실시 순서에서 선택된 글자형과 재료가 다른 것 빼고 나머지는 거의 같다. 1~4단원과 16단원을 소개해서 아래와 같이 진술하고 첨부된 CD의 서법 조각 방안 파일을 참고한다.

[단원번호 01] 제 1주 1교시 활동명칭 : 자신인식

1. 활동 목표

(1) 구성원의 활동 참여의지 유발
(2) 자신 소개를 통해 자신의 이름, 서사 방식이 여러 가지 임을 인식
(3) 구성원의 서법 조각 배움의 취미와 참여의지 유발

2. 활동 방식

(1) 강술 설명 : 본 활동 방안 주요 개요 내용은 도표에서 열거 소개한다.
(2) 인도 활동 : 자신의 이름 서사하며 활동을 시작한다.
(3) 실례 설명 : 전, 예, 해, 초의 이름을 서사로 서사 방식의 다양성을 이해한다.
(4) 경험 나누기 : 역대 비첩 투사 필름을 실례로 삼아 설명한다.
(5) 귀납 설명 : 학습자와 조각의 취미성을 나누어 즐긴다.
(6) 풀로 쾌락을 조형하는 기쁨을 나눈다.

3. 활동 공구

사인펜, 도화지, 투사기, 비첩투사 필름

4. 활동 순서와 시간 분배

(1) 본 활동 방안 주요 내용 소개(3분)
(2) 학습자가 전서로 자기 이름을 서사함으로써 조각 취미를 유발하고 서로 알리기도 한다. 우선 구성원이 서법 사전으로

자신의 전서체 이름을 찾아내고(기타 서체를 찾을 수도 있다.) 사인펜을 이용해서 도화지에 쓴다. 조각된 자신의 이름을 감상하며 즐거움을 느낀다.(20분)

(3) 중국 도장식 상형 문자에서부터 발전 시작되었다. 연대 발전에 따라 재질이 다른 것 외에 서체의 변화와 문자의 품격도 따라 변했다. 오래되고 가치 있는 작품들을 손상없이 보존할 수 있었던 것은 거의 선조들이 한 획 한 획 인내심을 갖고 조각 했기 때문이다. 선생님들이 이 작품들을 일일이 분류하고 나서 상세히 소개했다. 투사 필름에서 나타난 작품에 대해 즐기고 토론하도록 한다.(9분)

(4) 현대 사람은 다른 재질을 이용해 중국 문자의 특성을 응용해서 조각 방법으로 그것을 일상생활에 많이 응용했다. 선생님이 투사한 푯말, 인장, 휘장, 감탄, 학교 대문 이름 등 각각 서법 조각의 품격이 있다. 선생님의 해설 소개를 통해 자신이 가장 좋아하는 한 가지를 선택해서 원인을 설명하도록 지도한다.(8분)

[단원번호 02] 제 1주 제 2교시 활동명칭 : 서법비각

1. 활동목표

(1) 멀티 컴퓨터 CD효과로 옛날 사람들의 서법 조각의 성취도를 이해하고 구성원의 서법 조각 면에서 감상과 인상을 유발
(2) 자유롭게 마우스를 조작해서 자신이 필요한 작품을 검색
(3) 한 계열의 연도표를 보고 서체의 발전 변화 과정을 간단히 인식
(4) 서법 조각 활동에 대한 흥미유발

2. 활동방식

(1) 컴퓨터 조작 : 컴퓨터 작업 과정이 익숙하도록 설명하고, 멀티를 운용해서 학습 흥미 유발
(2) 작품 감상 : 서법 역사의 변화와 멀티 다양성 이해, 서체 조각의 흥미를 유발
(3) 신례 설명 : 서성 왕희지의 작품을 예로 들어 설명
(4) 강술지도 : 「한묵광화」CD의 연도표 주제 단원에 들어가는 방법, 자료 검색하는 방법을 지도한다.
(5) 실제느낌 : 자신의 서사 경험을 통해 자신이 가장 흥미로워하는 작품을 말한다.

3. 활동 기구

컴퓨터 교실, 컴퓨터 「한묵광화」CD-ROM CD(득의 통신회사 출판 486 이상 개인 컴퓨터 적용)

4. 활동 과정 및 시간 분배

(1) 간이 컴퓨터 접속 설명(5분)

(2) 우리가 「한묵광화」영도표 단원에 들어가면 마치 타임머신에 들어간 것과 같다. 머리를 들어 자세히 보면 온 벽에 빈틈없이 문자가 가득 적혀있다. 알고 보면 이 타임머신 벽에는 역대 서법가들의 불구한 서법 작품들이 조각되어 있다. 본인이 홍미있는 작품을 선택하면 전 작품과 상세설명을 볼 수 있다.(5분)

(3) 전 예 해 행 초 5체 서법을 소개하고 참여자에게 분별과 감상간의 차이를 인식하게 지도한다.(15분)

(4) 「한묵광화」연도표 단원 중에 동굴에서 역대 조각 작품을 전시하고 조각 방법을 가르친다. 나타난 서체 품격에서 자신이 가장 좋아하는 것을 선택해서 이유를 설명한다.(5분)

(5) 교학자가 참여자를 지도해서 아래 질문에 대답하도록 한다.(10분)

회귀 설문지 서법 조각 인식
반 ________ 번호 ________ 이름 ________ 일시 : ________ 년 ______ 월 ______ 일
아래 3문항에 대답하세요. 1. 오늘 「타임머신」 조작이 순조로웠나요? □ 매우 순조롭다 □ 그저 그렇다 □ 순조롭지 않았다. 2. 문자 조각의 용도가 무엇일까요? (1) (2) (3) 3. 어떤 재료들이 조각에 사용 되었나요? (1) (2) (3) (4) (5) (6) (7) 4. 서법은 어떤 자체가 있나요? (1) (2) (3) (4) (5) 5. 타임머신 중 당신이 무엇을 얻었나요? (1) (2) (3)

[단원번호 03] 제 2주 제 1교시 활동명칭 : 쓰기의 즐거움

1. 활동목표

(1) 서법활동 시 진심으로 임하는 태도
(2) 「쾌락」단어의 심상 갖기
(3) 「쾌락」이해, 두 글자의 4체 서법의 중요성과 결구의 안배
(4) 운필과 모필의 느림과 급한 동작 이해, 호흡 시 호기와 흡기의 신체이완 조절법

2. 활동 방식

(1) 자아감각 : 먹을 갈고 정좌방식, 서사의 좋은 환경
(2) 강술설명 : 네가지 글자체의 특징과 필획 설명
(3) 서사연습 : 교사의 시범과 학생의 실제 연습
(4) 귀납설명 : 「쾌락」에 대한 단어의 함의 설명

3. 활동 기구

해서용 모필, 영인지(연습 및 시범용), 먹과 먹물, 벼루, 시범용 서자판(60 ×80 백판)

4. 활동과정과 활동시간

(1) 진행 「먹 갈기」 활동 : 먹과 먹물, 벼루와 학생의 수가 맞지 않을 경우 벼루를 중심으로 원형으로 앉아 먹물을 사용한다.
(2) 정좌 : 먹을 다 간 다음 학생들은 호흡. 눈을 감고 고요한 마음을 갖고 앉는 활동
(3) 내용 설명과 진행주제 「쾌락」 두 글자를 쓴다.

학생들에게 4분 동안 먼저 백판위에 해서를 시범으로 보여준다. 참여자가 2분 동안 쓴다. 이 활동 이후 예서 → 전서 → 행서 · 합계 (24분)

(4) 서사 완성 후 학생들의 서사 공구 정리 (3분)

(5) 책상 위 서사공구 청결히 정리 후 학생과 공동평가, 자기가 쓴 가장 좋은 서체 혹은 가장 마음에 드는 글자를 선택한 후 학생들에게 다음 표를 완성하게 한다. (8분)

<table>
<tr><td colspan="2">「쾌락」 2자 서예 자아 평가서</td></tr>
<tr><td colspan="2">반 ____________ 번호 ____________ 이름 ____________
일시 : ____________ 년 ________ 월 ________ 일</td></tr>
<tr><td>가장 마음에 드는「쾌락」2자를
오려서 붙이기</td><td>가장 잘 썼다고 생각하는 이유</td></tr>
<tr><td></td><td>1.
2.
3.
4.
5.</td></tr>
</table>

[단원번호 04] 제 2주 제 2교시 활동명칭 : 풀 조형 쾌락

1. 활동목표

(1) 서법자형의 본 대고 쓰기를 통해 구성원이 조각자 형의 필획구조를 파악하게 한다.
(2) 풀 색깔의 대비로 나타난 글자형 조형 효과를 이해한다.
(3) 풀 짜기를 조절해서 글자형 조형 효과를 이해한다.
(4) 서법 조각 활동에 대한 흥미 유발

2. 활동 방식

(1) 경험나누기 : 「쾌락」단어의 서사와 생활느낌을 나누어 즐긴다.
(2) 서법 감상 : 고대 조각 문자 갑골문을 감상한다.
(3) 실례 설명 : 풀 조형 실작, 필획 시범
(4) 강술 지도 : 쾌락 두 글자를 풀로 조형하는 방법
(5) 실제 느낌 : 자신 작품의 느낌을 나누어 즐긴다.

3. 활동 기구

100g의 흰색 풀, 황색, 홍색, 청색 3색 광고물감, 16절지, 흰색도화지, 투사기

4. 활동과정과 활동시간

(1) 자신이 「쾌락」단어를 서사한 생활 경험을 즐긴다. 예를 들면 교학자가 생일 케이크에서 버터로 만든 조화장식과 「생일 쾌락(생일 축하)」이란 글자를 흔히 볼 수 있다라고 말한다. 칼라 풀로 이런 조각 효과를 완성하도록 구성원을 지도한다. 주제 심상 「쾌락」을 나누어 즐긴다. (5분)

(2) 서법 투사 필름 중 특색 「갑골문」의 유래와 특성을 소개하고 해설한다. 동물 뼈에 조각한 문자는 상주시대 것이며, 점치는데 사용되는 것이다. 후세들은 그것을 약재로 사용한다. (5분)

(3) 「쾌락」두 글자에 본 대고 쓰기법과 실제 조작법을 설명한다. 제 3단원에서 선택된 가장 아름다운 글자 「쾌락」을 테두리를 따라 글 형태의 구조를 파악하고 교학자가 참여자에게 풀로 필획의 굵기와 크기를 표현하는 방법을 가르친다. (5분)

(4) 풀을 이용해서 「쾌락」두 글자를 조형하는 방법과 여러 색상 표현이 조형 서법을 창조한다. (8분)

(5) 흰색 풀로 광고 칼라 풀을 섞어서 짜내는 방법으로 여러 색상 표현이 조형서법을 창조한다. (8분)

(6) 교학자 지도하에서 참여자는 자신 작품에 대한 느낌을 말하고 아래 도표로 느낌을 쓴다. (3~5항) (5분)

풀로 쾌락을 조형하는 기쁨을 나눈다.
반 ___________ 번호 ___________ 이름 ___________ 일시 : ___________ 년 _______ 월 _______ 일
아래 세 문항에 대답하세요. 1. 오늘 풀로 「쾌락」을 조형하는 것이 순조로웠습니까? □ 매우 순조로웠다 □ 그저 그렇다 □ 순조롭지 않았다 2. 풀의 용도는 또 뭐가 있을까요? 1. ___________________________ 2. ___________________________ 3. ___________________________ 3. 이 활동 중에서 어떤 즐거움이 있었나요? 1. ___________________________ 2. ___________________________ 3. ___________________________ 4. ___________________________

[단원번호 16] 제 8주 제 2절 활동명칭 : 자아감상

1. 활동목표

(1) 작품 전시
(2) 작품성과 기쁨 나눔
(3) 자아조각 심상실천
(4) 서법 조각 활동에 대한 취미 양성

2. 활동 방식

(1) 경험 나눔 : 공동 토론을 통해 자아격려와 생활 경험 나눔
(2) 작품 감상 : 교학자와 각종 조각 작품 나눔
(3) 실례 설명 : 자신 작품에 대한 느낌 제출

3. 활동 기구

전시판, 화이트보드, 광고판, 노트북 컴퓨터, 단총투사기

4. 활동 과정과 시간

(1) 교학자가 우선 전시판 2조각을 준비해서 참여자 작품을 붙이도록 하고 서법 서사 작품의 장점과 결점을 말하도록 한다. (15분)
(2) 교학자가 전시판 2개를 준비해서 참여자 모든 단원의 서법 조각 작품을 놓도록 하고 각종 조각 완성품에 대해 장점과 결점을 말하도록 지도한다. (15분)
(3) 교학자가 참여자를 지도해서 전체 서법 조각 작품에 대한 느낌을 말하도록 하고 다음 표를 이용해서 말하도록 한다.

(3~5항) (10분)

서법 조각 활동 중심의 회귀표
반 ____________ 번호 ____________ 이름 ____________ 일시 : ____________ 년 ________ 월 ________ 일
1. 모든 서법 연습 활동 중 내가 비교적 좋아하는 것은? □ 1.전부 좋아한다. □ 2.쾌락 □ 3.즐거움 □ 4.편안함 □ 5.기쁨 □ 6.양광 이유 : ______________________________ ______________________________ ______________________________ 2. 모든 서체 중 내가 비교적 좋아하는 것은? □ 1.모두 좋아한다 □ 2.풀조형 □ 3.굽기 □ 4.비누조각 □ 5.석고조각 □ 6.도토조각 이유 : ______________________________ ______________________________ ______________________________ 3. 내가 해본 조소 서법 활동가운데 비교적 좋았다고 생각 되는 것은? □ 1.전부 좋다. □ 2. 풀 작업 조소 □ 3. 소각 □ 4. 비누조소 □ 5.석고 조소 □ 6. 점토 조소 이유 : ______________________________ ______________________________ ______________________________

5. 연구대상

본 방안은 운림현 두육시 ○○초등학교와 합작해서 연구했으며 초등학교 6학년 학습 장애 학생과 주의력 장애 과동학생을 실험 대상으로 삼아 학생 주의력 증진과 부 집중 행위 개선으로의 변향으로 피 실험 다기선 단일 피 실험 설계를 거쳐 실험 연구를 진행했지만 아직 처리 단계라서 실험 결과는 없다. 미래는 실험 효과와 실험 과정에서 발견된 문제를 봐서 방안을 수정한 후 기타 장애 종류 학생의 처리 효과 실험까지 넓힌다.

제 2절 서법 퍼즐 방안

1. 설계 이론 기초

중국 서법의 조작 원칙은 육서원칙에 근거해서 온 것이다. 상형, 지시, 회의, 형성, 전주, 가차 등이 포함된다. 그 중 가장 원시적인 문자 기초는 앞 3개에 속한다. 그래서 문자가 없으면 서법은 근과 본이 없고 서법은 문자를 시각으로 전환시키는 일종의 부로 예술에 불과하다. 그래서 모든 문자 조작 원칙은 서법 표현 근거로 되는 것이다. 서법은 마땅히 우우임이 제출한 4원칙「①쉽게 인식 ②쉽게 쓰기 ③정확히 쓰기 ④보기 좋게 쓰기」이 있어야 한다. 이 4원칙은 비록 초서의 이론이지만 다른 서체에는「쉽게 인식」「정확히 쓰기」의 두 원칙도 모두 통한다. 글자의 구조 중 상형, 지시, 회의 모두 상징위주로 글자 형태는 단일한 부호이고 실용적인 문자 중에는 형성자가 가장 많다. 형성자는 변방, 부수, 부음, 부호로 조합해서 그것의 뜻을 상징하는 것도 있고 음을 상징하는 것도 있다. 그래서 끼워 맞춘 원리는 문자 구성의 기본 원칙이다. 지금 글 끼워 맞추는 과정은 더 많은 문자의 유래와 뜻을 이해하게 하고 서법 교육의 의미가 갖춰져 있다. 글 끼워 맞추는 과정 중에서 학습과 주의력 집중 능력을 증가 시킬 수 있다.

전통 서사 서법의 보조 규격 중에서「米」자형과「九宮」격을 가장 흔히 볼 수 있다. 왜냐하면 해서를 쓸 때는 한필 한 획을 써야하고 시종 분명하게 해야 하기 때문이다. 게다가 해서는 아래의 특색이 있다.

(1) 글자형은 의 방형과 정방형이다.

(2) 주요 행획을 예서처럼 제비 꼬리 방향을 향해 서사하는 것이 아니다.

(3) 절개 후 가는 격 중에도 모두 필획이 차지하고 있다. 해서가 이런 특징이 있기 때문에 「米」자격 「九宮」격은 모두 필획의 주요 보조 공구가 될 수 있다.

서법을 잘하려면 구조에 가장 큰 공을 들여야 한다. 구조는 대체적으로 방원하고 길고 납작하고 소밀하고 고르고 단정하고 대칭되고 고정된 특징이 있다. 그래서 끼워 맞추는 과정을 통해 학습자가 매자 간에 호응, 필획간의 연관성을 이해하게 한다. 심리학 중에는 학습 이전과 동화원리를 강조한다.

2. 설계원칙

본 방안은 서법 자형을 편제 재료로 삼아 설계상에서 아래 원칙을 고려한다.

(1) 골고루 대칭 원칙 : 매자 8~15 획간을 원칙삼아 「米」자형과 「九宮」격형에 맞춰 대칭 필요성을 고려해서 글자형 자체 구조가 될수록 방형이나 원형 방사형을 전제조건으로 삼는 것이 요구된다.

(2) 간이 원칙 : 본 치료 방안은 학습 장애나 학습 부진아를 처리 대상으로 삼는 것이라서 학습 내용이 간략하고 배우기 쉽게 고려해야 한다.

(3) 순서 원칙 : 본 치료 방안은 먼저 쓰고 다음 꿰어 맞추기를 하여 참여자가 서사 완료 후 교학자 지도하에서 쓴 글자를 「米」자형이나 「九宮」격의 선을 따라 오려 내어 참여자가 다시 완성된

글자형으로 끼워 맞춘다.

(4) 구상원칙 : 본 치료 방안이 선택한 글자를 모두 동물이나 자연 사물 위주로 참여자가 서사를 구성 사물과 연결할 수 있게 한다.

3. 방안내용

본 방안은 모두 20단원이고 5개 영역으로 나눠진다. 제 1종류 자형은 식물류자형 모두 4자, 제 2종류자형은 동물류자형 모두 4자, 제 3종류자형은 일상용품 모두 4자, 제 4종류자형은 자연현상류형 모두 4자, 제 5종류자형은 교통 수단류 모두 4자이다. 본 방안의 퍼즐은 두 가지 방식으로 설계되어 중국 고유 서사 방식에 근거하여 「米」자격과 「九宮」격을 절개 근거로 삼아 앞의 각 종류 글자형을 두 가지 방식 2 종류를 나누어지고 매 종류 2글자, 설계 내용은 표 9-2에 적용한 것과 같다.

표 9-2 서법퍼즐방안 단원활동 명칭일람표

번호	단원명칭	자형	종류	채용격식
01	瞎子摸象(할자모상)	象(상)	動物(동물)	米字格(미자격)
02	花花世界(화화세계)	化(화)	植物(식물)	九宮格(구궁격)
03	果然厲 害(과연려해)	果(과)	植物(식물)	米字格(미자격)
04	梅開二度(매개이도)	梅(매)	植物(식물)	九宮格(구궁격)
05	兩把刷子(양파쇄자)	刷(쇄)	日用品(일용품)	米字格(미자격)
06	狡兎三窟(교토삼굴)	兎(토)	動物(동물)	九宮格(구궁격)
07	孤假虎威(고가호위)	虎(호)	動物(동물)	九宮格(구궁격)
08	以步代車(이보대차)	步(보)	交通器材(교통기재)	九宮格(구궁격)
09	洛陽紙貴(낙양지귀)	紙(지)	日用品(일용품)	九宮格(구궁격)
10	飛龍在天(비룡재천)	龍(용)	動物(동물)	米字格(미자격)

11	踏破鐵鞋(답파철혜)	鞋(혜)	日用品(일용품)	九宮格(구궁격)
12	雪中送炭(설중송탄)	雪(설)	自然現象(자연현상)	米字格(미자격)
13	亂世佳人(절세가인)	瀑(폭)	自然現象(자연현상)	九宮格(구궁격)
14	一輪明月(일륜명월)	輪(윤)	交通器材(교통기재)	米字格(미자격)
15	一柱擎天(일주경천)	擎(경)	交通器材(교통기재)	九宮格(구궁격)
16	山嵐迷漫(산남미만)	嵐(남)	自然現象(자연현상)	九宮格(구궁격)
17	五雷轟항(오뢰굉항	雷(뢰)	自然現象(자연현상)	米字格(미자격)
18	借芭蕉扇(차파초선)	扇(선)	日用品(일용품)	米字格(미자격)
19	一粒種籽(일립종자)	籽(자)	植物(식물)	米字格(미자격)
20	馬到成功(마도성공)	馬(마)	交通器材(교통기재)	米字格(미자격)

4. 실험과정

본 방안의 실험 과정은 매 단원 40분, 주로 초등학교 중고학년 학생 주의력 문제를 처리 대상과 변항으로 삼는 것이다. 서법 퍼즐 방안이 사용한 글자는 CD 서법 퍼즐 방안 파일 참조. 이제 米자격(扇자)과 구궁격(虎자)을 각 한 개씩 아래 도표 표시처럼 예를 든다. 매 단원이 처리해야 할 순서는 모두 10개이며, 순서와 활동 내용은 아래와 같이 서술한다.

(1) 우선 교학자(혹은 치료자)가 사용해야 할 서사재료와 기구를 준비해두고 (2분)

(2) 교학자(혹은 치료자)가 참여자를 정좌 호흡 연습을 2분 하도록 지도한다.

(3) 정좌 심호흡 완료 후 교학자, 치료자가 매 단원명칭으로 단원 이야기를 해설한다. (매 단원 이야기는 모두 4자성어 이야기다.) (2분)

(4) 교학자(혹은 치료자)가 미리 준비해 둔 九宮격이나 米자격, 횡자를 꺼내 참여자에게 나눠주고 교학자(혹은 치료자)가 글자

의 의미를 해설하고 필순을 설명하고 서법을 시범한다. (2분)

(5) 참여자가 앞 글자 시범에 따라서 시범글 위에 모사 한번 한다. (2분)

(6) 모사 완성 후 본 대고 쓰기 한 번 (2분)

(7) 본 대고 쓰기 완성 후 시범 글 형식에 따라 임사 한 번 (2분)

(8) 임사 완성 후 치료자가 미리 준비해 둔 마분지 미자격이나 구궁격 퍼즐 글자를 꺼내 섞어서 치료자가 쓴 글자를 보고 참여자는 퍼즐을 끼워 맞춰서 완성한다. (3분)

(9) 참여자가 완성 후 교학자(혹은 치료자)는 긍정해주고 상을 준다. (1분)

(10) 현장정리 (2~3분)

과정 간략 표는 아래와 같다.

표 9-3 서법 퍼즐 방안 치료과정

순서	항목명칭	시간(분)
1	예비활동	2
2	정좌 호흡연습	2
3	단원이야기	3
4	시범글 해설	2
5	시범글 모사	2
6	본대고 쓰기	2
7	임사	2
8	글자 끼워 맞추기	2
9	긍정 상주기	1
10	마무리	3

현재 배우는 인지 능력을 다음 단계나 다음 영역의 학습 기초로 이전하는 것이다. 유화는 이 상황의 학습을 기타 같은 상황

으로 이전하는 것이다. 서법 퍼즐의 학습을 통해 기타 기하도형 자극, 미술 설계 등 상관 영역의 학습으로도 이전할 수 있는지도 시도해 볼만한 개념이다.

5. 연구결과

본 방안은 작가가 편찬해서 초등학생에 적용성과 처리 효과를 실증하기 위해 가의시 ○○ 초등학교 자원반 학생을 선택해서 실험 연구를 진행했다. 본 방안 연구목적, 연구대상, 연구 설계, 평정공구 연구결과에 대하여 아래와 같이 진술한다. 진정견(민926)

(1) 연구대상 : 본 연구가 선택한 연구 대상은 가의시 ○○초등학교 3학년 자원 교실에서 부분 시간 교학 지도를 받는 경도 지능 장애 학생 3명이다. 자원반 교사가 학생 학습 기본 자료를 제공해서 주대검 등이 편찬한 「다향도 주의력 측정」으로 주의력 부족을 측정해서 이들을 실험 연구 대상으로 삼았다.

(2) 연구 변향 : ① 본 연구자 변향은 퍼즐 방안의 교학 활동이다. ② 본 연구의 변향은 ㉠주의력 개선 효과 ㉡수업 부 집중 행위 개선 상황

(3) 연구 설계 : 본 연구는 단일 피실험에서 다기선 피실험을 거쳐 피실험 실험 설계 실험 실천은 모두 12주 매주 4개 교학 단원 활동이 있다. 매 단원 활동은 모두 40분의 주의력 행위 관찰 자료점이 있고, 도형변동, 자형변이 및 주의력 변동 측정을 실시하고 매 실험은 3분

(4) 연구 공구 : 작가가 자편한 ① 주의력 행위 관찰 기록표 ② 도형 변동 측정 ③ 자형 변이 측정 ④ 주의력 변동 측정이 4항 평량공구는 신도와 효도 실험을 진행한다.

(5) 연구 발견 : ① 교실 주의력 행위는 즉각적 처리 효과는 있었지만 양호한 유지 효과는 없었다. ②도형 변동 능력은 분명한 증진효과도 있고 양호한 유지 효과도 있었다. ③자형, 변선 능력은 분명한 증진효과와 유지효과도 있었다. ④ 주의력 변동 측정은 실험 단계에서 분명한 증진효과와 유지효과도 있었다(진정견 민 926).

이 결과와 개별식 서법 녹화 방안은 고직 경도 지능 부족 학생 주의력에 대한 처리 효과도 같다. 즉, 주의력 행위는 즉각성 처리 효과는 있지만 양호한 유지효과는 없다. 도형 변동 자형 변선 및 주의력 변동 측정에서는 증진 효과도 있고 양호한 유지 효과도 있다.

[그림26] 서법피즐방안 교학자 훈련사진

編號	17	類別	自然現象
單元名稱	五雷轟頂	拼圖型式	米字格
字元	雷	教學時間	40 分鐘

[그림27] 서법퍼즐방안 교학단원실례 ~ 米字格「雷」미자격 (뢰)

[그림28] 서법피즐방안 피즐교학실례 ~ 九宮格「兎」구궁격(토)

제 10 장

서법 치료 전망

본 방안은 과거의 서법이 생 심리반응의 실증 연구와 서법 치료의 연구 결과에 대하 종결해주고 현재 서법 치료 연구건의를 귀납해서 미래 서법 치료에 대해 전망을 제공하고 본서의 결론을 삼는다.

제 1절 서법 치료 연구 회귀

작가는 1997년 「서법 교학과 치료」(진정견 채명부 민 86)중에서 서법 치료를 위해 이상적인 설계를 제출했다. 주요 설계는

(1) 전문 인원 양성 : 기본 능력의 전문 훈련을 중시한다. 서법 지식의 충실 기본 서사 능력의 훈련과 감상 능력 양성이 포함되고 서법 치료 전문 훈련 내용에 대해 초보적 양식을 대강 묘사했다.

예를 들어 ① 서법 치료 방안의 편찬 능력 훈련
② 서법 임상 교학
③ 서법 기본 능력 훈련
④ 피실험 행위 관찰과 평량 훈련
⑤ 정서 관리 훈련 등

(2) 전문 장소 면에서도 한 개의 이상 공간을 설계하고 계획했다.

예를 들면 서법 치료실을 설립하거나 심리 상담 실험실을 빌리거나 병원과 합작한다.

(3) 전문 조직 면에서 서법 교육학자, 심리학자, 임상 어학 인원 등 서법과 상관 인원을 조합해서 서법 치료 협회 등을 구성해서 발전시키기를 바란다. 1998년 호주 멜버른의 「서법 치료의 이론과 추세」를 저작한 작업실에서(Chen.1998) 서법 치료를 위해 대담하게 관점과 전망을 제출했다.

① 전업 조직화(Professional organization) : 서법 전문 훈련 인원 조직화 강조, 전업 수준 건립 강조

② 국제화(Internationalization) : 중국대륙 대만 일본과 싱가폴 등 한자 계통만 사용하는 나라로 기타 비 한어계 나라로 확장했다. 태국어, 아랍어계, 이집트어계, 라틴어계, 터키어계 등의 구역 나라가 포함된다.

③ 표준화 : 서법 치료 과정 표준화를 특히 강조한다. 피 실험자의 정서 심리 문제 진단, 치료자 기본 능력 훈련, 서법 치료 방안을 편사하고 시간 안배와 치료 효과 평정 등이 포함된다. 하지만 이것은 단지 일종의 가상 구상일 뿐이다. 그 당시 실험 자료는 많지 않아서 동호자들이 「한 개의 영원히 실현할 수 없는 공중누각을 세운다.」라고들 한다.

현재 시공 이동에 따라 많은 실증성 연구도 잇따라 나와서 서법 운작과 서사자간의 지각, 인지, 동작 3대 행위 층차 간의 관련성을 증명한다. 한 계열 실험의 문헌 검토 결과를 통해 서법 서사가 여러 가지 인지상, 주의력상, 사유상 인지 활동상에서 전면성과 적극성의 극활 작용이 일어서 서서자가 붓 서사 과정에서 고도의 주의, 사유 민첩, 반응 가속, 인지 능력 증강 등 긍정 효과가 형성된 것을 증명했다(고상인, 관경혜 민 846). 고상인과

관경혜(민486)의 서법인지 연구 결과로부터 미래 연구 방향까지 아래와 같은 견식을 제출했다. 「서법 운작이 인지 영역의 연구 발견과 성과를 일상 생활상에 운용해서 특히 서법과 인지에 대해 추진할 수 있는 영역. 예를 들면 주의력 자형 변인, 추상추리, 반응 예민도 등에서 인간이 이들 면에서 능력 장애와 부족한 행위를 붓 서법을 이용해서 목적 있는 교정과 치료기술과 학술을 개발하는 것을 시도한다. 시도해 볼만한 부분은 아동 다동 행위와 다동증, 지능 미장 아동, 정신 질환증 등이다. 우리들은 이것이 매우 전망 있는 개발을 하는 것이고 이것으로 중국 전통의 서법을 학술화, 과학화, 기술화해서 그것을 새로운 면모, 동력과 문화적 의의를 주입할 수 있다고 믿는다.」 그들이 희망하는 것처럼 모든 연구대상은 증명되었다. 고상인(민 89)이 편찬한 「서법 심리 치료」중에서 대다수 연구는 전에 제출한 연구 방향을 시행하고 있다. 각 장 주요 연구 성과, 연구 대상과 주제를 종합하면 다음과 같다.

(1) 서법 훈련의 다동 행위에 대한 영향

(2) 서법 연습과 정서조절

(3) 서법과 저지능 아동과 노년 치매, 서법과 정신질환 등 이 연구 기초에 근거하여 아래 몇 점의 연구 전망을 제출한다.

① 기초 연구 강화 특히 서법이 정서와 심정에 안정과 긴장 이완 작용이 있다는 것을 강조한다. 하지만 이것이 도대체 어떤 심리요소인지는 아직까지 명확하지 않았다. 생리 요소에서 올 수도 있고, 주의력과도 관련 있을 수 있고, 한자 형태나 점화의 조합과도 관련될 수 있다. 이 문제들을 증명하려면 뇌 지형도, 뇌 성장, 안동의와 유발전등 더 새로운 기계가 있어야 하고 더 선진기술을 배우고 사용해서 서법과 고등인지와 심리간의 관계를 협조해야 한다. 이 외에도 서법 지각 공간과 상관된 이론 기

초는 서법 활동 중에 끊임없이 중복된 묘사 동작은 지각과 상관 인지 활동에 어떤 훈련 효과가 있는지 그것이 공간 관계와 공간 능력 표현을 강화시킬 수 있는지 이것이 매우 주의해야 할 과제다. 또 같지 않은 서체를 서사하는 것이 같지 않은 심신병에 대해 어떤 작용이 있는 것인지 여전히 연구할 가치가 있다. 어쨌든 서법 치료의 미래 발전은 반드시 개념 이론 구조를 찾아서 세우고 돌파구를 찾아야만 새로운 과학과 기술을 설립할 수 있다.

② 임상 연구를 결합해서 현재 서법 심리 치료가 언급한 임상 연구의 주제는 같지 않은 행위 측면과 다종 질병류별 측면이다. 심정, 초조, 분노 등 정서와 관련된 현상, 주의력 실조, 충동, 과동 및 자폐 경향 등 아동 행위 문제에 관한 기억력 쇠퇴, 공간 능력 감퇴 등 인지 질환 등이다. 이 연구들은 이 행위의 현상을 주로 삼아 처리 효과는 대다수 단회거나 단기 연속 서법 훈련을 통해 관찰할 것이다. 정신 분열증 환자만 임상 진단 측정이 있는 것 외에 나머지는 상관 임상 관찰과 분석이 모두 부족하다. 그래서 더 깊이 임상 분석해서 서법 치료 가능 효과를 관찰해야 한다. 마지막 서법 치료가 언급한 종향과 횡향 발전 관련 문제다. 현재 서법 치료는 여전히 연구자 각자 단독적으로 발전하고 있다. 하지만 서법 치료의 연관 측면은 매우 넓다. 행위 장애와 심신 질병도 포함하지만 충분히 발휘하지 못했다. 예로 심신 질환의 궤양증, 부녀 갱년기 정서 종합증 등 인지 활동면의 인지 속도, 방향 기억, 동작 기억 등 실상 현상 모두 종향으로 발전해야 할 방향이다. 횡향 발전은 서법 서사 재료 개발, 각종 붓 종류와 여러 조작 방식 등 최고 조합으로 각종 병증과 정신 상태에 대해 설계해서 가장 좋은 서법 치료 계통을 실시하는 것이다.

이 점에 관해 작가는 서법 치료는 최후의 의사의 처방과 같다는 것을 말한 적이 있다. 다른 병증에 대해 다른 처방과 약재량을 처방하는 것과 같다(진정견채명부 민86, 222쪽). 서법 치료 처방은 고상인이 말한 것처럼 다른 서법 서사 재료, 다른 붓 종류와 다른 조작 방식에다가 다른 임모사 시간과 다른 서사 환경을 가하면 서법 치료의 의학 양식을 기대할 수 있다.

③ 서법 교육을 발전시킨다. 중국대륙 대만과 홍콩은 줄곧 서법(서자)을 초등학교 국어과에 한 개의 조성 단원으로 여긴다. 일본과 한국은 서법 교육을 대학 교육까지 연장시켰다. 서론 중에서 말한 것처럼 근년에 와서 경필 공부와 컴퓨터 조작까지 보편화 시킨 경과는 거의 서법 전문가 전문용의 붓 서법 활동까지 차츰 도태된 운명이다. 그래서 교육 기초로부터 다른 학면의 성장에 대해 잠재 능력 심신 보건 교학 방법, 교학 재료 학습 공구와 상관 계통을 설계해서 서법 치료의 실정 성과가 서법에서 다시 활성 응용 될 수 있게끔 한다.

④ 서법 의료 기술 서법이 고 효능하고 성숙하고 과학적인 행위 과학 기술로 발전하려면 반드시 과학 연구 측면 외의 기술 층차 상에 개발과 창신해서 그것이 각양의 사람 각양의 병증과 심신 상황에 맞게 정확한 서법 치료 과정과 보건 과정 방법 전체 과정을 제공해야 한다. 붓 공구 설계 개량, 묵과지의 갱신, 서사 연습 방법의 돌파와 관계되는 것이 포함되고 심지어 서법 연습 방법과 재료를 어린이 완구로 전환시켜서 아무 때나 학습할 수 있는 기회를 제공하도록 더 노력해야 한다.

⑤ 서법 치료 확장 고상인(민 70)이 정상인과 경련병 환자 및 몽유병 2종류 환자가 손 조작, 선 그리기 동작의 자율성을 비교하는 두 편의 문장을 발표한 것은 난상이다. 다만 이때 사용하는 것이 경필이라 진정한 붓 서법 치료라고는 말할 수 없다. 후에 그의 「서법 심리학」(고상인 민85) 책에서 저작한 서법

활동 붓 조작과 서사자의 생리 변화 간 관계 실험은 언급한 생리 반응 현상의 심전 반응, 호흡 기전 반응, 혈압과 뇌전 반응 등을 서법 치료의 과학 실험 기초로 삼았다. 그 중의 「정상인과 정신 분열증 환자의 서법 운작사 뇌전 반응」문장은 서법 치료 시범 연구의 시조라 할 수 있다. 만약 생리 반응 현상을 서법 치료의 과학 실험 기초로 삼아서 진일보 실제 가행한 일상 보건과 의료 재활 상에 유효 공구와 기술로 전환할 수 있으면 미래 서법 치료가 전업화 되는 필경지로 되고 전통 인문 예술의 중국 서법을 현대 의료 과학 기술로 이전시키는 중요한 이정표가 될 수 있다. 과거 몇 해의 연구는 많은 사람의 서법에 대한 관념을 다른 사고 노선이 생기도록 했다. 보건 재활과 직접 치료 활동도 차츰 많아졌다. 베이징 회룡관 병원은 중국 대륙 대규모의 정신 의료 병원이며 최근 몇 해에 줄곧 심리 치료 과에서 서법 치료 항목을 펼쳤다. 특히 고상인 등인과 합작한 임상 관찰과 실험 방법은 서법을 직접 정신질환자에 사용해서 나타난 많은 효력이 모두 성공적이라는 경험 보고가 있었다. 홍콩 시티엔 웨얼스 친왕 병원에의 홍콩 중문 대학 정신 의학에서 지도한 정신과는 서법을 정신 분열증 환자는 재활 치료하는 보조 공구로 삼는 것을 계속 추진해 왔다.

현재까지 이 병원에서 이 효과적인 서법 재활 치료를 받는 환자는 500명이 초과 되었다(고상인 민89, 487p에서 숫자 인용). 대만의 소서분, 진주장(민 68) 「중국 서법이 정신과 지능 치료 활동 중에서 나타난 진단과 치료의 의의」연구 중 「서법」활동이 지능 치료실에서 매일 오전 9시 30분에서 10시 30분 개별 치료시간에 모두 묵연과 대중소해 3종 붓이 놓여있고 책상 뒤의 받침에는 공백 대해 중해 소해 4종의 다른 규격의 서법 연습지가 준비되었고 류공권, 안진경과 표준 대소해 등 글본과 받침판이 준비되어 환자에게 선택 사용하게 한다는 것을 말한 적이 있다. 이것으로 알 수 있는 것은 소· 진 두 사람도 역시 서법 활동을 재활 치료하는 보조 공구로 삼고 서법 활동을 전통 임사 비첩 위주로 하는 것이다. 현재 대만 대북 시 시립 요양원도 환자에게 서법 연습을 제공해서 재활 여가 활동 중 하나로 삼았지만 베이징 회룡관 병원처럼 서법을 의료체계의 일부분으로 발전시키지는 못했다. 특히 서법 치료사의 훈련은 베이징 회룡관이 여전히 수창이다.

제 2절 서법 치료 전망

작가는 사상 지혜 증장, 연구 경험 누적에 따라 생각도 따라서 많이 변했다. 특히 서법 치료 관념의 조정과 구상면의 안배에 대해 많은 새로운 관점이 있다. 아마 이것이 바로 사람들이 말하는 「견문이 많으면 생각도 따라서 변한다.」라는 말인 것 같다. 현재 서법 치료 미래 전망을 다시 사고하며 인, 사, 시, 지, 물 같지 않은 향도와 같지 않은 측면으로부터 아래와 같이 귀납 설명한다.

1. 서법 치료 방안 내용 측면

앞에서 언급한 서법 치료 방안과 같이 서법 소재 각 측면으로부터 사고하고 서법과 직접 관련된 서법 방안 내용으로 말하면 서사 재료는 역대 유래된 서법 연가의 먹적 중에서 우질 선택해서 같지 않은 서체를 조합해서 임, 오, 사 각 면의 서법 치료 방안으로 결합하는 것이 가장 직접적인 서법 치료 방안이고 일반인들이 가장 직접적으로 느낄 수 있는 서법 치료 방안이다. 예를 들면 안진경의 해서 서법 치료 방안을 택하거나 안진경의 해서 행서 및 초서를 택해 안진경 3체 서법 치료 방안으로 조합한다. 만약 각 조대의 오서체

예) 비체서 혹은 전서, 예서 혹은 행초서를 위주로 한 서법 치료 방안까지 확대하려면 모 조대의 서법 품격으로 해야 한다.

예) 당조 각가 각서체로 당조 서법 치료 방안을 조합하고 서체 소재는 각종 서체에만 국한된 것이 아니라 각 명가 먹적을

택해서 편선한 재료로 삼을 수 있다. 이와 같은 서법 치료 방안은 뜻만 있다면 어디서든 구할 수 있다. 그 다음 서법 소재를 한자로 기타 나라의 문자 체계까지 확대하는 것이다.

예) 앞 문장에서 말한 태국어계, 아랍어계, 이집트어계, 라틴어계, 터키어계 문자는 모두 예술성이 있고 붓으로 서사할 수도 있어서 서사 소재를 중문 한자로 비 한자 어체 문자까지 확대하는 것이 가능하다. 작가가 편찬한 영문 서법 교학 방안이 그 중 한 예이다. 그래서 문자의 다양성은 서법 치료에 종사하고 확대하는데 빠질 수 없는 중요 조건이다. 마지막 서법 치료와 기타 더 많은 상관 영역으로 결합해서 연관성의 서법 치료 방안을 조합하고 작가가 현재 제창한 서법 녹화 방안, 서법 조각 방안, 서법 퍼즐 방안은 일종의 시범 예일 뿐이다. 현재 작가는 「시서 치료 방안」을 제출할 것을 구상중이다.(Poetic talligraphy therapy)(주; 본 방안은 2003/2/11판 국제 심리학자 학회가 캐나다 토론토에서 거행한 2003학년도 학술 연토회의 continuing education CE workshop committee에서 받아들였다. 4시간의 전문 연구 학습 작업) 이것이 서법 시사 낭송의 미감을 서법 서사 동작과 결합한 리듬감, 인간의 심령과 정서를 안정시키고 자극해서 깨우치는 효과를 연구한다. 아마도 건축이나 더 많은 영역으로 결합해서 수요가 같지 않은 사람에 부합하는 방안을 편찬할 수 있다. 이것이 고상인이 강조한 「같지 않은 서법 서사 소재를 개발하고 각종 붓 종류와 여러 가지 조작 방식을 최고 조합해서 여러 가지 병증과 정신 상태에 대해 설계하고 가장 좋은 서법 치료 계통을 실시한다.」라는 이상이다.

2. 서법 치료의 실험 검증 측면

서법 치료는 실증적인 과학행위, 과학 측면이라서 실험 효과

검증은 피할 수 없다. 하지만 검증은 선후 순서가 있어야 한다. 현재 서법 치료 발전 상황을 말하자면 서법 치료 검증은 마땅히 3단계로 진행해야 한다. 첫 단계는 서법 활동이 인체 심신 반응의 검증을 강화해야 한다. 특히 각종 행위 결함이나 정서와 정신이상류의 반응 상황을 각종 서체, 붓, 종이질, 먹색이 일으킨 반응 효과에 건립하여 처방해서 마지막 결과를 진단하고 그 다음에 어떤 종류의 필, 먹, 지, 연을 사용해서 조배하고 의료 양식화를 한다. 그 다음 1단계 실험 결과를 서법 치료 방안 실험을 전환시킨다. 실험은 실험실에만 한할 수 없다. 단순 교육 환경으로 말하자면 실험실에서 발견된 많은 정률과 원칙은 단지 참고일 뿐이다. 실제 상황에서 최대 효과를 발휘할 수 있는지는 현재까지 의문이 남는 부분이다. 같은 이치로 교육 환경에서 얻은 결과는 실험실 연구자들이 많은 의문점을 갖는다. 하지만 실질 생활 정서라야만 비로소 인류의 진실된 면이다. 실험실의 결과는 여전히 다시 실제 생활에서 많이 실험해야 반드시 더 좋은 치료효과를 얻을 수 있다. 마지막 국경과 문화를 초월하고 전면화 된 실험 검증만이 비로소 서법 치료가 행위 치료의 일부분이 돼서 전 세계 각 지역 모두 서법 치료의 검증으로 실제 적용시켜서 서법 치료를 더욱 보편화 시킬 수 있다.

3. 서법 치료의 구성원 참여 측면

현재 서법 치료는 모두 실험성 연구이다. 고상인이 말한 것처럼 단지 개인 흥미로 단독 발전할 수도 없다. 미래는 더욱 단체적이고 과학 기술 합작 양식을 향해 진행해야 한다. 우선 생 심리 실험 면에서는 심리학과 의학 인원이 참여해야 하고 서법과 관련된 것은 서법 사학자나 문자학자가 참여해서 서법 방안 편사를 도와야 한다. 다음 각 영역의 관련 인원이 서법 치료 방안의 편사와 실험에 참여하는 것은 방안 수요성을 봐서 결정해야 한다. 서법 치료 방안이 국제화되기 위해 각종어계의 언어학자의 참여도 빠질 수 없는 인력이다.

4. 서법 치료의 이상 목표 측면

서법 치료는 생심리 기초 연구의 검증부터 교학 환경과 의료원의 운용까지 정상인부터 이상자의 처치까지 모두 좋은 성과가 있었지만 단지 점의 발전뿐이다. 발전 과정으로 말하자면 단지 시점일 뿐이다. 그래서 시간에 대해 말하면 작가는 발전을 근정 목표, 중정 목표, 원정 목표로 나누어 말한다. 근정 목표는 서법과 관련된 심리 요소의 기초 연구를 완성하는 것이다. 특히 각종 붓, 각종 서체, 각종 종이짐, 먹색과 각종 서사 환경이 각종 성별, 연령, 성격과 각종 교육 정도의 사람에 대한 정서 반응 변화다. 마땅히 우선적으로 평량 검증을 진행해야 한다. 왜냐면 이것이 서법 치료 방안 설계에 가장 직접 증거를 제공하는 것이기 때문이다. 그 다음 마땅히 우선적으로 서법 치료 과정 중 시간 분배 문제를 검증해야 한다. 같지 않는 병증 환자가 매번 서법 치료 시간을 도대체 얼마동안 지속할 수 있을까? 10분? 20분? 50분? 100분? 아니면 한 개 방안 총 길이는 얼마의 시간을 소비해야 합당하고 효과가 가장 클 것인가? 하루? 일주일? 일 개월? 삼 개월? 반 년? …. 중정 목표는 서법은 실험 결과로 운용의 실정으로 갈 수 있다. 즉, 서법 치료 방안의 효과 검증으로 생활 응용 효응의 검증으로 가는 것이다. 점의 검증 결과로 전면성 응용한 실증 목표까지 확대하는 것이다. 원정 목표를 각 항 검증 효응을 검증한 후 비교적 먼 목표는 서법 치료를 심리 혹은 교육 혹은 의료체제의 일부분이 되게 하는 것이다. 실험 결과에 따라 발행할 수 있는 상품과 같이 배치해서 필요한 자에게 사용한다. 예를 들면 초등학교 6학년 학생 1명 주의력 부집중 문제 행위가 있다는 진단 결과로 서법 치료 훈련을 받은 적이 있는 그의 선생님이 이 학생을 위해 서법 치료 방안을 선택하고자 그는 서법 치료실이나 서법 치료 공급소에 가서 실증 결과에 따라 진열된 각종 붓(대중소해, 양털과 늑대 털, 견모) 각종 종이(각종 연경도, 다른 사이즈) 각종 서체 재료(전 ,예, 행, 초, 해) 각종 연대와 먹즙 중에 행위 증세에 따라 선택 조합해서 다중 실험 유효 방안 중에서 적당 방안(마치 잘 배치된 풀 메뉴처럼)을 선택해서 사용한다. 학생이 「도형변식능력」이 부족함을 발견하면 그를 위해 「서법 퍼즐 방안」을 택해서 사용하면 된다. 만약 다른 언어체계의 나라에 속하면 그 나라의 언어체계를 선택해서 수요에 따라 정한다.

5. 서법 치료의 발전구역 측면

발전 구역은 작가가 현재 알고 있는 것은 중문 지역으로 서법 치료 활동을 실시하는 것이다. 현재 중국 대륙, 홍콩, 대만을 실증 연구 기초로 삼아 싱가폴이나 더 큰 범위의 연구 실험까지 확대하고 아시아에서는 한화된 적 있는 일본, 한국, 베트남 등 지역에도 확대시켰다. 마지막은 세계 각 어계에 따라 연구망을 건립해서 서법 치료를 세계화 시킨다. 이런 국제화 세계화 한 이상은 머나먼 이야기 같지만 「인생은 꿈이 있어야 하고, 꿈이 있어야 실현도 할 수 있다.」 아마 이렇게 해서 뜻있는 친구나 동료들을 모아 힘을 누적시켜 언젠가는 꿈이 이루어 질 것이다.

6. 서법 치료의 발전 집행측면

서법 치료는 비록 개인 연구 흥취를 시점으로 삼는 것이지만 추진 면에서는 단체 힘의 조합이다. 우선은 서법 치료 연구 작업을 전공 단체화 시켜야 한다. 현재 가장 실현 가능성이 있는 목표는 서법 치료 실험 작업에 참여한 연구 학자와 연구원을 서법 치료 연구회나 비슷한 조직으로 모아서 더 크고 힘 있는 역량을 키우는 것이다. 조직이 있기 때문에 자금 조달도 명목이 있고 경비도 조달할 수 있고 사업 추진 방향과 목표도 있을 수 있다. 다음은 과제화(科際化) 목표다. 마땅히 각 영역의 학자(심리 평량 전문가, 과학 기술 보조 전문가, 심지어 상업 인원 기업 관리자)를 모아서 함께 서법 치료를 추진해야 한다. 각 구성원이 자기가 맡은 임무를 담당하게 한다. 당연히 참여 인원은 작업상에서 주객 역할을 나눠야 한다고 말한다. 혹은 핵심 인원과 주변 인원 역할로 과제화의 서열을 추진할 수 있다. 과제화를 완성하거나 결합 성공 시 비로소 국제화로 추진할 수 있다. 국제화 하려면 반드시 각국 인사들의 중요성이 있어야 한다. 그리고 가장 중요하고 우선적인 일은 서법 치료 연구 결과와 관련 있는 것을 국제 지명 학술 출간물이나 학술회의에서 논문을 발표하고 세계 여론의 관심과 세계 여론의 보도를 통해 서사 활동과 심리 행위를 연구한 사람들에게 중시 받고 공감을 일으켜야 한다. 이렇게 해야만 국제화가 희망이 있다. 서법 치료가 중시 받고 나서 상업 선전 수단을 통해 선전하고 서법 치료 방안을 국제 정신의학이나 생리의학 측면에서의 사용을 추진해야 비로소 국제화가 마지막 목표에 도달할 수 있다. 이것이 바로 「전 세계 인류에게 봉사하는 목적이고 또 중화 문화 발휘를 중심으로 지향」하는 것이다(고상인 민89,489쪽). 앞 문장에서 제시한 미래 전망은 아마 좀 혼잡할 것이다. 친애하는 독자들이 더 확실하게 한 눈에 볼 수 있게 하기 위해 아래 표로 귀납해서 참고하도록 한다.

표 10-1 서법 치료 전망 직요표

목표층면	검증층면	참여층면	구역층면	내용층면	추진층면
근정목표	1. 서법심리 요소의 기초 연구 2. 서법 치료 과정 시간 분배 검증	서법가 혹은 사학가 혹은 문자학가 등 상관인원 참여	중국 대륙, 홍콩, 대만 중심으로 발전 구역을 주로 삼다.	전통서체와 임오사방식으로 서법 치료방안 편찬내용을 삼는다.	전업화: 서법치료연구팀을 서법 치료 연구화로 조합한다.
중정목표	서법치료의 방안 효과 검증을 생각 응용 효응의 검증으로 이끌어간다	심리학자 임상어학인원 등 각 상관 영역 인원을 결합	일본, 한국, 베트남 등 한화된 적 있는 지역까지 확대	기타 상관영역과 결합해서 관련성의 서법 치료 방안으로 조합	·과제화: 심리 평량, 과학기술, 보조기구, 기업관리 생물어학 등
원정목표	서법치료를 심리나 교육이나 의료체제 일부분이 되도록 추진하고 실험의 결과 배치를 발행할 수 있는 상품처럼 수요자가 사용하도록 공급한다.	각종어계의 언어학자의 참여까지 확장한다.	세계 각국 각어계 모두 서법치료 할 수 있게 목표로 삼는다.	서사 소재는 중문한자로 비한자어계 문자까지 확대한다.	국제화: 국제학술연구까지 넓히고 국제 여론 선전을 통해 서법치료를 국제무대로 발전시킨다.

[참고 서목]

一、中文部份

尹之立（民 77）：*書法新道*。台北市：世界語文出版社。

王壯為（民 56）：*書法研究*。台北市：台灣商務印書館。

王壯為（民 71）：*書法叢談*。台北市:國立編譯館。

王富雄（民 83）:國小遊戲化教學的探討。*國教月刊，40(7)*，18-21。

毛連塭（民 88）：*特殊兒童教學法*。台北市：心理出版社。

中華佛教百科文化基金會印行（民 81）：*朱玖瑩書法選集*。台南：南一書局。

史紫忱（民 71）：*書法史論*。台北市：中國文化大學出版部。

石橋犀水（民 76）：顏真卿其人其書。載於*行政院文化建設委員會策劃：紀念顏真卿逝世一千二百年-中國書法國際學術研討會*，59-70。

安子介、郭可教（民 81）：*漢字科學的新發展*。香港：瑞福。

朱道俊（民 76）：*人格心理學*。台北市：商務印書館。

杜忠誥（民 75）：*書道技法 1 2 3*。台北市：雄獅圖書股份有限公司。

杜忠浩（民 80）：睡虎地秦簡「語書」稱名小義。載於*高師大第一屆金石書法藝術研討會論文集*，319～340 頁。

沈尹默（民 72）：*書法論叢*。台北：華正書局。

沈培方、洪丕謨（民 76）：*歷代論書詩選注*。上海：上海書畫出版社。

沈耿香、陳政見（民 90）：*書法創意教學方案*。雲林縣：雲林縣政府教育局校長甄選叢書（未出版）。

沈德立、白學軍、閻國利（民 84）：*關於不同書法知識經驗者在書法字審美過程中的眼動特點研究*。香港大學：中國書法與心理研討會論文。

何東墀（民 85）：書法教學對國小活動過多特質學生處理效果之研究。行政院國家科學委員會專題研究成果報告，計畫編號：NSC85-2413-H-018-007。

李秀華、呂芳正（民 82）：*書法教學應用於特殊兒童_以啟聰班為對象*。國教園地，49， 48-55。

李坤崇、歐慧敏（民 82）：*行為困擾量表指導手冊*。台北：心理出版社。

李惠正（民 79）：*書法與書法表現*。新竹師範學院學報，3 期，163_262。

何景明（民 65）：*明代論著叢刊---何文肅公文集（四）*。台南市：偉文圖書公司。

余民寧（民 75）：自我控制的理論與技術。*教育與心理研究，(9)*，145－176。

余德慧（民 79）：*焦慮的自我控制訓練法*。台北：大洋出版社。

吳新華（民 85）：*國小學童生活適應評量表指導手冊*。台北：心理。

孟會祥、紐明（民 85）：*書法基礎教程*。北京：中國商業出版社。

孟慶茂 民 84）：*快速書寫條件下硬筆筆跡變量與認知及個性特徵的關係*。香港大學：中國書法與心理研討會論文集。

邱振中（民 84）：*書法藝術與鑑賞*。台北市：亞太圖書出版社。

朴炳千（民 76）：*中國歷代名碑帖之研究－書藝美之分析與在教學上之應用*。國立政治大學教育研究所博士論文（未出版）。

林秉武（民 85）：*書法學習活動對國小兒童情緒困擾輔導效果之研*

究。國立嘉義師範學院國民教育研究所碩士論文（未出版）。

林秉武（民 89）：書法教學對兒童情緒困擾的輔導效果之研究。*載於高尚仁編著：書法心理治療*，253-240。香港：香港大學出版社。

林秉武 、陳政見(民 90)：書法心理輔導活動對處理國小低成就學生注意力之應用探討。*中華民國特殊教育學會 2001 年刊*，79-96。

林風南（民 74）：*兒童遊戲指導-理論與實際*。台南：供學出版社。

林進忠（民 80）： 馬王堆醫簡「十問」的書法字形淺探。載於*高師大第一屆金石書法學術研討會論文集*，341～356。

林寶貴、杞昭安（民 85）： *兒童認知發展測驗指導手冊*。台北：台灣師大特教中心。

周台傑、邱上真、宋淑慧（民 82）：*多向度注意力測驗指導手冊*。台北：心理出版社。

招潔萍、鍾灼輝(民 84)： *書寫甲骨文與楷書對人類反應速度之影響*。香港大學：中國書法與心理研討會論文。

洪文珍（民 80）： *國小書法教學基本模式探究*。台北：蕙風堂。

洪文珍（民 86)：國小書法鑑賞教學的理論與實務。載於*師範學院實小八十六年度國語文教學策略理論與實務整合發表會論文集*，81-124。

洪榮昭（民 74)：*電腦輔助教學之設計原理與應用（第二版）*。台北市：松崗。

祝　嘉（民 74)： *藝舟雙輯疏證*。台北市：華正書局。

祝敏申編（民 72)： *大學書法*。台北市：東大圖書公司。

柯華葳、李昭玲（民 77)： 兒童情緒認知研究。*國教學報，1 期*，

173-187 頁。
施顯烇（民 79）：認知與行為治療。台北市：幼獅。
徐澄清（民 87）：在遊戲中成長。*健康世界，147（267）*，7-11。
馬國權（民 78）：*論書叢稿*。台北市：華正書局。
高定國（民 82）：書法負荷對大腦兩半球反應時影響的探索性研究。*生理科學，第四期*，12-30。
高尚仁（民 70）：手部動作的變異性：正常人與游離症患者兼之比較。*中學心理學刊 23（1）*，17-220。
高尚仁（民 75）：*書法心理學*。台北市：東大圖書公司。
高尚仁（民 80）：書法的心理學研究。載於*高尚仁、楊中芳編：中國人、中國心-傳統篇*，405-457 頁。
高尚仁（民 82）：*書法藝術心理學*。台北市：遠流出版公司。
高尚仁（民 84a）：*書法與認知*。台北市：東大圖書公司。
高尚仁（民 84b）：*書法心理學研究*。香港大學：中國書法與心理研討會論文稿。
高尚仁（民 89）：*書法心理治療*。香港：香港大學出版社。
高尚仁、任寶珊（民 89）：書法活動對非中文母語被試者情緒活動影響。載於*高尚仁編著：書法心理治療*，241-252 頁。香港：香港大學出版社。
高尚仁、胡斌、張伯源（民 89）：書法訓練影響輕度弱智兒童推論、操作能力及心理健康的效果分析。載於*高尚仁編著：書法心理治療*，321-344 頁。香港：香港大學出版社。
高尚仁、陳政見（民 89）：書法活動對多動兒童認知能力的影響。載於*高尚仁編著：書法心理治療*，93-102 頁。香港：香港大學出版社。

高尚仁、劉　一（民 89）：書法練習與兒童負性行為活動的矯正。載於*高尚仁編著：書法心理治療*，145-156 頁。香港：香港大學出版社。

高尚仁、張子筠、趙修治、吳惠香（民 89）：不同書法練習時間對大學生焦慮情緒的影響。載於*高尚仁編著：書法心理治療*，93-102 頁。香港：香港大學出版社。

高尚仁、管慶慧（民 84a）：中國書法與文人性格。載於：*中國人的觀念與行為*，307-320 頁。

高尚仁、管慶慧（民 84b）：書法與認知。台北：東大。

高尚仁、鄭思弘（民 89）：書法活動對糖尿病換的情緒調節。載於*高尚仁編著：書法心理治療*，291-302 頁。香港：香港大學出版社。

高尚仁、趙善倫（民 89）：書法練習對輕度弱智兒童漢字認知能力的影響。載於*高尚仁編著：書法心理治療*，309-320 頁。香港：香港大學出版社。

高尚仁、黎美鳳（民 89）：書法活動對輕度弱智兒童視、聽注意能力的影響。載於*高尚仁編著：書法心理治療*，345-356 頁。香港：香港大學出版社。

高尚仁、張巧儀、高定國（民 89）：書法對老年癡呆症並患者認知及操作能力的影響。載於*高尚仁編著：書法心理治療*，357-398 頁。香港：香港大學出版社。

高尚仁、鍾灼輝（民 89）：書法活動與精神分裂症患者的情緒矯正。載於*高尚仁編著：書法心理治療*，399-415 頁。香港：香港大學出版社。

高尚仁、阮慧森（民 89）：書法活動與神經症者的情緒矯正。載於

高尚仁編著：書法心理治療，415-430 頁。香港：香港大學出版社。

高尚仁、唐敏儀（民 89）：書法活動與抑鬱症患者的情緒矯正。載於*高尚仁編著：書法心理治療*，431-444 頁。香港：香港大學出版社。

高尚仁、黎雪芳、霍詠儀、高定國（民 89）：書法活動與兒童自閉症的情緒矯正。載於*高尚仁編著：書法心理治療*，445-456 頁。香港：香港大學出版社。

翁淑緣（民 70） 漢字等跡與人格關係之研究。*國立政治大學學報，44*，79-97 頁。

麻仲學編（民 83）：*中國醫學療法大全*。台北市：中華書局。

郭可教（民 82）：*書法負荷量對兒童大腦激活效應的實驗研究*。心理學報，第四期。

郭念鋒、高尚仁、劉秀琴、楊翠琴（民 89）：書法活動對高血壓患者的情緒及心理生理活動調節。載於*高尚仁編著：書法心理治療*，271-290 頁。香港：香港大學出版社。

郭為藩（民 64）：*自我心理學*。台南市：開山書局。

郭為藩（民 76）：*自我態度問卷指導手冊*。台北：中國行為科學社。

陳政見（民 80）：從蘭亭序一文談書法的境界。*菁莪季刊，第八期*，43-50。

陳政見（民 82）：試析書法的空間感。*教師之友，34（5）*，60-67。

陳政見、李茂祥（民 82）：書法骨氣與太極陰陽二勁。*教師之友，34*（3），39-44。

陳政見（民 83）：試論書法的「質量守恆」與「能量不滅」。*教師*

之友，35(4)，24-30。

陳政見（民 84）：書法表現型式與情緒之關係。*教師之友，36*(3)，4-8。

陳政見（民 85）：*自我控制訓練與書法教學對國小高活動量學生處理效果之研究*。國立彰化師範大學特殊教育研究所博士論文(未出版)。

陳政見（民 86）：*特殊教育書法教學（錄影帶）*。台中縣：台灣省政府教育廳出版。

陳政見（民 90a）：*書法創意教學方案對國小生活適應不佳學生處理效果之研究*。台北市：師大書苑。

陳政見（民 90b）：書法心理治療在身心障礙者的應用成效探討。*亞洲區障礙理解學術研討會論文集*，187-194。

陳政見（民 91）：以書法自我治療克服工作壓力。*特教園丁，17(3)*，38-42。

陳政見（民 92）：*書法綠化方案對高職輕度智能障礙者注意力增進效果之研究*。國科會九十二年度專題研究報告（撰寫中）。

陳政見、蔡明富（民 86）：*書法教學與治療*。嘉義：紅豆。

陳政見、林秉武（民 87）：情緒障礙兒童在書法治療過程中的身心障礙狀態研究一個案分析。*嘉義師院學報，12*，187-217。

陳政見、林秉武（民 91）：書法綠化方案對國小低成就學生注意力處理效果之研究。*亞洲障礙理解學會學術研討會研究論文*，135-158。

陳政見、高尚仁（民 89）：書法教學對不同活動量兒童注意力的影響。載於*高尚仁編著：書法心理治療*，103-118 頁。香港：香港大學出版社。

陳朝平（民 82）： 從藝術教育觀點看書法教育-書法造形教學模式初探。載於*一九九三年書法論文集*，1-30。

陳建貢、徐敏編（民 81）： *簡牘帛書字典*。上海：上海畫出版社。

陳振濂（民 80）： *歷代書法欣賞*。台北市：蕙風堂。

陳派濂編（民 83）： *書法學*。台北市：建宏出版社。

陳瑞庚（民 80）：書法史的刀筆因緣。載於*第一屆金石書法學術研討會論文集*，55-108。高雄師範大學國文研究所。

傅　中（民 76）：顏書影響及分期。載於*行政院文化建設委員會策劃：紀念顏真卿逝世一千二百年-中國書法國際學術研討會*，83-148。

陸雅青（民 82）：*藝術治療*。台北市：心理出版社。

莫雷、楊蓮清（民 84）： *書法性別差異研究*。香港大學：中國書法與心理研討會論文。

黃光男（民 80）： 論書與畫之關係。載於*第一屆金石書法學術研討會論文集*，高雄師範大學國文研究所編印，265-298。

黃光國（民 82）：評「深化」本土心理學研的就方法。載於*楊國樞主編：本土心理學的開展*，193-200。

黃希庭、楊雄（民 84）：*書法練習與人格特質關係初探*。香港大學：中國書法與心理研討會論文。

黃希庭、王振勇（民 84）：*書法的心理保健作用的初步研究*。香港大學：中國書法與心理研討會論文。

黃希庭、王振勇（民 89）：書法經驗對心理健康及注意力的影響。載於*高尚仁編著：書法心理治療*，193-210 頁。香港：香港大學出版社。

黃宗義（民 84）：新編小學國語科書寫教材之檢討。*一九九五年書*

法論文選集。台北：中華民國書法教育學會。
黃國彥、陳政見（民 84）：*國小活動過多學生行為組型與書法表現式之關係研究*。香港大學：中國書法與心理研討會文。
黃國彥、陳政見、高尚仁（民 89）： 不同活動量兒童書法活動特徵分析及預測。載於*高尚仁編著：書法心理治療*，431-444 頁。香港：香港大學出版社。
黃　綺（民 68）： 關於書的執使。*書法研究，第一輯*，50-65。
黃　綺（民 69）：書中五要－觀、臨、養、悟、創。*現代書法論文選*，74-95。
商務印書館（民 72）：*景印文淵閣四庫全書*。台北：台灣商務印書館。
張光賓編（民 79）：*書法藝術*。台北：行政院文化建設委員會。
張以國（民 81）： *書法：心靈的藝術*。台北市：淑馨出版社。
張再明、陳政見（民 84）：*書法教學對國小活動過多特質學生注意力處理效果之研究*。香港大學：中國書法與心理研討會論文。
張再明（民 87）：澳洲組曲－參加國際心理學家協會第 56 屆年會記行。*教師之友，39（4）*，55-59。
張春興（民 80）： *心理學*。台北市：東華書局。
張春興（民 84）： *教育心理學---三化取向的理論與實踐*。台北市：東華書局。
華正書局（民 77）：*歷代書法論文選（上、下冊）*。台北市：華正書局。
曾志朗（民 73）：*心理學與中國語文*。香港中國語文學會專題演講講稿。
楊宗仁（民 80）：*國中生地理科學習之研究--後設認知取向*。國立高雄師範大學教育研究所碩士論文（未出版）。
楊桂娟（84）： 舞蹈-從書法中探索。*藝術教育，93 期*，5-7。
楊國樞（民 82）：*本土心理學的開展*。台北市：桂冠圖書。
楊國樞、林碧峰（民 53）：中文筆跡與人格：一項探學性的研究。*國立台灣大學理學院心理學系研究報告，6*，39-62。
楊淑朱（民 86）：*幼兒在創造性與傳統式遊戲常遊戲行為之研究*。台北：心理。
許添壽、林俊寬（民 74；新田伸三原著）：*植栽理論與技術*。台北：詹氏書局。
游菀瑋、林晏州（民 87）：植栽對焦慮情緒減緩效果之研究。載於*中華民國造園學會、台大園藝系主編：植栽、生態與保育，149-162*。
詹吳法等（民 82）： *國民小學書法*。台北市：蕙風堂印行。
趙天池（民 80）：*優美的中國文字*。台北：文史哲出版社。
趙英山（民 77）：*書法新義*。台北市：台灣商務印書館。
熊秉明（民 73）：*中國書法理論體系*。香港：商務印書館香港分館。
管慶慧（民 78）： *書寫筆壓與人格特質之研究*。國立政治大學心理系碩士論文(未出版)。
管慶慧、高尚仁（民 79）：*書寫行為中之筆壓與速度變項與書寫者之人格變項之關係之探索研究*。1990 年第五屆中國語文心理學學術會議，北京中科院心理所。
管慶慧（民 89）：書法練習對行政管理人員的情緒調節。載於*高尚仁編著：書法心理治療*，223-240 頁。香港：香港大學出版社。
蔡長盛（民 73）： 中國書法的視覺與美感效果。*新竹師專學報，10*，

179-222。

蔡明富（民 83a）：*書法治療對國小過動兒童在問題行為與自我概念輔導效果之研究*。國立台南師範學院初等教育研究所碩士論文（未出版）。

蔡明富（民 83b）：從中國歷代書論談書法治療。*諮商與輔導，99*，4-7。

蔡明富（民 89）：書法訓練對正常兒童活動量的影響。載於*高尚仁編著：書法心理治療*，119-130。香港：香港大學出版社。

蔡崇名（民 71）：*書法及其教學研究*。台北，華正書局。

歐聖榮（民 87）：植栽空間因子對情緒體驗之影響的研究。載於*中華民國造園學會、台大園藝系主編：植栽、生態與保育*，183-202。

歐陽中石（民 84）：*中國的書法*。台北市：台灣商務印書館。

鄭元春（民 75）：本地植物再造元上的應用。載於*中華民國造園學會編：植物栽培技術*，82-104。台北：淑馨出版社。

鄭日昌、張曉暉（民 84）：*筆跡與人格相關性之研究*。香港大學：中國書法與心理研討會論文。

鄭昭明（民 82）：*認知心理學*。台北市：桂冠圖書公司。

鄭惠美（民 73）：*漢簡文字的書法研究*。台北市：國立故宮博物院。

鄭麗玉（民 82）：*認知心理學*。台北：五南。

樊作澍（民 84）：*慢性精神分裂症病人書法治療的探討*。香港大學：中國書法與心理研討會論文。

樊作澍、高尚仁、王彥玲、郭念鋒（民 89）：書法治療對精神分裂症患者的情緒矯正。載於*高尚仁編著：書法心理治療*，381-398 頁。香港：香港大學出版社。

蔣文光（民 82）：*中國書法史*。台北：文津。

潘士釗(民 69)：*食用作物（下）*。台北市：之宜出版社。

潘慧玲（民 81）：兒童遊戲的意涵及相關因素探討。*科學啟蒙學報*，100-119。

駱木金（民 80）：幼兒遊戲教學之我見。*幼兒教育年刊，4*，69-75。

盧英權（民 83）：*作物學*。台北：國立編譯館。

鍾聖校（民 81）：*認知心理學*。台北：心理出版社。

譚麗芬、趙耕源（民 84）：*書法作業對更年期綜合症療效的初步觀察*。香港大學：中國書法與心理研討會論文。

蘇瑞芬、陳珠璋（民 68）：中國書法在精神科職能治療中所顯示的診斷及治療性意義。*台灣醫學會雜誌，78*(4)，419-432。

蘇建文（民 68）：兒童及青少年基本情緒之發展。*教育心理學報，1*，99-114。

龔鵬程 撰述（民 77）：*藝概－書概*。台北：金楓。

二、西文部份

Beukelman, D. ,& Mirenda,P.（1992）.Augmentative and alternative communication：Management of severecommunication disorder in children and adults. Baltimore：Books.

Biederman, I., & Tsao, Y. C.(1979). On processing Chinese ideographs and English words: Some implications from stroop-test results. *Cognitive Psychology , 11* , 125-132.

Chen,C.C.（1998）.*Calligraphy Therapy：Methods and Trends.*A Workshop Program for the 1998 Convention Of International

Council of Psychologists， August 1－August 5 ，Melbourne Australia.

Chiu,K.M.（1982）.*Penpoint pressure and personality*. An unpublished Cert. Psych.thesis Dopt. Of Psychology, University of Hong Kong

Daiute, C.（1994）. Acess to knowledge and expression: Multimedia writing tools for atudents with diverse needs and strengths.*Journal of Special Education Technology,12（3）*,21-56.

DiGangi,S.A. & Maag,J.W.（1992）. A Component behaviorally disordered youth. *Behavior Disorder,17（4）*, 281-290.

Epperson, S.E., & Mondi, L. (1995). The EQ factor. *TIME, 146(15)*, 24-31.

Goodnow, J.J. & ,Levine, R.A.（1973）.The grammar of action：sequence and syntax in children's copying.Cognitive Psychology,4,82-98.

Hatt, A. T., & Dimond, J.(1980). Comparison of lateral differance for digit and random form recognition in Japanese and Westeners . *Journal of Experimental Psychology:Human Perception and Performance,6* , 368-374.

Homme, L.（1965）.Perspectives in psychology：Control of coverants, the operants of the mind. *Psychological Record, 15*, 501-511.

Hughes,J.N.（1988）.*Conitive behavior therapy with children in schools*. New York：Pergamon Books Inc.

Hutt, C.（1971）.Exploration and play in children. In R.E.Herron& B.Sutton-Smith（Eds）,Child's play（pp145-184）. New York：

Wiley.

Johnson,J.W.,Christie,J.F.,& Yawkey,T.D.（1987）.*Play and early childhood development*.Glenview,IL: Scott and Foresman.

Kephart,N.C.（1971）.*The slow learner in the classroom*. OH:Merrill Publishing.

Kao, H.S.R.（1982）.Psychophysiological responses in practice of Chinese calligraphy. In H.S.R. Kao & C.M. Cheng （Eds.）,*Pschological aspects of the Chinese language*.Taipei：Wen He Book Co. 257-294.

Kao, H.S.R.（1984）.Orthography and handwriting：a study of Chinese and English. In Koa, H.S.R., & Hoosain, R.（Ed.）Psychological studies of the Chinese language. Hong Kong： Chinese language society of Hong Kong,103-126.

Kao, H.S.R., Robinson, L., & Zhang, J.T. （1988）. Psychological changes associated with language experiences, writing instruments, and writing forms. In I.M.Liu, H.C. Chen, & M.J. Chen（Eds.）, Cognitive aspects of Chinese language. Hong Kong：Asian Research Service,Vol 1.

Kao, H.S.R.,Mak,P.H. ，& Lam，P.W.（1986）.Handwriting pressure ： Effects of task complexity，control mode and orthographic differences. In H.S.R. Kao，G.P.Van Galen，& R.Hoosain （Eds.），*Graphonomics：Contemporary research in handwriting*.Amsterdam：North-Holland.

Kao, H.S.R, Lam, P.W. Robinson, L. and Yen, N.S. (1989). Psycho physiological changes associated with Chinese calligraphy.

Computer Recognition and Human Production of Handwriting, 349-381.

Koa, H.S.R.,Chen C.C., & Chang, T.M., (1997). The Effect of Calligraphy Practice on Characher Recognition Reaction Time among Children with Attention Deficit/Hyperactivity Disorder. In *Roswith Roth (ED.). Psychologists Facing the Challenge of a Global Culture with Human Rights and Mental Health*, 351-360.

Lieberman,J.N. (1977) .*Playfallness : Its relationship to imagination and creativity.* New York : Academic Press.

Menasse-Cremers, M.J. (1987). *Chinese handwriting and graphonology*.Paper preseuted in Beijing and Shaiyhni Universities Int'c Institute for Scientific Research in Chinese Graphology,Brussels,1987.

Menasse-Cremers, M.J., & Xu, J. (1991) .*The precursor of Chinese Graphology*. Brussels : Institute for Scientific Research in Chinese Graphology.

Meichenbaum, D. H.(1986). *Cognitive-behavior modification.* New York: Plenum Press.

Piaget,J. (1962) .*Play,dreams,and imitation in childhood.*New York : Norton.

Rubin,K.H. , Fein,G.G., & Vandenberg,B. (1983) .Play. In *P.H.Mussen (Ed.) ,Handhood of child psychology (Vol4) : Socialization,personality, and social development (4th Ed.,pp693-774)*. New York : Wiley.

Smilansky, S. (1968) . *The effects of socio-dramatic play on disadvantaged preschool children*. New York : Wiley.

Spreen,O.,& Strauss,E.（1998）. *A compendium of neuropsychological tests: Strateges and procedures*. New York : Oxford University Press.

Stevens.J.R., Bigelow,L., Denney,D., Lipkin,J., Livermore,A.H., Rauscher,F., & Wyatt,R.J.（1979）.Telemetred EFG and EOG during psychotic behavior in schizophrenia. *Archires of general Psychiatry,36*, 251-262.

Swanson,H.L.,& Watson,B.L.（1989）.Educational and psychological assessment. OH: Merrill Publishing.

Tseng, O. J. L., Hung, D. L.（1988）.Tzeng，O.J.L.，& Hung，D.L.（1988）. Cerebral organizations：Clues 033 from scriptal effects on laterlization. In *I.M.Liu，H.C.Chen，&M.J.Chen（Eds.）*，*Cognitive aspects of the Chinese Language*，*119-140.*Hong Kong：Asian Research Service.

Tseng, O. J. L. , Hung, D. L., Cotton，B., & Wang，W. S. Y. (1979). Visual lateralization effect in reading Chinese characters . *Nature , 282*, 499-501.

Taylor,R.L.（1984）.*Assessment of exceptional students*. N.J.：Prentice-Hall.

Wadeson, H.(1990). *Art Psychotherapy*. New York: John Wily & Sons.

Weisler,A.,& McCall,R.B.（1976）.Exploration and play：Resume and redirection. *American Psychology, 31*, 492-508.

[저자소개]

陳政見
타이완 타이난 사전국사과 졸
국립 타이완 교육학원 특수교육계
국립창화사범대학교육학박사
78년기층특고교육행정을등
79년고고일급문교행정급격
(현)국립가의대학특수교육학계교수 겸실습취업보도처장

[역자소개]

姜壽均
(현) 대구대학교 재활과학대학 언어치료학과 교수
(현) 대구대학교 재활과학대학 학장 및 재활과학대학원장
중국강복연구중심객원교수. 한국재활과학회장

孔明華
중국동페이사범대학졸
대구대학교국제교류처중국어강사

서 법 치 료

발행일— 2008년 2월 28일
지은이 — 강수균 · 공명화
펴낸이 — 이 용 두
펴낸곳 — 대구대학교출판부
주소 — 경북 경산시 진량읍 내리리 15번지
전화 — (053)850-5661 ~ 4
팩스 — (053)850-5669
찍은곳 — 남경기획
등 록 — 경산 제11호

정가 10,000원

ISBN 978-89-7794-456-5-93370

대구대학교출판부의 책은 홈페이지에서도 구매할 수 있습니다.
http://dubookstore.daegu.ac.kr/